JOACHIM TELGENBÜSCHER
Redaktionsleiter von GEO*EPOCHE*

Liebe Leserin, lieber Leser

Nachdem wir das Thema dieser Ausgabe in unserer letzten Vorschau angekündigt hatten, erreichten uns nicht nur positive Zuschriften. Einige von Ihnen wollten wissen, was wir uns denn dabei gedacht hätten, ausgerechnet in der heutigen, an Katastrophen so reichen Zeit ein solches Heft zu planen. Natürlich können wir die globale Pandemie, den russischen Überfall auf die Ukraine und die eskalierende Klimakrise nicht wegdiskutieren, aber wir wollen das Argument umdrehen: Gerade weil unsere Gegenwart von verheerenden Ereignissen geprägt ist, sollten wir uns jetzt den Katastrophen der Vergangenheit widmen. Und ergründen, wie die Menschheit damit umgegangen ist.

Denn Seuchen, Stürme, Erdbeben oder Vulkanausbrüche sind Konstanten der Geschichte. Sie sind existenzielle Erfahrungen, die sich tief in unser kulturelles Gedächtnis eingegraben haben und deren Bewältigung viel über die Mentalität einer Gesellschaft verrät. Der Schriftsteller Jörg-Uwe Albig hat diesem Thema einen Essay gewidmet, der konsequenterweise bei der Urkatastrophe beginnt: der biblischen Sintflut. Mit der Umwelt- und Klimahistorikerin Eleonora Rohland haben wir dagegen über eine andere, aber nicht weniger wichtige Facette gesprochen: Inwieweit hat der Mensch durch den technischen Fortschritt selbst Unheil über sich gebracht? Nicht nur die Todeszone um das havarierte Kernkraftwerk von Tschernobyl kündet davon, auch der menschengemachte Klimawandel, der unter anderem zu einer Häufung extremer Wetterereignisse führt, legt diese Frage nahe.

Nun taugt die Geschichte nur selten als stimmungsaufhellendes Mittel, trotzdem erwartet Sie auf den folgenden Seiten keine reine Aneinanderreihung an Schrecklichkeiten. Wir zeigen in unseren Artikeln auch, wie die Menschheit immer wieder ihren Überlebenswillen bewiesen hat – und aus Katastrophen ihre Lehren gezogen hat. Nicht zuletzt porträtieren wir vier Frauen und Männer, deren Taten man durchaus als heldenhaft bezeichnen kann. Ihre Geschichten stehen stellvertretend für all jene Katastrophen, die menschlicher Mut oder Erfindungsgeist verhindert oder zumindest abgeschwächt hat.

Und das ist doch eine Botschaft, die Hoffnung macht. Gerade in diesen Zeiten.

Herzlich,

Joachim Telgenbüscher

DEM TSUNAMI im Jahr 2004 und der Pest im Mittelalter hat GEO*EPOCHE* bereits eigene Ausgaben gewidmet

LEBEN MIT DER GEFAHR

Trotz technischer Errungenschaften – hier die »Titanic« – bleibt die Menschheit verwundbar durch die gewaltigen Kräfte der Natur. **SEITE 6**

STRAFE DES ALLMÄCHTIGEN

Für die Gläubigen ist der Hunger um 1315 – wie die Kometen – ein Zeichen Gottes. Doch die große Not ist auch Menschenwerk. **SEITE 28**

UNERBITTLICHE FLUTEN

Im Marschland an der Nordsee gedeiht die friesische Siedlung Rungholt. Bis 1362 ein Sturm aufzieht. **SEITE 36**

DRAMA AN DER ELBE

1631 wird Magdeburg von der wohl schlimmsten aller Geißeln heimgesucht: menschlicher Grausamkeit. **SEITE 44**

TODESMUTIG AN DEN RIEMEN

Mit einem Ruderboot rettet die junge Grace Darling 1838 eine Gruppe Schiffbrüchiger – und erhält Dank sogar von der Königin. **SEITE 68**

FAHRT INS UNHEIL

Im Mai 1842 verlässt ein voll besetzter Eisenbahnzug Versailles in Richtung Paris. Er wird nie ankommen. **SEITE 70**

Nr. 115

Inhalt

Katastrophen

◆ *Die mit diesem Symbol versehenen Beiträge sind links bebildert.*

Sie erreichen die GEO*EPOCHE*-Redaktion online auf Facebook, Twitter und Instagram oder unter *www.geo.de/epoche*

WANKEN UND BRENNEN
Ein Erdbeben trifft 1906 die Stadt San Francisco. Noch zerstörerischer sind die Feuer, die danach ausbrechen. **SEITE 82**

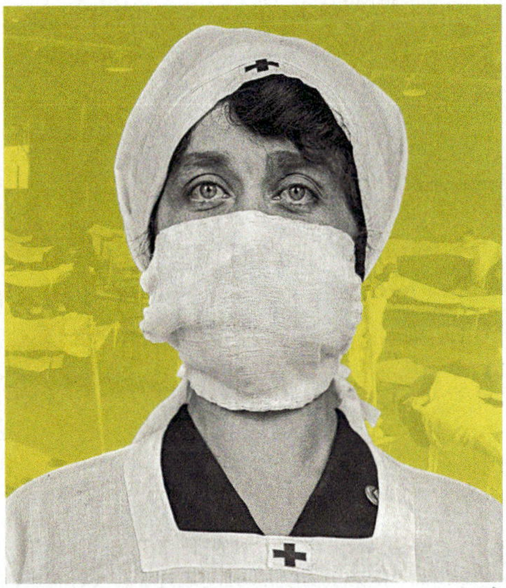

DIE SPANISCHE GRIPPE
Das vielleicht größte Massensterben überhaupt wird ausgelöst durch winzige Erreger: Weltweit wütet ab 1918 eine Influenza-Variante. **SEITE 98**

GEBORSTENER REAKTOR
Bei dem Unfall im Kernkraftwerk Tschernobyl 1986 geraten hochgefährliche radioaktive Stoffe in die Umwelt – eine Sperrzone wird errichtet. **SEITE 144**

SCHRECKEN DER

MENSCHHEIT

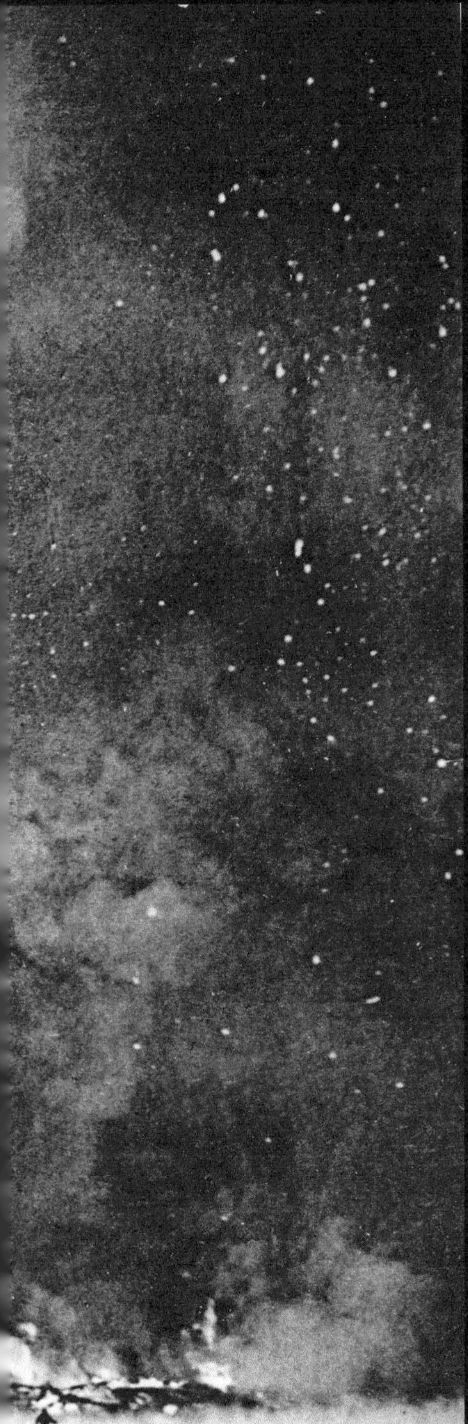

Seit Anbeginn der Zeit entfesselt die Natur enorme Kräfte. Doch erst wenn sie auf Menschen treffen, die sich vor ihnen nicht zu schützen wissen, kommt es zu jenem Unheil, das Katastrophe genannt wird. Oft brechen diese Unglücke jäh und als entsetzliches Spektakel über ihre Opfer herein, manchmal bahnen sie sich schleichend an. Fahrlässigkeit oder gar kalte Berechnung bereiten ihnen mitunter den Weg, technische Erfindungen bringen zudem neue Gefahren. Und immer wieder brennt sich das Grauen der Desaster tief ein in das kollektive Gedächtnis

IM 20. JAHRHUNDERT erobert der Mensch den Himmel, erschafft dabei mit dem Zeppelin »Hindenburg« das größte je erbaute Flugobjekt. Doch am 6. Mai 1937 fängt das landende Luftschiff in Lakehurst unweit von New York Feuer: Der Gigant gerät zur Todesfalle

GRAB aus ASCHE

Erhaben wirkt der Anblick eines ausbrechenden Vulkans, ein gigantisches Schauspiel sonst verborgener Erdkräfte. Doch ebenso gewaltig ist die Zerstörungswucht der sich in bestimmten Weltregionen ballenden Feuerschlünde: Lavaströme, Gesteinsregen, Aschewolken und Gasausdünstungen gefährden Leben selbst in weiter Entfernung

IM JAHR 79 N. CHR. besiegelt die Eruption des Vesuvs das Schicksal einer ganzen Stadt: Pompeji und etwa 2000 seiner Bewohner werden begraben unter glutheißem Bimsstein, unter Wogen aus Asche und Lava. Ein Unglück, das die Siedlung auslöscht – und ihr Ruinenfeld für die Nachwelt konserviert

Im ANGESICHT eines unsichtbaren

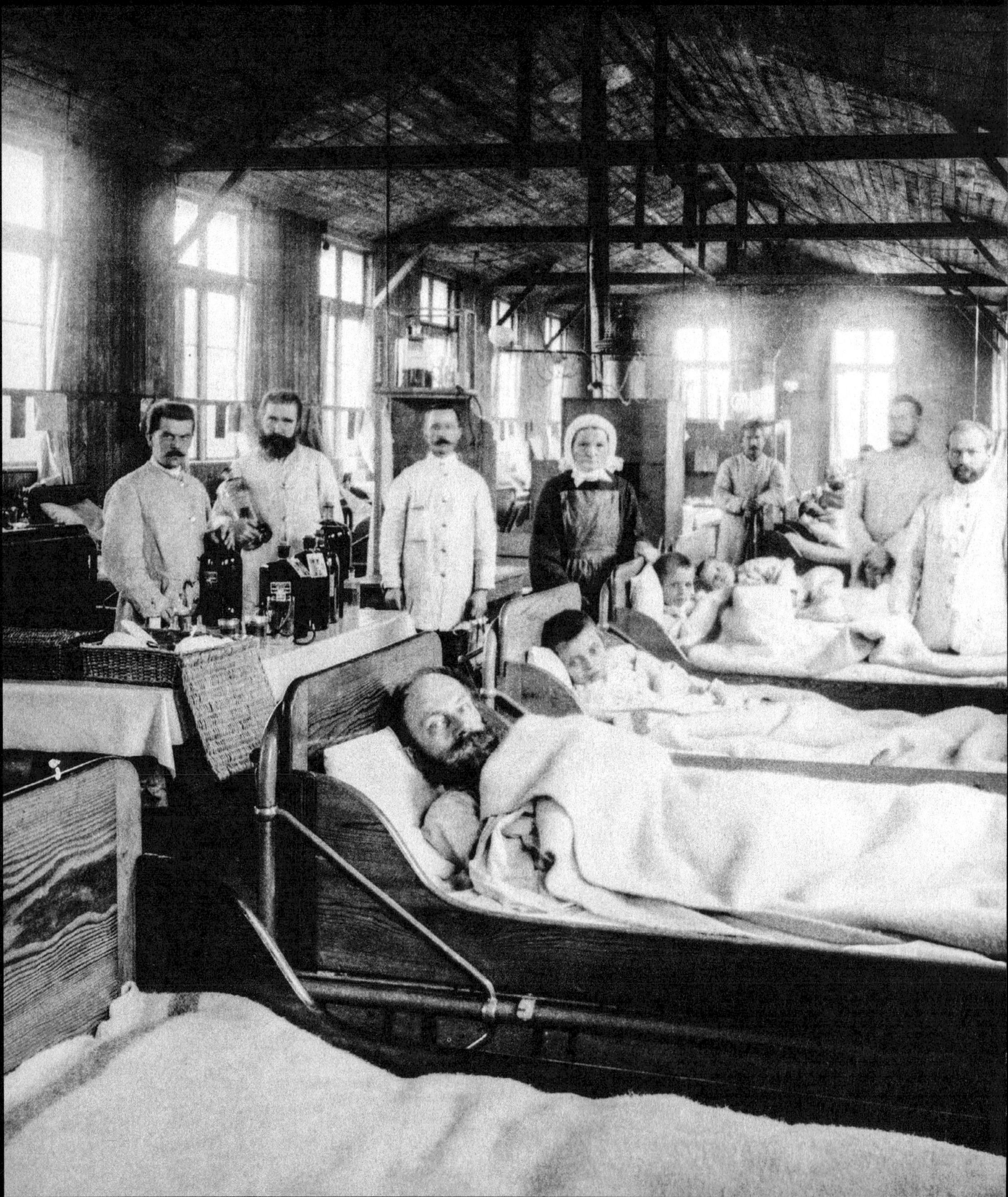

FEINDES

Sie gehören zu den opferreichsten Katastrophen der Geschichte, verbreiten sich, ausgelöst durch winzige Bakterien oder Viren, scheinbar unaufhaltsam über die Erde: Seuchen wie die Pest, die im 14. Jahrhundert bis zu einem Viertel d europäischen Bevölkerung dahinrafft, oder auch – ab etwa 1800 – die verheere Durchfallerkrankung Cholera geißeln die Menschheit immer wieder

HAMBURG WIRD im 19. Jahrhundert europaweit mit am heftigsten von der Cholera heimgesucht. Im Eppendorfer Krankenhaus – hier ein Notgebäude für Infizierte – stirbt im August 1892 der erste Patient einer besonders schweren Welle. Ihm folgen allein bei diesem Ausbruch mehr als 8600 weitere Tote

Vom sicheren HAFEN aufs

Viele Schiffe erreichen nie ihr Ziel, kentern etwa in Stürmen, zerschellen auf Riffen, schlagen Leck, sinken hinab auf den Grund des Meeres. Stahlrümpfe und andere Errungenschaften des technischen Fortschritts erlauben es, sie immer besser gegen Gefahren auf See zu wappnen. Selbst die größten Ozeanriesen bleiben jedoch verwundbar

NOCH LIEGT DIE »TITANIC« stolz am Kai, schon bei ihrer Jungfernfahrt aber wird sie in der Nacht auf den 15. April 1912 im Atlantik untergehen. Ihr Rumpf ist gegliedert in 16 wasserdichte Segmente, doch der Eisberg, mit dem sie kollidiert, reißt zu viele davon gleichzeitig auf. Von den rund 2200 Menschen an Bord überleben nur etwa 700

Das WÜTEN der

ERDE

Unheimlich, unerklärlich und daher Anlass für metaphysische Deutungen sind Erdbeben den Menschen lange Zeit. Erst im Laufe des 20. Jahrhunderts verstehen Forschende, dass Spannungen in der Erdhülle die Erschütterungen auslösen. Ein Drama der Natur mit oft grausamen Folgen – das aber nichts und niemand verhindern kann

AM 1. SEPTEMBER 1923 erzittert Japans Hauptinsel Honshu: Das Erdbeben mit einer Stärke von 7,9, das zudem Feuersbrünste in Tokio und der nahe gelegenen Großstadt Yokohama sowie einen Tsunami auslöst, fordert vermutlich mehr als 140 000 Todesopfer

ZWEI JUNGEN in der Ukraine sammeln 1934 Kartoffeln aus einem Erdversteck – ein Gut, das in diesen Jahren Leben rettet. Denn nachdem der Diktator Josef Stalin angeordnet hat, die Landwirtschaft der Sowjetunion zu kollektivieren,

TROTZ MASSIVER Ernteeinbrüche durch die Kollektivierung zwingt die sowjetische Staatsführung die Bauern zu hohen Abgaben, lässt Korn konfiszieren (hier ein bewachtes Getreidelager) und führt dabei gerade gegen die ukrainische Landbevölkerung einen regelrechten Kampf. In der Folge verhungern in den Dörfern Millionen Menschen

Stets ist das Wasser den Menschen ein Segen und zugleich ein Fluch gewesen – weil ihm Stürme, Extremniederschläge oder Erdbeben tödliche Macht verleihen können. Seit Langem werden daher zum Schutz Deiche errichtet. Je weiter das letzte Unglück zurückliegt, desto höher allerdings ist die Gefahr, dass die Hüter der Wälle in fatale Nachlässigkeit verfallen

DIE NIEDERLÄNDER sind Meister darin, ihre tief liegende Heimat durch Bollwerke trocken zu halten. Doch selbst ihre Deiche bersten, als in der Nacht auf den 1. Februar 1953 eine Springflut und ein Orkan zusammenkommen. Es ist eines der schlimmsten Hochwasser, die es jemals an der Nordsee gegeben hat – mehr als 2000 Menschen kostet es insgesamt das Leben

Ein Raub von GLUT und QUALM

Feuer, entfacht und gesteuert von Menschenhand, ist eine wichtige Triebkraft der Zivilisation, verheißt gegarte Nahrung, erzeugt Wärme, Energie und dadurch Fortschritt. Außer Kontrolle aber haben Flammen in der Geschichte oft nur eines geschaffen: großes Leid

ENTZÜNDET WOHL durch eine achtlos entsorgte Zigarette, frisst sich am 11. Mai 1985 ein Inferno aus Hitze und Rauch durch die alte Holztribüne im voll besetzten Stadion des englischen Fußballvereins Bradford City AFC. Viele Zuschauer können sich aufs Spielfeld retten. Dennoch sterben 56 Fans an einem Nachmittag, der eigentlich Freude und Zerstreuung dienen sollte ◊

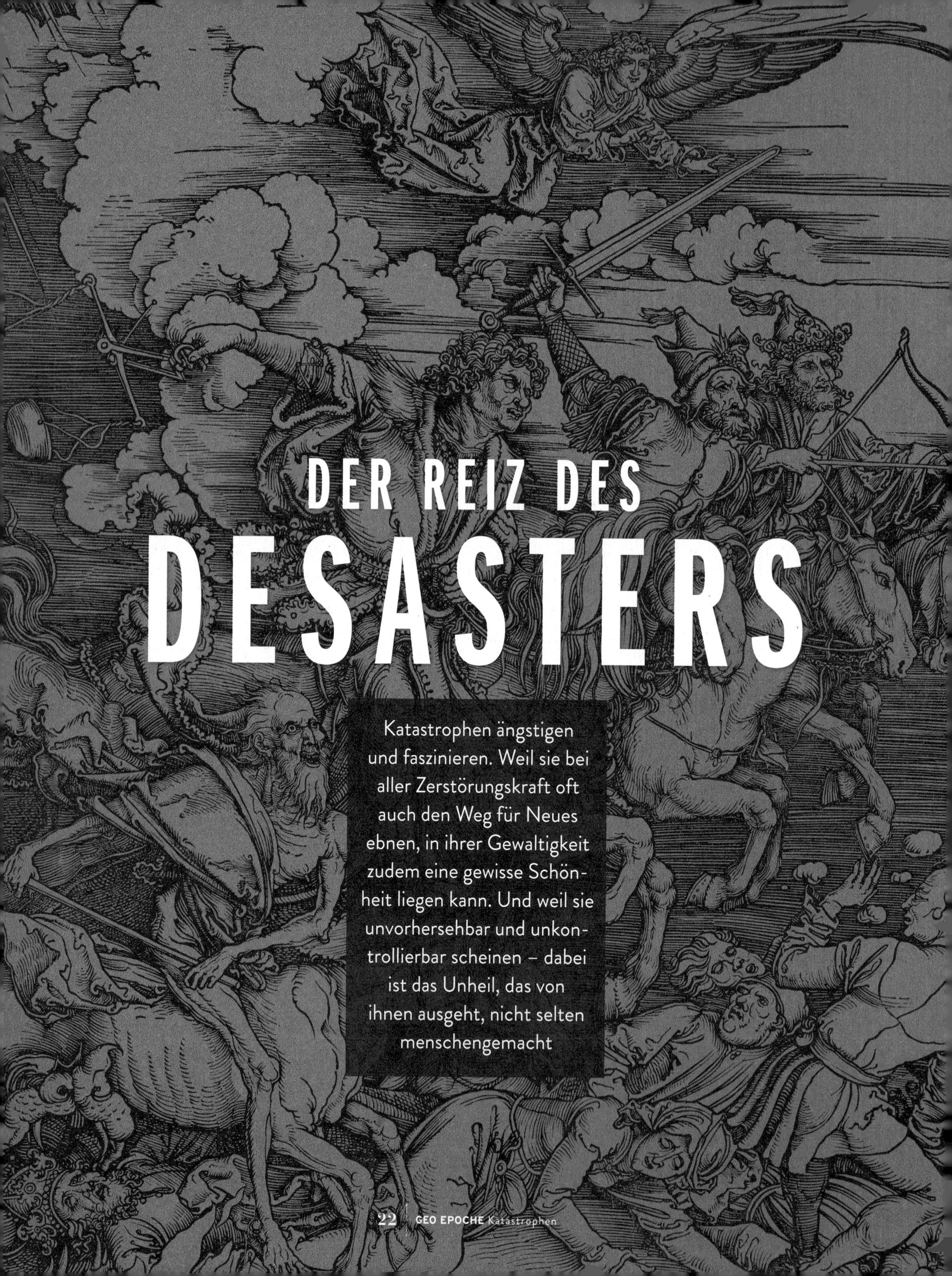

DER REIZ DES DESASTERS

Katastrophen ängstigen und faszinieren. Weil sie bei aller Zerstörungskraft oft auch den Weg für Neues ebnen, in ihrer Gewaltigkeit zudem eine gewisse Schönheit liegen kann. Und weil sie unvorhersehbar und unkontrollierbar scheinen – dabei ist das Unheil, das von ihnen ausgeht, nicht selten menschengemacht

IN EINER SERIE von 15 Holzschnitten illustriert Albrecht Dürer 1497/98 die »Offenbarung des Johannes« aus dem Neuen Testament – auch »Apokalypse« genannt – und damit die größte und letzte aller Katastrophen. Meisterhaft wie erschütternd zeigt er etwa die herangaloppierenden apokalyptischen Reiter (links) sowie Menschen, die Schutz suchen vor flammenden Sternen, die aus dem Himmel auf sie herabstürzen (rechts)

TEXT: *Jörg-Uwe Albig*

ALS SICH DIE GROSSE FLUT über die Welt ergoss, traf sie fast die gesamte Menschheit unvorbereitet.

„An diesem Tag brachen alle Brunnen der großen Tiefe auf und taten sich die Fenster des Himmels auf, und ein Regen kam auf Erden vierzig Tage und vierzig Nächte", berichtet das 1. Buch Mose. Und „die Wasser nahmen überhand und wuchsen so sehr auf Erden, dass alle hohen Berge unter dem ganzen Himmel bedeckt wurden", heißt es weiter: „Da ging alles Fleisch unter, das sich auf Erden regte, an Vögeln, an Vieh, an wildem Getier und an allem, was da wimmelte auf Erden, und alle Menschen. Alles, was Odem des Lebens hatte auf dem Trockenen, das starb."

Die Sintflut (das Wort, althochdeutsch „sinfluot", hat nichts mit „Sünde" zu tun, sondern bedeutet „große, umfassende Flut") ist die Urmutter aller Naturgewalten – und das nicht nur in der Bibel. Schon im 3. Jahrtausend v. Chr. haben sich die Sumerer Geschichten vom großen, alles vernichtenden Wasser erzählt. In zahllosen und doch erstaunlich ähnlichen Varianten gaukelt die Flut durch das kollektive Gedächtnis der Erdbewohner, der amerikanischen Inuit wie der australischen Aborigines, der Azteken wie der alten Griechen, durch das indische Mahabharata und das babylonische Gilgamesch-Epos.

Woher kommt die Obsession mit dieser Chronik des Schreckens, der Ausrottung, des Unheils?

Über alle Kulturen hinweg eint die Menschen, dass sie das Wasser zum Leben brauchen, dessen Nähe suchen müssen, sich dabei jedoch zugleich dessen Gewalten aussetzen. Vielleicht fasziniert sie aber auch das Glück im Unglück, das meist durch die Zeilen der Tragödie schimmert. Denn sobald die Fluten versiegt sind, geht ja – wenngleich zunächst nur für eine winzige Gruppe – in vielen Versionen des Mythos das Leben auf wahrhaft wunderbare Weise weiter. In den babylonischen Erzählungen rettet ein Mann namens Atrachasis auserwählte Menschen und Tiere in einem Boot. Bei den Sumerern sichert ein Priesterkönig den Fortbestand der irdischen Geschöpfe und wird dafür mit Unsterblichkeit belohnt. Und der biblische Patriarch Noah steigt nach über einem Jahr aus der Arche, findet „die Erde ganz trocken" vor – und macht sich ans zivilisatorische Werk: „Noah aber, der Ackermann, pflanzte als Erster einen Weinberg."

Dieser allumfassende Neustart ist ein Geschenk, dem alle, die davon erfahren, ihre Existenz verdanken. Und so

dient die große Flut den Menschen nicht nur als Blaupause für sämtliche anderen Katastrophen der Geschichte – sondern auch für den Triumph eines kollektiven Davongekommenseins. Für jenen „Augenblick des Überlebens", den der Schriftsteller und Philosoph Elias Canetti als „Augenblick der Macht" beschreibt: „Der Schrecken über den Anblick des Todes löst sich in Befriedigung auf, denn man ist nicht selbst der Tote."

DER FRANZÖSISCHE FORSCHER Georges Cuvier entwickelt Anfang des 19. Jahrhunderts eine einflussreiche Theorie namens „Katastrophismus". Die Zerstörungskraft der Natur sei nicht nur grausam, behauptet er, sondern auch produktiv: „Fürchterliche Ereignisse" hätten zwar unter anderem die Dinosaurier ausgerottet – aber so ein Zeitalter ermöglicht, „in welchem das Menschengeschlecht, von einigen Haustieren unterstützt, friedlich die Erde bewohnt und bearbeitet". Es war wohl ein Meteorit, der vor etwa 66 Millionen Jahren auf dem Planeten einschlug, Erdbeben über den Boden jagte, Riesen-Tsunamis über das Wasser und Feuerstürme über das Land trieb und die Erde freiräumte für die Ausbreitung der Säugetiere – und schließlich für die beispiellose Karriere der Menschheit. Auch das neue Leben, das aus der Asche von Vulkanausbrüchen entsteht, dient den Katastrophisten als Beleg für den Segen gewalttätiger Naturereignisse.

Doch schon im 18. Jahrhundert beginnen Denker, aus dem Schock des Schrecklichen auch ästhetische Faszination zu ziehen. Sie verklären die grausamen Naturgewalten zum „Erhabenen", das ein „angenehmes Entsetzen" hervorrufen könne. Scharen von Adeligen pilgern nun zu Italiens Vulkanen in der Hoffnung, Zeugen der grausigen Pracht eines Ausbruchs zu werden. Oder wenigstens zum Fürsten von Anhalt-Dessau in Wörlitz, der einen feuerspuckenden Vesuv-Nachbau in seinen Park gesetzt hat.

Fortan suchen Menschen immer wieder den wohligen Thrill des Desasters. Im Jahr 1889 lockt die große Überschwemmung in Johnstown, Pennsylvania, die mehr als 2000 Menschen das Leben kostet, Sonderzüge mit Katastrophentouristen auf der Jagd nach Schauder und Souvenirs – einer Muschel, vielleicht sogar einem angeschwemmten Schuh. Vergnügungsparks auf Coney Island bei New York stellen mit echtem Wasser und Pyrotechnik die eindrucksvollsten Fluten, Erdbeben und Vulkanausbrüche der Geschichte nach. In Europa schickt man sich Ansichtskarten vom Erdbeben in Messina 1908. Und noch heute sorgt die Überwältigungsmaschinerie der Katastrophenfilme für Geld-Tsunamis an den Kinokassen.

DÜRER HÄLT sich bei seiner Darstellung des Weltendes an die biblischen Verse. Demnach gebieten vier mächtige Engel dem Stürmen der vier Winde zwischenzeitlich Einhalt – und ein weiterer Himmelsbote malt denjenigen ein Kreuz auf die Stirn, die auserwählt sind, das Inferno zu überstehen

SCHLIESSLICH gelingt es einem Engel, dem Teufel, dargestellt als Drache, eine Kette um den Hals zu legen und ihn in einen Abgrund zu stoßen »für Tausend Jahre«, wie es in der Offenbarung heißt. Im Hintergrund zeigt sich derweil schon das »himmlische Jerusalem« – jene neue Stadt, die laut der Apokalypse nach dem Weltgericht entsteht

Doch die Überlieferung der Ur-Katastrophe birgt auch eine unbehaglichere Komponente: das Gespenst der Schuld. Bei den Sumerern ist es noch der schiere Lärm der Weltbevölkerung, der den Gott Enlil beim Schlafen stört – und den er dann notgedrungen mit Wasser verstummen lässt. In der Genesis aber stellt Gott fest, „dass der Menschen Bosheit groß war auf Erden und alles Dichten und Trachten ihres Herzens nur böse war immerdar". Und so beschließt er, sie zu „vertilgen von der Erde".

Bis weit ins 18. Jahrhundert hinein interpretieren manche Kirchenvertreter deshalb jedes Erdbeben, jede Sturmflut als Gottes Vergeltung für menschliche Untat. Zwar lockert sich im Verlauf der Aufklärung die Verklammerung von Natur und göttlichem Zorn. Doch je besser die Wissenschaft die Dynamik der Katastrophen versteht, desto klarer wird zugleich, dass das Ausmaß der Desaster sehr wohl von menschlichem Handeln abhängt – freilich nicht als Auslöser himmlischer Rache, sondern als Konsequenz von Naturgesetzen.

Nach dem Lissaboner Erdbeben von 1755 gibt etwa der Philosoph Jean-Jacques Rousseau zu bedenken, „dass nicht die Natur dort 20 000 Häuser zu je sechs bis sieben Etagen erbaut hat, und dass der Schaden, wenn die Einwohner dieser großen Stadt gleichmäßiger verteilt und in leichteren Bauwerken gewohnt hätten, viel geringer oder vielleicht überhaupt nicht eingetreten wäre" – und dass daher „die meisten physischen Übel" nicht zuletzt „unser Werk sind".

TATSÄCHLICH SIND VIELE LEIDTRAGENDE von Katastrophen Opfer menschlichen Tuns. Der Hundertjährige Krieg verbreitet die Pest, der Erste Weltkrieg die Spanische Grippe. Der Kolonialismus bringt Pocken, Typhus und Diphterie nach Amerika, nach Europa wohl die Syphilis – und die Cholera, deren Wüten sich erst durch menschliche Verantwortungslosigkeit maximiert: Die Hamburger Epidemie von 1892 etwa wird nicht durch das auslösende Bakterium selbst zur Großkatastrophe, sondern erst durch die verrottete Kanalisation der armen Stadtteile, an deren Sanierung die reichen Bürger kein Interesse haben.

Auch Hungersnöte sind, so die These des Harvard-Ökonomen Amartya Sen, grundsätzlich eher Schuld der Politik als der Natur. So fielen die ein bis zwei Millionen Menschen, die 1770 nach Missernten in Bengalen ums Leben kamen, unmittelbar der Profitsucht der das Land regierenden britischen East India Company zum Opfer: Sie hat das Elend nicht nur ignoriert, sondern durch rigoroses Eintreiben von Abgaben sogar noch verschärft.

ZWAR WÄCHST MIT DER KOLLEKTIVEN EINSICHT in die menschliche Verantwortung auch das Bestreben, Katastrophen mit Vorbeugung zu begegnen. Im Europa der Frühen Neuzeit etwa versuchen Bauern – wenn auch mit bescheidenem Erfolg –, mit Kanonenschüssen Unwetter abzuwenden. Im 19. Jahrhundert fangen Regierungen an, mit Wasserbaumaßnahmen Überschwemmungen zu verhüten, aber auch Krankheiten wie die Malaria zu bannen, die aus Sümpfen aufsteigen. Und um 1900 beginnt die Wissenschaft sogar Erdbeben vorherzusagen.

Doch schon in der Bibel mahnen Propheten meist vergebens. Und auch in der Neuzeit macht sich der Überbringer der schlechten Botschaft nur selten beliebt: Denn das Ausbleiben einer Katastrophe, so erklärt der britische Historiker Niall Ferguson dieses Phänomen, werde von Untertanen und Wählern selten belohnt – die Unbequemlichkeit dagegen, die deren Verhütung oft mit sich bringt, mit hoher Wahrscheinlichkeit bestraft.

Ein Dilemma, dessen Folgen auch die Sicherheitsexperten Richard Clarke und R. P. Eddy beklagen: Desaster wie das Reaktorunglück in Fukushima, der Sturm „Katrina" oder die Finanzkrise – sie alle hätten vermieden oder abgeschwächt werden können, hätte man rechtzeitig auf Mahner aus Wissenschaft und Politik gehört.

So kehrt das Konzept menschlicher Schuld, die einst die Sintflut entfesselt haben soll, in der Neuzeit durch die Hintertür zurück. Zwar züchtigt kein zürnender Gott mehr seine Geschöpfe. Immer deutlicher erkennt die Menschheit dafür, dass sie selbst es ist, die Katastrophe um Katastrophe heraufbeschwört oder verschlimmert – und dennoch nicht damit aufhören kann.

Denn es sind zutiefst menschliche Schwächen, die oft ein Unheil zur Katastrophe machen: Hochmut, Habgier, Trägheit. Da ist die Arroganz reicher Händler, denen die Gesundheit der niederen Klassen egal ist. Die Geldgier von Kolonialherren, die aus einem darbenden Land noch Steuern pressen. Die Untätigkeit von Behörden bei einem drohenden Hurrikan. Und so schließt sich ausgerechnet in den Erkenntnissen der Wissenschaft der Kreis zum biblischen Urteilsspruch, „dass der Menschen Bosheit groß war auf Erden und alles Dichten und Trachten ihres Herzens nur böse war immerdar". Denn Hochmut, Habgier und Trägheit gelten der Kirche schon lange als „Hauptlaster", die in die Verdammnis führen. ◊

1315–1317

Hungersnot

DIE STRAFE

TEXT: *Reymer Klüver*

IM MITTELALTER deuten Gläubige außergewöhnliche Natur- und Wetterphänomene häufig als göttliche Signale. Das um 1550 wohl in Augsburg entstandene »Wunderzeichenbuch«, aus dem die Illustrationen auf diesen Seiten stammen, versammelt solche Omen, hier das Erscheinen eines Kometen im Jahr 1300

GOTTES

Scheinbar pausenlos fällt um 1315 über viele Monate Dauerregen in weiten Teilen Europas. Die Ernten brechen ein, und unzählige Frauen, Männer und Kinder darben bald dem Tod entgegen. Die Zeitgenossen sehen in den apokalyptischen Zuständen eine Botschaft des Allmächtigen, eine Sühne für mangelnde Frömmigkeit. Tatsächlich aber ist das Unglück auch das Werk von Habgierigen, die aus der Krise Profit schlagen wollen

EINE GESELLSCHAFT, deren Gedeihen vor allem von der Landwirtschaft abhängt, schaut genau auch auf Merkwürdigkeiten bei Nutzpflanzen, etwa beim Wein oder beim Getreide (oben). Als die Bauern wegen des unablässigen Regens ihren Böden immer weniger abringen können, nimmt die Katastrophe ihren Lauf

Der Frühling trägt Trauer in Brügge, aber wenn der Tod regiert, sind es gute Zeiten für einen wie Jan Bilherse. Die Handelsmetropole braucht seine Dienste, noch dringlicher als sonst.

Von den Ratsherren hat er, gerade als die Tage wärmer werden in Flandern, einen besonderen Auftrag erhalten: Jan Bilherse „und seine Gesellschaft", wie es in Brügges Akten heißt, sind dafür zuständig, in den Straßen der Stadt Leichen einzusammeln. Die Körper der Menschen, die entkräftet irgendwo in den Gassen tot zusammengebrochen sind. Fast zum Skelett ausgemergelte Gestalten, die Haut ausgebleicht und brüchig wie altes Papier. Kleine Kinder, die Leiber abgemagert und die Wangen eingefallen, weil sie seit Tagen oder Wochen nichts Kräftigendes mehr zu sich genommen hatten.

Jan Bilherse ist Totengräber, und in diesen Monaten macht er vermutlich das Geschäft seines Lebens. Mehr als 100 Leichen, um die sich sonst niemand kümmert, sind in Brügge jede Woche unter die Erde zu bringen, als er Anfang Mai 1316 seine makabre Mission beginnt. Noch rund ein Dutzend Ende September, als die städtische Buchführung darüber endet. Zerlumpte Fremde finden sich wohl in großer Zahl unter den Toten, die er und seine Helfer aufsammeln. Mit letzter Kraft hatten sie sich durch die Tore der Stadt gestohlen, in der Hoffnung auf Barmherzigkeit und zumindest eine dünne Suppe. Aber sie sind zu zahlreich für die darbende Metropole. Auch Stadtbewohner aus den armen Bezirken liegen vermutlich auf den Straßen, von ihren Angehörigen verlassen, unter denen viele wohl selbst mit dem Hungertod ringen.

Keine christliche Bestattung mit Gottesdienst und eigenem Grab ist den Gestorbenen vergönnt. Die Toten-

BLUTREGEN – ein seltenes Wetterereignis, bei dem Saharastaub die Tropfen rot erscheinen lässt. Vor der Hungersnot ist jedoch nicht die Farbe, sondern die Menge der Niederschläge beunruhigend. Durch die Feuchtigkeit sinken die Erträge teils bis zur Hälfte des Üblichen

AUCH BESONDERS STRENGE WINTER wie hier in Italien können katastrophale Folgen haben. Ernteausfälle treffen vor allem die Armen: Kleinbauern haben nicht genug, um sich selbst zu versorgen, und mittellose Städter können die hohen Preise nicht zahlen

gräber wuchten die leblosen Körper auf eigens für diesen Auftrag bereitgestellte Karren. Die Fuhrwerke rumpeln hinaus vor die Stadt, wo die Unglücklichen wohl in Massengräbern beigesetzt werden. Fast 2000 Tote in fünf Monaten, dazu eine unbekannte Zahl von Verstorbenen, deren Familien oder Freunde die Beerdigungen arrangieren. In einer Stadt mit vielleicht 40 000 Einwohnern.

Die Leichentransporte sind schauriger Alltag einer Schreckenszeit, die in diesen Jahren in weiten Teilen Europas herrscht, von Nordspanien bis nach Polen, von den Alpen bis Irland und Skandinavien. Allenthalben das gleiche Bild: Nach endlosem Regen und fürchterlichen Missernten sind Brot und andere Nahrungsmittel knapp, selbst Heu und Stroh für das Vieh in den Ställen. Die Preise steigen in horrende Höhen.

Eine Hungersnot sucht den Kontinent heim, deren Ausmaß die christliche Welt bis dahin nicht erlebt hat. Wohl rund drei Millionen Frauen, Männer und Kinder fallen ihr Schätzungen zufolge insgesamt zum Opfer. Den Totengräbern beschert das Unglück einen Geldsegen, aber nicht nur ihnen: Habgierige versuchen aus dem Mangel Profit zu schlagen – und verschlimmern die Lage dramatisch. Und so sind es zwar Naturereignisse, die in diese Krise führen. Die Katastrophe aber ist menschengemacht.

°

DREI JAHRHUNDERTE LANG HAT ZUVOR eine Wärmeperiode Europa verwöhnt. So beständig und mild sind die Temperaturen, dass selbst vielerorts in England Weinreben gedeihen. Ernten fallen meist üppig aus, die Bevölkerung wächst in Stadt und Land. Etliche Regionen sind so dicht besiedelt wie noch nie zuvor.

Doch um 1270 beginnt ein meteorologischer Umbruch, der Übergang zu einer langen Kältephase, die erst um 1850 zu Ende gehen wird und die Klimaforscher später „Kleine Eiszeit“ nennen. Verantwortlich sind wohl vor allem ausgedehnte Phasen verminderter Sonnenaktivität, in denen die Strahlung des Gestirns nur mit geringerer Intensität die Erde erreicht.

Während dieses Wandels kommt es immer wieder zu extremen Wetterverhältnissen, besonders im frühen 14. Jahrhundert: In weiten Teilen Europas hört es von 1314 bis 1316 kaum je auf zu regnen. Gewaltige Wassermengen fallen vom Himmel, in Flandern und England, in Schweden wie in den deutschen Landen, viele Monate lang.

Die Bauern müssen mitansehen, wie das ausgesäte Korn in den regenschweren Ackerböden verrottet. Sie treiben Rinder auf Weiden, die sich in braune Schlammwüsten verwandeln. Mühen sich mit ihren Sensen ab, um Wiesen zu mähen und Heu für das Vieh zu machen, aber die nassen Halme sind schwierig zu schneiden, kaum zu trocknen, die meisten verfaulen. Und wo doch Getreide herangewachsen ist, wird es im Sommer nicht reif. „Pluvia" notieren die Schreiber der Grundherren ein ums andere Mal, Regen. Für längere Zeit unterbrochen wird er wohl nur bei strengem Frost im Winter.

Bereits 1315 kommt es zu enormen Ernteausfällen. Der Ertrag pro ausgesätes Samenkorn ist – nach Berechnungen heutiger Forscher – bei Weizen, anderen Getreidesorten sowie Hülsenfrüchten vielerorts um rund ein Viertel niedriger als im Durchschnitt des Spätmittelalters. In manchen Gegenden, etwa nördlich von Paris, der mit gut 200 000 Einwohnern damals wohl größten Stadt Europas, holen die Landleute nur die Hälfte der üblichen Menge von den Feldern. Die Obsternten sind ebenfalls miserabel. Und die Weinlese fällt in manchen Regionen fast vollständig aus. Der ersten Missernte folgt eine weitere mit noch größeren Einbußen im Jahr 1316, und auch 1317 sind die Erträge geringer als sonst.

Zudem brechen Viehseuchen aus, befördert durch die feuchte Witterung. Die Rinderpest etwa lässt in einigen Landstrichen die Hälfte der Kühe verenden, mancherorts sogar noch mehr. Weil es an Heu fehlt, sind sie im Winter schlechter ernährt und damit leichte Beute für Krankheiten. Besonders schwer wiegt der Tod von Ochsen, denn sie sind für Transport und Ackerbau unerlässlich. Bis zu vier Paare ziehen etwa einen Pflug; je weniger Tiere zur Verfügung stehen, desto langsamer werden die Felder bestellt, wenn überhaupt. Pferde sind als Ersatz zu teuer – und noch krankheitsanfälliger. So verschlimmert das Viehsterben zusätzlich die Erntekrise.

Allenthalben schießen die Preise für Korn, Mehl und Brot in die Höhe. „Caristia", lateinisch für „Teuerung", notieren Klosterschreiber quer über den Kontinent. Ob in London, Paris, Bremen oder Valenciennes – überall sind es die gleichen Klagen. Gerste, Hafer, alles knapp und teuer, speziell aber der Weizen, das wichtigste Grundnahrungsmittel. Aus der Stadt Mons südwestlich von Brüssel werden Getreidepreise berichtet, die achtmal so hoch sind wie in anderen Jahren.

Die Ernteausfälle und die Teuerung treffen besonders die Ärmsten, die landlosen Tagelöhner, aber den Kleinbauern ergeht es nicht viel besser. Abgaben an die Grundherren und die Geistlichkeit müssen sie weiterhin leisten. Und nachdem sie sich wohl mühsam das Korn für die nächste Aussaat vom Munde abgespart haben, bleibt ihnen beinahe nichts mehr übrig. Weil sie aber kaum Einnahmen haben, können sie sich bei den überhöhten Preisen nun auch kein Getreide auf den Märkten dazukaufen.

Jetzt rächt sich das rasante Bevölkerungswachstum während der fetten Jahre, weil umso mehr Münder zu füllen sind. Und doch: Trotz der Ernteausfälle gäbe es genug Korn, um ein Massensterben zu verhindern. Aber das rare Gut wird aus Profitgier absichtlich knapp gehalten.

E

Es ist ein Muster, das sich bei Hungersnöten seit Anbeginn der Zivilisation wiederholt: Ungewöhnliche Wetterschwankungen (oder etwa die Verheerungen eines Krieges) führen zu Missernten, doch zur Katastrophe kommt es in der Regel erst durch menschliche Raffsucht – so auch nun im frühen 14. Jahrhundert.

Aus akribisch geführten Kontenbüchern englischer Landbesitzer etwa geht hervor, dass sie im Frühjahr 1315 bewusst nur ein Drittel des verfügbaren Korns aus der Vorjahresernte zum Kauf anbieten. Die adeligen oder kirchlichen Grundherren lassen das Getreide horten, weil sie einen noch stärkeren Anstieg der Preise abwarten wollen. Durch das immer knappere Angebot sind Mehl oder Brot tatsächlich bald nur noch für Summen zu haben, die sich Ärmere nicht leisten können. König Eduard II. fordert 1316 die Bischöfe Englands dazu auf, in ihren Diözesen die Spekulanten zu ermahnen, kein Getreide zurückzuhalten. Und der französische Monarch Ludwig X. prangert die „habsüchtige Gier" von Kaufleuten an, die Lebensmittel horten. Doch offenbar belassen es die Herrscher bei moralischen Appellen, statt wirksame Maßnahmen zu ergreifen oder gar Strafen zu verhängen.

Je mittelloser die Menschen, desto größer das Leid. Selbst in den Reihen der Geistlichkeit zeigen sich Unterschiede zwischen Arm und Reich. Chronisten berichten von Brüdern aus aufgelösten Abteien, die bettelnd um-

FÜR MANCHE IST DER TOD ERLÖSEND

EINE SONNENFINSTERNIS verdunkelt das Firmament. Die düstere Erkenntnis der Erntekrise um 1315: Eigentlich könnte das noch vorhandene Getreide einen Massentod verhindern. Doch Profitgierige horten das Korn, um die Preise weiter hochzutreiben

herziehen – während manches wohlhabende Kloster wie etwa in Canterbury dank der gestiegenen Kornpreise enorme Überschüsse erwirtschaftet.

Die Hungernden essen Brot, gebacken aus Kleie, den Kornschalen, die übrig bleiben beim Sieben des Mehls. Sie kauen auf Samen herum, auf Wurzeln und Kräutern, klauben sogar Baumrinden und Nussschalen zusammen. Ein Chronist schreibt von Menschen, die Gras „wie Ochsen" auf der Weide in sich hineinstopfen.

Die Ausgezehrten töten Berichten zufolge Hunde und Mäuse, um deren Fleisch zu essen, fallen angeblich auch über die Kadaver verendeter Rinder, Pferde und anderer Tiere her. Immer wieder sind in den Einträgen der Schreiber quer über den Kontinent Hinweise auf Kannibalismus zu finden. So wird aus Irland vermeldet, dass Verzweifelte nachts frisch bestattete Leichen aus deren Gräbern zerren, die Schädel kochen und das Hirn der Toten verzehren. Stets beruhen derlei Berichte auf Hörensagen, aber dass die Chronisten ihnen Glauben schenken, mag zeigen, wie extrem die Not ist.

Nach Wochen oder Monaten mit fast leeren Mägen verlieren die Hungernden bis zu 40 Prozent ihres normalen Gewichts. Sie werden lethargisch. Nach einiger Zeit beginnen ihre Körper, das eigene Gewebe aufzulösen. Manche sterben, weil schließlich das Herz oder andere innere Organe versagen.

Bei den meisten der Darbenden kommt es jedoch gar nicht so weit: Durch die Mangelernährung massiv geschwächt, erliegen sie innerhalb kürzester Zeit Krankheiten, gegen die sie keine Abwehrkräfte mehr mobilisieren können, wie Lungenentzündungen, Typhus, Fleckfieber oder die Ruhr. Ein Chronist aus dem englischen Benediktinerkloster Saint Albans berichtet über die Agonie der Hoffnungslosen, die „verdorbene Speisen", also etwa pilzbefallenes Getreide oder fauliges Fleisch, verschlungen haben: Durchfall, Fieber, krankhafte Veränderungen im Rachen, schließlich der erlösende Tod.

In ihrer Not verlassen viele Bauern – rund neun von zehn Menschen in Nord- und Westeuropa leben damals auf dem Land – ihre Hofstatt. Ganze Dörfer geben die

verzweifelten Bewohner mitunter auf. Sie ziehen umher in der Hoffnung, in Klöstern oder Städten wohltätige Spenden zu erhalten, stets dem jüngsten Gerücht folgend, wo es etwas zu essen geben könnte.

Kornklau grassiert. Immer wieder sind in den Chroniken aus den deutschen Landen, Frankreich oder England Plünderungen von Speichern vermerkt. Die Strafen sind drakonisch: Wohl nicht wenige, die erwischt werden, landen am Galgen. Meistens schließen die Städte ihre Tore, wenn die Elendszüge vor den Mauern zusammenströmen. Manchmal geben sie den Bettlern ein wenig Brot, damit der Haufen weiterzieht. Magdeburg, Lübeck, Mainz – überall berichten die Schreiber von Heerscharen hilfloser Hungernder.

Nicht alle jedoch sperren die Bedürftigen aus. Der Deutsche Orden etwa öffnet die Speicher auf etlichen seiner Burgen im Heiligen Römischen Reich für Bedürftige. Legendär ist der Abt Eylard: Täglich lässt der Vorsteher eines Klosters bei Groningen in einem riesigen Kessel Speisen für die Armen kochen. Noch Jahrhunderte später wird der Topf des barmherzigen Abtes wie eine Reliquie ausgestellt. Und auch Brügge, in dessen Straßen

die Totengräber 1316 zahllose Leichen eingesammelt haben, gelingt es im folgenden Jahr, Hilfe zu organisieren: Der Rat der Handelsmetropole kauft Getreide aus Spanien und Südfrankreich und gibt es günstig an die Bäcker in der Stadt ab, die wiederum die Notleidenden mit bezahlbarem Brot versorgen. Immer wieder gibt es zudem Zeichen privater Mildtätigkeit. So vermacht in London ein gewisser Robert de Lincoln 2000 Armen jeweils einen Penny – in etwa der Preis eines Brotlaibs. Und ein Würzburger Patrizier stiftet ein Spital für mittellose Kranke.

Bei alledem zweifeln die meisten der tiefgläubigen Männer und Frauen des Mittelalters wohl nicht daran, dass Gott selbst sie ins Verderben gestürzt hat. Das Elend, das sie erdulden müssen, verstehen sie als Strafe für die Sünden der Menschheit, für fehlende Glaubensstärke und mangelnde Verehrung der Kirche. In Paris ziehen bereits 1315 lange Prozessionen von barfüßigen Büßern durch die Straßen, die den Beistand der Heiligen erbitten, um bei Gott ein Ende der Not zu erreichen.

Bald nach dem Massensterben der Hungrigen wird ein unbekannter englischer Dichter schreiben: Gott habe gesehen, dass die Welt voll Hochmut war, also „sandte er einen Mangel auf Erden". Nicht wenige fürchten sogar den nahenden Tag des Jüngsten Gerichts. Einer der vier apokalyptischen Reiter, deren Kommen die „Offenbarung des Johannes" in der Bibel ankündigt, trägt eine Waage als Zeichen von Knappheit und Teuerung – und gilt als Verkörperung des Hungers.

DOCH DAS WELTENENDE bleibt aus. 1317 ist die abnorme Regenperiode vorüber. Die Ernten bessern sich wieder, von 1318 an sind sie wie in den Jahren vor der Krise. Die Rinderpest wütet noch länger, das Schlimmste allerdings ist 1322 auch ausgestanden.

Aber wohl jeder zehnte Bewohner der Hungergebiete hat die Katastrophe nicht überlebt. Und viele der Davongekommenen sind gezeichnet von dem jahrelangen Elend, gerade Kinder, die sich in der Zeit des Mangels noch im Wachstum befunden haben.

Daher ist die Bevölkerung womöglich bereits geschwächt und besonders verwundbar, als nur eine Generation später ein noch tödlicheres Übel sie heimsucht: die Pest. Von 1347 bis 1353 rafft sie auf dem gesamten Kontinent mehr als 20 Millionen Menschen dahin. So bricht über Europa zunächst die bis dato wohl verheerendste Hungersnot herein, dann der Schwarze Tod: ein Doppelschlag, der das 14. Jahrhundert zu einer der finstersten Schreckenszeiten der Geschichte macht. ◊

WOHL RUND drei Millionen Menschen verhungern in diesen Jahren. Manche Beobachter sehen zwischenzeitlich das Ende der Welt heraufziehen, erkennen überall böse Zeichen, wie in dieser Illustration, die Meteoriteneinschlag und Sonnenfinsternis zusammentreffen lässt

LITERATURTIPPS

WILLIAM CHESTER JORDAN
»The Great Famine«
Die bis heute umfassendste Studie (Princeton University Press).

CORMAC Ó GRÁDA
»Famine – A Short History«
Überblick zu Ursachen und Folgen des Hungers vom alten Ägypten bis heute (Princeton University Press).

IN KÜRZE

Auf eine Zeit milden Klimas folgt im Spätmittelalter eine Phase der meteorologischen Unbeständigkeit. Mehrere Jahre mit Dauerregen lösen um 1315 eine der schwersten Hungerkatastrophen Europas aus, deren millionenfach tödliches Ausmaß erst entsteht, weil Raffsüchtige das Nahrungsmittelangebot bewusst verknappen. Zwar endet die Krise, als sich das Wetter wieder normalisiert, doch schwächt sie womöglich auch die Überlebenden: Viele werden später leichte Opfer der Pest.

Das ATLAN

Alte Schriften und Sagen künden von Rungholt, einer mythenumrankten Stadt, die im Mittelalter angeblich in der Nordsee untergeht. Zeitweise gilt sie als Ausgeburt reiner Fantasie. Dann aber kommt mehr und mehr der wahre Kern der Geschichte ans Licht – das Schicksal eines blühenden Ortes, den jäh das Meer verschlingt

TEXT: *Svenja Muche* **ILLUSTRATIONEN:** *Tim Möller-Kaya für* GEO*EPOCHE*

TIS der Nordsee

MIT ENORMER WUCHT bricht das Wasser über die Menschen, Tiere und Häuser Rungholts herein. Zwar wird der von Friesen bewohnte Ort, dessen Existenz inzwischen historisch verbürgt ist, durch einen Deich geschützt. Doch die Sturmflut im Januar 1362 erweist sich als so stark, dass sich wohl kaum jemand retten kann

Es ist eine Legende aus längst vergangenen Zeiten. Eine Stadt, glanzvoll und reich – so erzählt man sich –, erblüht im Mittelalter an der Nordseeküste. Als sich noch festes, fruchtbares Land dort erstreckt, wo heute nur mehr das nordfriesische Wattenmeer liegt.

Rungholt lautet der Name dieses prächtigen Ortes, der sich in der weiten Marsch erhebt. Felder umrahmen ihn, auf denen goldgelb das reife Korn steht. Seine Getreidespeicher sind zum Bersten voll. Die Bürger lassen sich in Sänften von mit Goldflitter geschmückten Lakaien über Straßen und Marktplätze tragen, auf denen sich vom Überfluss trunkene Menschenmassen drängen. Wenn sie ihre Feste feiern, tönen Zimbeln und Blütenblätter flattern aus den Fenstern. Wie im alten Rom, so pompös geht es dereinst an der Nordsee zu.

Doch ihr Reichtum macht die Rungholter übermütig. Sie fürchten weder die Meeresfluten noch Gottes Zorn – und das wird ihnen zum Verhängnis. Denn während eines Zechgelages verhöhnen einige der Einwohner einen Priester. Der größte Frevel: Sie gießen Bier über seine geweihten Hostien.

Die göttliche Strafe trifft Rungholt schon in der folgenden Nacht. Ein Sturm kommt auf und treibt die Wogen der See immer höher, bis sie über die Deiche schlagen, hinter denen die Bewohner sich bisher sicher fühlten. Die Nordsee verschlingt die Stadt und all ihre Pracht. Und gibt sie nicht wieder her. Manchmal nur, wenn Meer und Wind schweigen, ist noch das Läuten ihrer Kirchenglocken zu vernehmen.

So erzählen alte Chroniken der Region und später Sagensammlungen und Gedichte norddeutscher Schriftsteller vom mythischen Rungholt und seinem Schicksal. Jener goldenen Stadt der Friesen, die, wie die meisten Menschen mit der Zeit glauben, erbaut ist aus reiner Fantasie. Erdacht von abergläubischen Einheimischen und Geistlichen, die vor dem Laster des Hochmuts warnen wollten.

Bis ab 1921 ein Laienforscher, der Bauer Andreas Busch, bei Ebbe durch das Watt zwischen der Halbinsel Eiderstedt und den Inseln Pellworm und Nordstrand streift. Busch entdeckt Erstaunliches: Reste alter Brunnen, Gräben und Warften – jener aufgeworfenen Erdhügel, auf denen Menschen an der Nordsee noch immer wohnen, um sich und ihre Häuser vor Fluten zu schützen.

Zwar sind in der Gegend schon zuvor immer wieder verstreute Spuren vergangener Siedlungen gefunden worden, nie aber so zahlreich in einem bestimmten Areal. Es liegt zudem unweit der Stelle, an der Karten aus dem 17. Jahrhundert das untergegangene Rungholt verortet haben.

In den 1970er Jahren stößt dann ein nordfriesischer Heimatforscher in Hamburg auf ein Testament, das 1345 für einen Bürger der Hansestadt abgefasst worden ist. Die Rückseite vermerkt einen Personenkreis, den es im Todesfall zu benachrichtigen gilt – ansässig in Nordfriesland in einer Pfarrgemeinde namens Rungholt.

Damit steht fest: Rungholt existierte wirklich, und es wurde auch wahrhaftig vom Meer verschlungen. Zumindest ein Teil der entdeckten Siedlungsreste stammt wahrscheinlich von diesem sagenhaften Atlantis der Nordsee. Auch wenn vieles Vermutung bleiben muss:

VOR DER KATASTROPHE ist Rungholt ein wohlhabender Ort: Die Bewohner bauen auf dem fruchtbaren Marschboden Getreide an, halten Vieh und treiben Handel. Wohl bis zu vier Meter erheben sich die Warften, auf denen die Häuser stehen – zu niedrig für die große Flut

Wissenschaftler haben inzwischen durch die Funde im Watt, weitere Schriftstücke sowie mittelalterliche Zeugnisse aus anderen Gegenden Nordfrieslands die Geschichte hinter dem Mythos in ihren Grundzügen rekonstruieren können. Das Leben der Bewohner Rungholts – und wie ihre Welt im Wasser versank.

Fest steht: Es sind Friesen, die Rungholt gründen; wahrscheinlich etwa im 11. Jahrhundert. Erste Angehörige dieses Volkes haben wohl bereits um 700 ihr Stammgebiet zwischen Rhein- und Wesermündung verlassen. Und sich in der später Uthlande genannten Region von der Insel Sylt im Norden bis Eiderstedt im Süden angesiedelt.

In weiteren Wellen ziehen Friesen ab dem 11. Jahrhundert hierher, lassen sich nun auch in Gegenden aus Marsch, Mooren und Schilfsümpfen nieder – vielleicht auf Einladung des dänischen Königs, zu dessen Herrschaftsbereich das Gebiet inzwischen gehört. Der Landesherr will sich wohl das Wissen der Friesen zunutze machen, denn sie verstehen sich darauf, Küstenmoore in Ackerland umzuwandeln, indem sie die Torfschichten abtragen und so an den fruchtbaren Marschboden darunter gelangen.

Um 1360, am Vorabend der großen Flut, leben die Nachfahren der Einwanderer in zahlreichen Siedlungen über die Uthlande verteilt. Die Region ist in Verwaltungsbezirke gegliedert, sogenannte Harden, in denen jeweils eigene Gerichte Recht sprechen. Zwar müssen auch die Friesen Steuern zahlen, doch dank ihrer abgeschiedenen Lage am Rande des Königreichs Dänemark, im Osten abgeschirmt durch Moorgebiete und häufig überflutetes Tiefland, können sie weitgehend ihre Eigenständigkeit wahren. Selbstbewusst leben sie nach ihren althergebrachten Gesetzen und trotzen dem rauen Küstenklima.

Eine ihrer größten Siedlungen ist Rungholt, der Hauptort der Edomsharde – eines Bezirks, der sich im Süden einer großen, Strand genannten Halbinsel erstreckt (siehe Karte Seite 42). Rungholt liegt vom offenen Meer gut zehn Kilometer entfernt, aber es befindet sich nahe der Kreuzung zweier Wasserläufe, die frühere Sturmfluten tief in das Land gegraben haben.

Die Warften der Ortschaft, womöglich ein paar Dutzend, erheben sich bis zu vier Meter über die flache Marsch. Jeweils mehrere Wohnhäuser stehen darauf, in denen insgesamt vielleicht 1000 Menschen leben. Die Flechtwände der Gebäude sind mit entwässertem Schlick verkleidet, von außen gegen die Wände geschichtete Grassoden halten die Wärme der Herdfeuer in den Häusern. Drinnen stinkt es nach Rauch und nach den Exkrementen der Rinder, Schafe und Schweine, mit denen die Menschen unter einem Dach wohnen.

Von ihren Warften blicken die Rungholter über ein Mosaik aus Weiden und Feldern, durchzogen von Entwässerungsgräben. Die Bewohner des Ortes sind vor allem Bauern. Sie halten Tiere, pflanzen Roggen an, Gerste, Dinkel, Weizen, Hafer und Ackerbohnen. Der Marschboden ist überaus fruchtbar. Die Rungholter ernten daher mehr Getreide, als sie selbst benötigen, und können einen Teil von Korn und Vieh exportieren.

Eine vielleicht noch wichtigere Handelsware aber ist Salz. Die Bewohner Nordfrieslands graben unter dem Marschboden oder im Watt Torf ab, der vor langer Zeit überschwemmt wurde und sich seither, nach und nach von Sedimenten überdeckt, mit Meersalz angereichert hat. Diesen Torf verbrennen die Einheimischen und schwemmen das

WEGEN IHRES DEICHES und der Warften wähnen sich die meisten Rungholter zunächst wohl in Sicherheit, als der Sturm die Wellen aufpeitscht. Doch dann müssen sie mitansehen, wie die Flut ihren Schutzwall meterhoch überspült – ihr Schicksal ist besiegelt

Salz aus der Asche. So entsteht eine Lake, die sie in Pfannen erhitzen, bis alles Wasser verdampft ist. Die zurückgebliebenen Kristalle werden etwa zum Pökeln von Fleisch benötigt und sind begehrt.

Die Rungholter verladen sie auf Schiffe, im Hafen der Edomsharde. Er liegt an einem der beiden Wasserläufe, dem mächtigeren dieser zwei Gezeitenströme, die im Rhythmus von Ebbe und Flut ab- und anschwellen. Wenn sich die heimischen Kaufleute auf die See hinauswagen, segeln sie wohl oft bis in die Grafschaft Flandern. Deren Fürst hat den Bewohnern der Edomsharde garantiert, dass sie auf seinem Territorium ungestört Handel treiben können – was umgekehrt seinen Untertanen in dem nordfriesischen Gebiet gestattet ist. Dorthin bringen die Schiffe von den flandrischen Umschlagplätzen Waren aus vielen Teilen Europas. Auch mit Bremen, Hamburg und Lübeck machen die Rungholter wohl Geschäfte.

Über ihr Handelsnetz beziehen sie etwa Unmengen fein schimmernder Steinzeuggefäße aus dem Rheinland, andere Keramik aus Flandern und Holland sowie das Rohmaterial für Wetzsteine aus Norwegen. Eine Rarität dagegen sind die reich dekorierten, teils mit arabischen Schriftzeichen versehenen Kannen aus dem maurischen Spanien, die womöglich auf Rungholter Tafeln als Schankgefäße dienen.

Die zahlreichen Importwaren zeugen vom Wohlstand in Rungholt. Doch der Besitz ist vermutlich nicht gleich verteilt. Vom Handel profitieren wohl insbesondere wenige Großbauern, die nebenbei als Kaufleute Geschäfte machen. Es dürfte diese Elite sein, die edle, von kunstvollen Schnallen geschlossene Gewänder trägt und mit Beschlägen verzierte Gürtel, an denen Schwerter hängen. Aus ihrer Mitte stammen wahrscheinlich die Mitglieder der Ratsversammlung, die in der Edomsharde unter anderem als Gericht fungiert und über Handelsabkommen entscheidet.

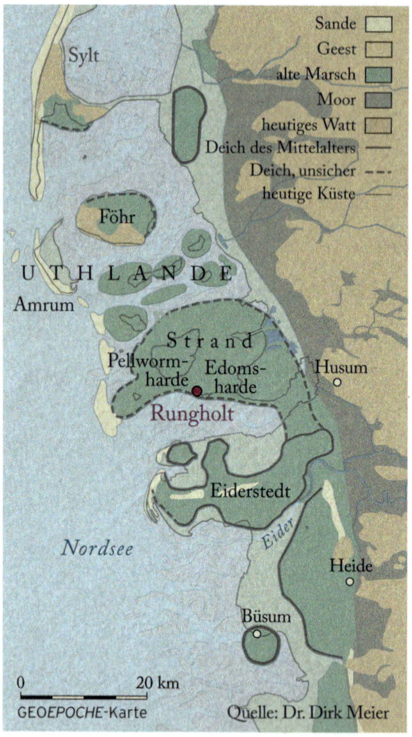

UM 1360 ist Rungholt noch der wohl bedeutendste Ort auf der Halbinsel Strand. Bis auf einige Inseln schluckt das Meer jedoch nach und nach die ganze Region

Das reale Rungholt ist um 1360 zwar keinesfalls so prächtig wie jenes in der späteren Sagenwelt, aber sicher einer der bedeutendsten Orte Nordfrieslands. Doch die Nähe zum offenen Meer, der es seine Reichtümer mitverdankt, ist auch eine stete Bedrohung.

Schon seit der Mensch sesshaft ist, siedelt er an Bächen, an Flüssen, Seen und Meeren. Er braucht das Wasser zum Trinken, um Felder zu bewirtschaften, Vieh zu nähren; er fängt darin Fische und transportiert darauf Lasten. Wenn aber etwa Stürme, Regenfälle oder Schneeschmelzen das Wasser weit über die Ufer treten lassen, wird es zu einer vernichtenden Gewalt.

Alles verschlingende Fluten sind vielleicht die Urkatastrophe der Menschheit, ein Unheil, das Gesellschaften vielerorts und durch sämtliche Zeiten hinweg gefährdet. Seit Langem bauen sie daher Schutzwälle, um sich dieses Übels zu erwehren. Auch die Rungholter versuchen, ihr Land gegen die Wassermassen zu verteidigen. Zwischen der Siedlung und den Gezeitenströmen haben sie einen etwa drei Meter hohen Deich errichtet, um ihre Felder und Weiden vor häufigen Überschwemmungen zu bewahren.

Permanent muss er instand gehalten werden. Doch seit eine Pestwelle um 1350 viele Menschen getötet hat, vernachlässigen die Rungholter vermutlich die Deichpflege. Außerdem steht das Wasser bei Flut inzwischen höher an dem Schutzwall als noch einige Jahrzehnte zuvor, denn durch die zunehmende Eindeichung in der Region kann es sich nicht mehr über das flache Land verteilen und staut sich vor den Deichen. Und unter den Füßen der Rungholter droht eine weitere Gefahr: Der Boden sackt langsam ab. Ein natürlicher Vorgang bei feinkörnigen Sedimenten wie hier in der Edomsharde, den die Bewohner durch ihre Entwässerungsmaßnahmen aber wohl erheblich verstärken.

So steht Rungholt in einer Mulde hinter einem brüchigen Deich, auf den das Wasser schon bei normaler Flut stark drückt – eine gefährliche Kombination. Und es geschieht eine Katastrophe.

Am 15. Januar 1362, einem Samstag, kommt heftiger Wind von Westen auf. Noch sorgen sich die Rungholter vermutlich nicht, Winterstürme sind sie gewöhnt. Doch am folgenden Tag, so rekonstruieren es Ozeanografen und Meteorologen, steigert sich der Wind zu einem Orkan. Eisig peitscht er über die

See und das Land. Die Rungholter Familien kauern, so muss man es sich vorstellen, in ihren Häusern zusammen, lauschen ängstlich dem Tosen des Sturms und dem Knarren im Gebälk. Hoffen, dass der Deich hält. Einige mögen sich am Morgen hinauswagen, um nach ihm zu schauen – und erschrecken: Schäumend ergießen sich über seine Krone Wellen Schwall um Schwall. Und der Höhepunkt der Flut steht noch bevor.

Die Nordsee wechselt etwa alle sechseinviertel Stunden zwischen steigendem und fallendem Wasser, doch jetzt drückt der Sturm es unerbittlich gegen die Küste und über die Gezeitenströme weit ins Land. Der Wasserstand sinkt daher auch bei Ebbe kaum, baut sich vielmehr mit jeder Flut höher auf. Zugleich erschafft der Sturm meterhohe Wellenungetüme, die an dem Schutzwall nagen. Wohl schon gegen Mittag des 16. Januar bricht die Deichkrone an mehreren Stellen ein. Wassermassen schießen durch die Einschnitte, spülen sie schnell immer breiter aus. Unaufhaltsam.

Für die Rungholter gibt es kein Entkommen. Die Nordsee strömt in das tief liegende Marschgebiet, in dem ihr Ort wie in einer Senke steht, die Wellen schlagen gegen die Warften und schließlich über sie hinweg. Mit unvorstellbarer Wucht prallt das Wasser auf die Häuser, bricht durch die Wände, reißt die Reetdächer auseinander. Menschen, Vieh, Reste von Flechtwerk, Dachbalken – alles wirbelt im brodelnden, tobenden Meer. Kaum ein Bewohner kann sich wohl retten. Als die See sich in den folgenden Tagen wieder beruhigt, ist Rungholt nicht mehr.

Die Sturmflut ergießt sich vermutlich nicht nur über Nordfriesland und die angrenzende dänische Küste, sondern auch über Teile der Gestade des heutigen Niedersachsens und der Niederlande, dringt über die Flüsse zudem weit in das Binnenland vor, etwa bis zu den Stadtmauern von Bremen.

Wie viele Menschen in der Flut des Jahres 1362 umkommen, ist nicht bekannt, aber nach der Schätzung eines Forschers könnten allein in Nordfriesland rund 10 000 gestorben sein. Von der „Groten Mandränke“, dem „großen Menschenertrinken“, werden Chronisten später schreiben.

Die Kraft des Wassers formt zudem die Küstenlinie neu – denn das Meer holt sich nicht nur Rungholt, sondern auch ein großes Stück jener Halbinsel, auf der zuvor die Siedlung blühte. Und was davon nicht in der Nordsee versinkt, ist fortan vom Festland abgeschnitten.

Die Erinnerung an die Einzelheiten dieses Dramas jedoch verblasst bald, löst sich auf in Erzählungen über verheerende Sturmfluten, die von Generation zu Generation wandern. Erst im 17. Jahrhundert werden Chronisten die vermeintliche Geschichte Rungholts niederschreiben, an dessen einstmaliger Existenz zu dieser Zeit vermutlich noch niemand zweifelt.

Es sind zumeist Pfarrer aus der Region, die das Schicksal des Ortes aufgreifen und daraus die Sage von einer vermessen reichen Stadt spinnen, die, wie im biblischen Mythos über die Sintflut, das Strafgericht Gottes trifft. Durch ihre Aufzeichnungen wandelt sich das historische Rungholt zum warnenden Exempel. Und im 19. Jahrhundert werden Schriftsteller die Mär weiter ausschmücken – etwa der Dichter Detlev von Liliencron, der in seinen Versen die friesische Bauern- und Händlersiedlung zu einem zweiten Rom fabuliert.

Da haben die Naturgewalten von der einstigen Halbinsel, auf der sich die Edomsharde erstreckte, kaum mehr übrig gelassen als die Eilande Pellworm und Nordstrand. Weitere Sturmfluten haben nach und nach das Land der Bewohner weggespült, deren Heimat mit Schlick bedeckt, Äcker mit Salzwasser getränkt.

Und über die Ruinen von Rungholt, dem Atlantis der Nordsee, breitet sich das Watt. ◊

LITERATURTIPPS

DIRK MEIER
»Land unter – Die Geschichte der Flutkatastrophen«
Kompakter Überblick von der Antike bis heute (Thorbecke).

JÜRGEN NEWIG UND UWE HAUPENTHAL (HG.)
»Rungholt – Rätselhaft und widersprüchlich«
Umfassende Sammlung der Forschungsergebnisse über den legendären Ort (Husum).

GEO+ EPOCHE DOSSIER

Lesen Sie auch **»Doggerland: Von Gletschern und Fluten«** (aus GEO*EPOCHE* Nr. 96) über einen Landstrich, der vor Jahrtausenden dem Meer zum Opfer fällt, auf *www.geo-epoche.de*

IN KÜRZE

Die Sturmflut, die im Januar 1362 die Nordseeküste verwüstet, geht als »Grote Mandränke«, als »großes Menschenertrinken«, in die Geschichte ein. Sie überspült weite Teile des nordfriesischen Marschlandes, zerstört dabei auch den wohlhabenden Ort Rungholt. Das »Atlantis der Nordsee« gilt später als Mythos, seine Existenz ist mittlerweile aber durch zahlreiche Funde nachgewiesen.

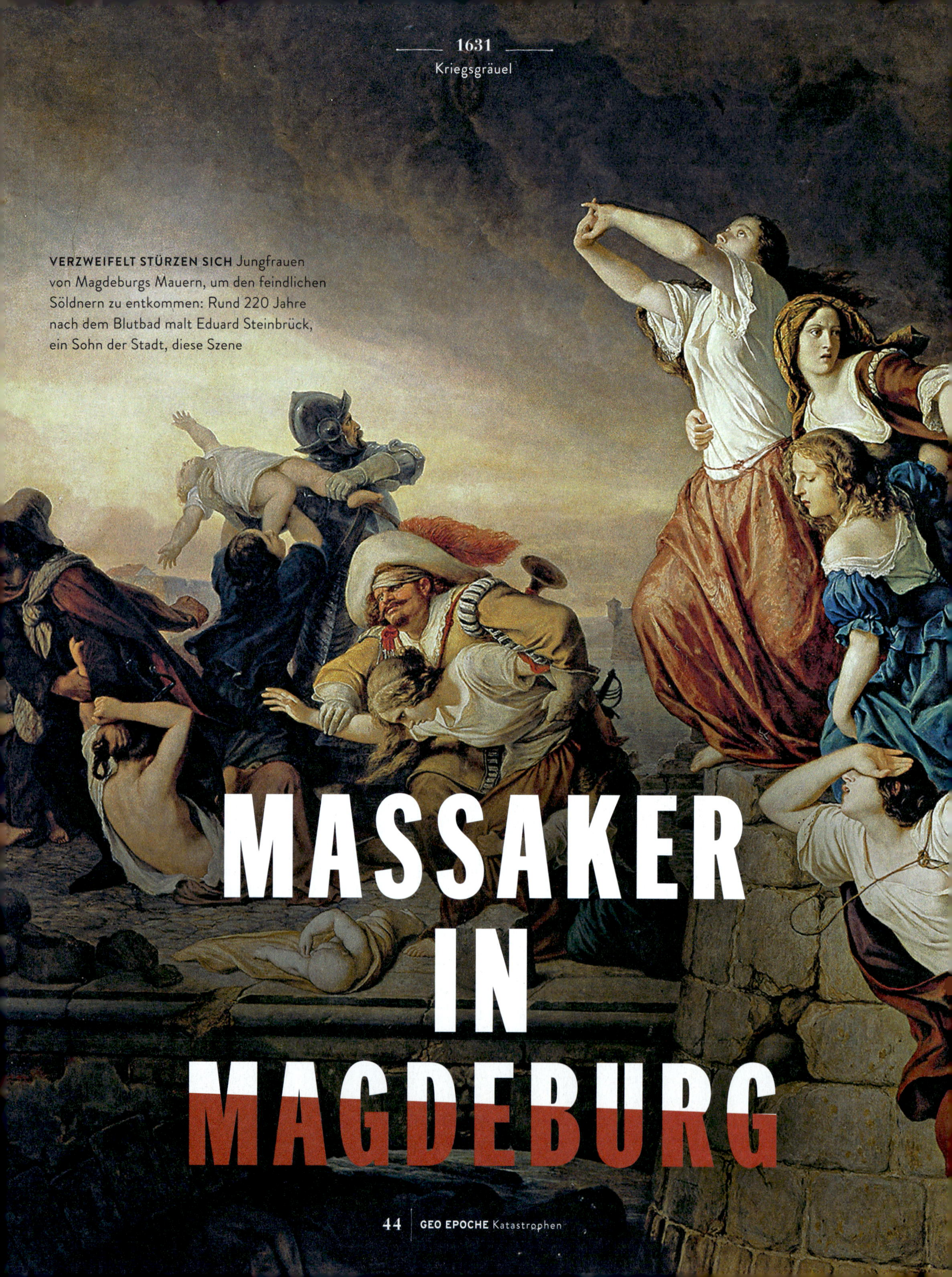

VERZWEIFELT STÜRZEN SICH Jungfrauen von Magdeburgs Mauern, um den feindlichen Söldnern zu entkommen: Rund 220 Jahre nach dem Blutbad malt Eduard Steinbrück, ein Sohn der Stadt, diese Szene

MASSAKER IN MAGDEBURG

Stolz und wohlhabend ist im frühen 17. Jahrhundert die Stadt Magdeburg an der Elbe. Sie bleibt zunächst verschont, als der Dreißigjährige Krieg ausbricht und die deutschen Lande verwüstet. Doch dann fällt an einem Frühlingsmorgen 1631 ein feindliches Heer in die Metropole ein: Tausende entfesselte Söldner plündern und zerstören, foltern und morden. Und die Bevölkerung trifft eine Katastrophe, wie sie keine Naturgewalt entfesseln kann – sondern allein menschliche Grausamkeit

TEXT: *Katharina von Ruschkowski*

A

Am Vorabend des Grauens liegt ein trügerischer Frieden über der Stadt. Mit seinem Vater schreitet Johann Daniel Friese über den Wall, hinter dem sich Magdeburg verschanzt. Die Sonne steht schon tief, und in ihrem schwindenden Licht breitet sich vor dem Zwölfjährigen seine Heimat aus: die prächtigen Giebelbauten, die himmelstrebenden Türme des Doms und der Pfarrkirchen, der Hafen an der Elbe, der die Metropole so groß und reich gemacht hat.

SÖLDNER ziehen einen mit Plündergut beladenen Karren durch Magdeburg (o. l.). Viele der Männer sind nach einem halben Jahr Belagerung ausgezehrt, werden zudem nur karg entlohnt. Von den Verwüstungen des Krieges künden oft schaurig illustrierte Flugblätter (o. r.)

Magdeburg gilt vielen als unerschütterlich, uneinnehmbar. Die mächtige Wehrmauer ist mit Dutzenden Wachtürmen befestigt, vier Meter hoch und breit genug, dass darüber ein Fuhrwerk rollen könnte. An mehreren Stellen ragen Bastionen ins Umland. Im Schutz dieses Bollwerks, das die Altstadt umgibt, führen viele Menschen ihr Leben in gewohnter Weise fort. Trotz des Krieges, der seit 13 Jahren die deutschen Lande verheert. Und trotz der feindlichen Truppen, die jenseits des Bollwerks lagern.

Von hier oben kann Johann Daniel ihre Zelte und Hütten sehen, den Rauch der Koch- und Schmiedefeuer. Manche Einheiten stehen bereits rund sechs Monate vor der Stadt; seit einigen Wochen belagert nun ein großes Heer Magdeburg. Die angrenzenden Vorstädte mussten evakuiert werden. Auch der Hafen ist nicht mehr sicher, seit die Schanze am anderen Elbufer in Feindeshand gefallen ist. Doch obwohl die Gegner zudem alle Zugangsstraßen versperrt haben, sind die Vorratskammern der meisten Städter noch immer gut gefüllt.

Vermutlich auch die von Johann Daniels Vater. Als Oberstadtschreiber, als hoher Verwaltungsbeamter also, steht er in Diensten des Rats von Magdeburg, der Führungselite aus Vertretern der mächtigsten Familien. Die Frieses sind wohlhabende Leute. In der Apfelstraße im Gassengewirr der Altstadt bewohnen sie ein mehrstöckiges Haus mit eigenem Brunnen und Nebengebäuden. Sie können sich einen Hauslehrer leisten sowie Mägde, die der Mutter zur Hand gehen und vielleicht gerade Johann Daniels kleinere Geschwister hüten, während der Junge mit dem Vater den Blick schweifen lässt. Über die Stadt, die er so nie wieder sehen wird.

Denn schon am nächsten Tag werden die meisten Bürgerinnen und Bürger tot sein, werden Tausende Leichen die Straßen bedecken, die Häuser sich in rauchende Ruinen verwandeln. Die Katastrophe, die Magdeburg am 10. Mai 1631* heimsucht, wird die Stadt fast vollkommen vernichten. Sie bricht über die Elbmetropole herein wie eine

Naturgewalt, plötzlich, erbarmungslos, unaufhaltsam – und ist doch ganz von Menschenhand gemacht. Von Männern, die zu Mördern werden, auf Befehl ferner Fürsten, durch Beutegier, Blutdurst oder den Trieb zu überleben. Es ist ein grausamer Höhepunkt jener Schreckenszeit, die man einmal den Dreißigjährigen Krieg nennen wird.

Der junge Johann Daniel Friese wird den Horror von Magdeburg miterleben und seine Eindrücke später festhalten. Die Aufzeichnungen sind die Chronik eines Unheils, wie es allein die Abgründe des Menschen entfesseln können.

Dabei hat alles mit frommen Idealen vom rechten Glauben begonnen. Denn ein Jahrhundert zuvor hat die Reformation das Heilige Römische Reich deutscher Nation gespalten. Seitdem ringen Katholiken und Protestanten dort um Seelen – vor allem jedoch um Macht. 1618 rebellieren evangelische Adelige in Böhmen gegen ihren König, den erzkatholischen Ferdinand aus dem Hause Habsburg, das seit Jahrhunderten auch den römisch-deutschen Kaiser stellt. Sie stürzen Ferdinands Statthalter aus einem Fenster der Prager Burg.

* Die Zeitangaben in diesem Text folgen dem julianischen Kalender, der im 17. Jahrhundert in Magdeburg und fast allen anderen protestantischen Städten und Regionen Europas noch gültig ist. Gegenüber dem heute üblichen gregorianischen Kalender liegt er damals zehn Tage zurück.

Der lokale Aufruhr entfacht die Streitigkeiten zu einem großen Krieg. Kaiserlich-katholische Truppen kämpfen gegen die Heere protestantischer Fürstentümer und Reichsstädte – und tragen in einer Reihe wichtiger Schlachten den Sieg davon.

Mehrere Nachbarstaaten fürchten bald den wachsenden Einfluss der Habsburger. 1625 führt Dänemarks Herrscher – finanziell unterstützt unter anderem von Frankreich und England – darum eine Streitmacht ins Feld, die den protestantischen Fürsten im Reich zur Seite stehen soll. Vergebens. Die Macht des Habsburgers Ferdinand II. – des geschmähten Königs der Böhmen, der inzwischen auch die Kaiserkrone trägt – ist bald so groß wie nie zuvor. Und nun gerät auch das vom Krieg bisher verschonte Magdeburg in sein Visier.

Die stolze Stadt an der Elbe ist eine der wohlhabendsten in den deutschen Landen und eine Hochburg des Protestantismus: Martin Luther selbst predigte einst hier, und die Mehrheit der Bewohner folgt seiner Lehre. Gleichwohl ist sie in dem Konflikt um Neutralität bemüht. 1629 aber versucht der Kaiser, das Umland der Metropole, das als geistliches Fürstentum dem Erzbischof von Magdeburg untersteht, erneut der katholischen Kirche zu unterwerfen. Ferdinands Truppen bedrängen die Gegend und belagern zeitweise die Stadt.

Als er Mitte 1630 einen seiner Söhne als neuen, nun wieder katholischen Erzbischof nach Magdeburg schickt, verweigert man diesem den Zutritt. Zwar sind Ferdinands Soldaten bereits größtenteils

ERHABEN ragen Magdeburgs Mauern und Kirchen, wo einst Martin Luther selbst predigte, an der Elbe auf. Von den rund 30 000 Menschen, die in der Protestantenhochburg leben, treiben nach dem Gewaltsturm im Frühjahr 1631 Tausende tot im Fluss

FRÜH AM MORGEN LÄSST DER FELDHERR

VÖLLIG ENTHEMMT STÜRZEN SIE SICH

LANGE GILT Magdeburg als uneinnehmbar. Doch am 10. Mai 1631 können kaiserlich-katholische Angreifer die Mauern überwinden und die Tore öffnen: Sogleich strömt die soldatische Meute in die Stadt, wie dieser kolorierte Kupferstich zeigt, entstanden wohl schon im Jahr des Massakers

abgezogen, doch die Magdeburger begreifen wohl: Um dem Kaiser auf längere Sicht die Stirn zu bieten, brauchen sie dringend Unterstützer.

Da landet Ende Juni König Gustav II. Adolf von Schweden mit 13 000 Mann auf der Ostseeinsel Usedom, um in den Konflikt einzugreifen. Als selbst ernannter Retter der deutschen Protestanten – vor allem aber wohl mit dem Ziel, die schwedische Vorherrschaft im Ostseeraum nun auch in deutschen Landen auszuweiten. Gustav Adolf gewinnt Magdeburg, das durch Streitigkeiten im Rat zusätzlich geschwächt ist, für ein Bündnis. Und entsendet einen seiner Offiziere, den Obersten Dietrich von Falkenberg. Er soll Magdeburgs Truppen befehligen, neue anwerben und die Verteidigung organisieren, bis die schwedische Hauptmacht mit dem König die Elbstadt erreicht.

Kaum ist Falkenberg im November 1630 eingetroffen, steht schon die Vorhut der Kaiserlich-Katholischen mit einigen Tausend Mann vor der Metropole. Wie der Großteil der Kämpfer in diesem Krieg sind sie Söldner – oftmals Abenteurer, Verarmte, Vertriebene, aus dem römisch-deutschen Reich, aber unter anderem auch aus Italien, Polen, Ungarn oder Spanien, die vom Kampf leben. Nicht Vaterlandsliebe oder Frömmigkeit treibt sie auf die Schlachtfelder, sondern ihr – meist karger, unzuverlässig ausgezahlter – Sold und vor allem die Hoffnung auf Kriegsbeute und Lösegeld.

Die Soldaten errichten Stellungen und werfen Straßenbarrikaden auf, um die Städter vom Hinterland abzuschneiden. Sie pressen den Bauern im Umland Brot, Bier, Fleisch, Getreide und vielen auch das letzte Vieh ab. Doch während die Söldner bald darben, weil kaum Nachschub kommt und in der Gegend nichts mehr zu holen ist, haben die Magdeburger noch reichhaltige Vorräte.

Ende März 1631 kriecht vom Horizont ein schier endloser Lindwurm aus Reitern sowie Infanteristen heran, die lange Piken und Luntengewehre tragen. Die kaiserlich-katholische Hauptarmee trifft

WEIN AN SEINE SÖLDNER AUSSCHENKEN:
AUF DIE VERHASSTE STADT

EIN FEUER erfasst rasch fast die ganze Stadt, nachdem die Eroberer den anfänglichen Widerstand der Bewohner gebrochen haben (Gemälde von 1831). Der apokalyptische Gewaltsturm gebiert das neue Verb »magdeburgisieren« – als Synonym für brutale Vernichtung

ein, mehr als 20 000 Mann. Sie befehligt der Feldherr Johann T'Serclaes von Tilly, bereits 72 Jahre alt, ein erfahrener Haudegen.

Magdeburg verfügt nur über eine Bürgerwehr sowie nicht einmal 2000 Söldner – doch seine Bollwerke scheinen unüberwindbar. Die Geschütze der Belagerer lassen Feuerkugeln und Granaten über die Stadtmauern fliegen, Kanonenkugeln erschüttern die Befestigungen, die aber nicht brechen. Die Frieses verbringen die Nächte zum Schutz im Keller. „Nun waren wir fast daran gewöhnt", schreibt Johann Daniel später über das permanente Schießen.

Mehrfach fordert Tilly Magdeburgs Obere auf, ihm die umzingelte Stadt kampflos zu übergeben. Doch die Ratsherren schlagen aus. Die meisten vertrauen wohl den Worten Falkenbergs, der sagt: Die Aktionen der Katholiken, die auf einen drohenden Sturmangriff hindeuteten, seien bloß ein Bluff, um Magdeburg zur schnellen Kapitulation zu bewegen. Denn die Ankunft der schwedischen Retter stehe kurz bevor. Falkenberg weiß vermutlich aber, dass Gustav Adolf keine Anstalten macht, der belagerten Stadt zu Hilfe zu eilen.

Auch die Pastoren beschwören von den Kanzeln das Volk, für den rechten Glauben zu kämpfen, nicht zu kapitulieren. Viele Menschen, so scheint es, nehmen die Bedrohung allerdings gar nicht ernst, meinen nach wie vor, die Lage sei unter Kontrolle.

Während die meisten Magdeburger wohl noch schlafen, kommt am 10. Mai 1631 um vier Uhr früh der Rat der Stadt mit Falkenberg zur Besprechung zusammen. In den Morgenstunden läuft ein Ultimatum Tillys ab. Der Oberstadtschreiber Friese erhält noch den Auftrag, eine Absage an die Katholiken zu verfassen.

Da reißt gegen sieben Uhr ohrenbetäubender Tumult Johann Daniel aus dem Schlaf. „Des morgens früh, als wir Kinder kaum aufgestanden waren, erhob sich ein über alle Maßen großes Schießen", wird er notieren.

Denn die Katholiken greifen aus sämtlichen Richtungen an. Im Norden sind rund 3000 Mann bis direkt an den Wall vorgedrungen. Unter donnerndem Feuer von Musketen und Kanonen erklimmen sie mit Hunderten Sturmleitern die Stadtmauer. Die dort postierten Verteidiger, wohl nur einige Hundert, sind deutlich unterlegen. Vielleicht ist ihre Zahl seit der Nacht sogar noch geschrumpft. Denn weil Angriffe üblicherweise im Morgengrauen erfolgen, sind etliche Männer nach dem Sonnenaufgang womöglich in die Messe oder schlicht nach Hause gegangen.

So stehen Tillys Krieger plötzlich auf dem Wall und bald auch in der Stadt. Beherzt leisten die Magdeburger Widerstand. Auch Falkenberg, der mit Verstärkungen vom Rathaus herangaloppiert, stellt sich den Kämpfern – doch dann wird er tödlich getroffen. Begleitet von Pauken- und Trompetenschall, stürmen schließlich sogar feindliche Reiter heran: Über eilig in die Außenseite des eingenommenen Wallabschnitts geschlagene Stufen sind sie in die Stadt gelangt. Immer weiter drängt die Übermacht die Verteidiger zurück. Und als die Angreifer die Stadttore von innen öffnen, strömen die Kaiserlichen von allen Seiten herein.

Binnen drei Stunden ist Magdeburg erobert, die Schlacht gewonnen – das Morden aber hat gerade erst begonnen.

Die Söldner bemessen vor allem nach ihrer Beute, ob ein Sieg ein Erfolg war. Über die Stadt bricht nun die Hölle herein.

Johann Daniel Friese hört die Männer von Weitem, ihre Drohungen, die in den Gassen hallen. Wie „lebendige Teufel", erinnert er sich später, schlagen sie gegen die Türen, hinter denen sich die Menschen verstecken. Verzweifelt haben seine Eltern sich zerschlissene Kleider übergestreift, um als einfache Leute durchzugehen. Dennoch erzwingen zwei mit Musketen bewaffnete Soldaten Einlass, denen die Familie unter anderem Geld und Kleider gibt, sodass sie weiterziehen. Der Vater greift daraufhin eine Axt, „schlug den Ofen, Tür und Fenster selbst ein, riss auch das Stroh aus den Betten und streute es im Haus herum". Zunächst geht die List auf, bleiben die Frieses verschont, „da man allzeit annahm, das Nest wäre schon zerstört".

Aber dann stehen doch weitere vier Söldner in der Stube und prügeln auf den Vater ein. „Wir Kinder hingen uns wie Kletten an die Soldaten und schrien, sie sollten uns nur Vater und Mutter leben lassen", erzählt Johann Daniel. Tatsächlich lassen auch diese Männer von den Eltern ab und verschwinden, nachdem sie Schmuck und feines Leinen erhalten haben. Die Frieses flüchten in die Kohlenkammer in einem Nebengebäude. Sie hören Schläge und entsetzliche Schreie aus einem Nachbarhaus, in das plündernde Soldaten eingedrungen sind.

Anderswo jagen die Eroberer Menschen durch die Straßen, hacken 50 auf Knien um Gnade Flehenden die Köpfe ab, vergewaltigen Frauen und Mädchen, töten angeblich selbst Säuglinge an der Mutterbrust. Die meisten Magdeburger haben keine Chance. Viele Söldner steigern sich in einen Gewaltrausch, martern und morden wahllos Menschen, die sie zu fassen bekommen, mit sadistischer Grausamkeit.

Unter den ersten feindlichen Soldaten in der Stadt sind viele, die sie schon seit letztem Herbst belagern. Eisige Wintermonate haben sie frierend und mit spärlichem Proviant am Fuß des reichen Magdeburg verbracht. Nun entlädt sich womöglich gerade bei diesen Kämpfern der Hass auf die Stadt, die sie hingehalten hat. Und die Peiniger haben nichts zu fürchten – außer, dass sie vielleicht schon morgen ihrerseits ein gewaltsamer Tod ereilt.

Die Anführer lassen ihre blutdürstigen Mannen gewähren. Am frühen Morgen, kurz vor dem Sturm, hat der Heerführer Tilly sogar großzügig Rheinwein ausschenken lassen, um den Aufgestachelten die letzten Hemmungen zu nehmen.

Als im Laufe des Vormittags erste Söldner die Stadt in Richtung Lager verlassen, sind viele beladen mit Schmuck und Kleidungsstücken, in ihren Taschen klimpern erbeutete Münzen. Und manche tragen in den Händen Körbe mit Fleisch oder Speck, Krüge voll Wein oder Bier. Nach Monaten des Darbens werden sich die Soldaten nun tagelang die Bäuche vollschlagen können.

Die Marodeure sind in Eile, denn inzwischen flackern Feuer überall in der Stadt. Um den anfäng-

BINNEN weniger Tage martern und töten die Söldner Abertausende Magdeburger. Als ihr Feldherr Johann T'Serclaes von Tilly (M.) in die Stadt einreitet und im Dom auf Geflüchtete stößt, lässt er zumindest ihnen das Leben lichen Widerstand zu brechen, haben wohl die Angreifer zwei Häuser hinter dem Wall angezündet. Die Kaiserlichen werden behaupten, die Bürger hätten den Stadtbrand selbst gelegt, damit Magdeburgs Schätze nicht in Feindeshand fallen. Möglich ist aber auch, dass das Feuer unabsichtlich im Schlachtenchaos entstanden ist. Angefacht durch den wechselhaften Wind, springen die Flammen von Straße zu Straße. Viele der Menschen, die sich haben verkriechen können in Kammern und Kellern, in Brunnenschächten und auf Speichern, verbrennen oder ersticken nun im schweren Rauch.

Nur zwei Gebäude bieten noch sichere Zuflucht: ein von katholischen Mönchen geführtes Kloster, das die Eroberer verschonen – und der mächtige gotische Dom. Tillys Soldaten löschen rechtzeitig das Feuer rings um die Gotteshäuser; stellen gar Wachen vor die verschlossenen Türen des Doms, damit sich niemand an den dorthin Geflüchteten vergeht. Tilly will die Kathedrale, im

rand, entblößt, entwürdigt, ermordet: „Sie waren mit dem Kopf in ein großes Braufass gestürzt und ersäuft, hingen aber mit dem halben Leib und den Beinen heraus, was ein erbärmlicher Anblick war." Er beobachtet, wie ein mit kochendem Wasser verbrühter Mann oben aus einem Haus geworfen wird und dampfend auf der Straße liegen bleibt.

Unterwegs stielt ein Söldner seiner Mutter das Obergewand, versucht ein weiterer, das Kindermädchen zu verschleppen; doch „unser Soldat", berichtet er, „nahm sich ihrer an", weiß die Schandtat offenbar zu verhindern. Andere, schutzlose Frauen führen die Eroberer an Stricken in ihr Lager. Die Bewohnerinnen Magdeburgs gehören für sie wie selbstverständlich zur Kriegsbeute.

Auch die Frieses bleiben zunächst im Feindescamp vor der Stadt, in der Hütte des mitleidigen Söldners. Gemeinsam betrachten sie in der Nacht den apokalyptischen Brand, der inzwischen fast die ganze Stadt erfasst hat. „Es war im Lager alles hell

WIE »LEBENDIGE TEUFEL« WÜTEN DIE SÖLDNER IN DEN

VON DER STADT BLEIBT KAUM MEHR ALS TRÜ

Zuge der Reformation in Protestantenhand gefallen, symbolträchtig der katholischen Kirche zurückgeben. Und dafür zumindest diesen heiligen Ort nicht durch Blutvergießen schänden lassen.

Inzwischen haben sich die Frieses auf ihrem Dachboden versteckt – und dort ist die Familie ein weiteres Mal aufgeflogen. Johann Daniel schildert, wie ein Söldner schon mit einem Spitzhammer auf den Vater losgehen will. „Mein vierter Bruder, ein kleines Kind, sprach in seiner Angst zu dem Soldaten: Ach, lasst doch nur den Vater leben, ich will Euch gern meinen Dreier geben, den ich am Sonntag bekomme." Es ist nur ein kleines Geldstück. In dem Söldner aber, den Johann Daniel als gottesfürchtigen Nürnberger beschreibt, keimt wohl Mitgefühl auf. Statt sie zu töten, nimmt er die Familie gefangen. Er drückt dem Vater, längst selbst abgerissen wie ein Söldner, sogar eine Muskete in die Hand, damit die Kämpfer ihn für einen der ihren halten.

So bahnen sie sich einen Weg aus der Stadt, durch die vielen Leichen in den Gassen. Johann Daniel sieht „einige Weibspersonen" am Straßen-

von der großen Feuersglut, dass man einen Brief dabei lesen konnte", wird Johann Daniel sich erinnern. Als die Flammen keine Nahrung mehr finden, ragt einsam der Dom aus jener Landschaft aus Asche und Trümmern empor, die einmal Magdeburg war.

Am 12. Mai 1631, zwei Tage nach dem Sturm, lässt der Heerführer Tilly die Tür des Domes öffnen. Mehr als 1000 Menschen haben darin ausgeharrt. Sie immerhin verschont er. Mindestens 20 000 andere aber sind tot, etwa zwei Drittel der Einwohner. Tilly lässt rund 8000 Leichen in die Elbe werfen, so viele, dass sich der Fluss vor Magdeburg staut.

Im Nu verbreitet sich die Nachricht über das Massaker. Vor allem über Flugblätter und -schriften liefern sich die verfeindeten Seiten eine Medienschlacht. Während protestantische Schreiber Vergleiche zur Zerstörung Jerusalems durch die Römer ziehen, feiern die Katholiken Tillys Sieg. Ein verstörendes Bild verbreitet sich: Magdeburg, das eine

Jungfrau im Wappen trägt, habe sich zu dem alternden Tilly ins Bett legen müssen. Und so geht der nahezu beispiellose Massenmord ausgerechnet als „Magdeburger Hochzeit“ in die Geschichte ein.

Die Frieses haben ihre zerstörte Heimat da bereits hinter sich gelassen, erneut dank ungeheuren Glücks. Weil der gnädige Söldner überaus zufrieden ist mit seiner übrigen Kriegsbeute, hat er die Familie einfach gehen lassen. Auf Umwegen schlagen sie sich zunächst ins etwa 50 Kilometer entfernte Halberstadt durch. „Also kamen wir aus diesem großen Sturm davon“, schreibt Johann Daniel erleichtert. Wohl schon bald ziehen sie weiter und lassen sich in Altenburg südlich von Leipzig nieder, um ganz von vorn zu beginnen. Denn bis auf das Leben ist ihnen nicht viel geblieben.

Johann Daniel Friese schlägt dort schließlich eine Laufbahn als Kanzleisekretär ein. Es ist seinem Sohn Friedrich zu verdanken, dass die festgehaltenen Erinnerungen überdauern: Er wird die

GASSEN VON MAGDEBURG
MMER UND ASCHE

Niederschrift Anfang des 18. Jahrhunderts veröffentlichen.

In Magdeburg bleibt zunächst kaum einer der Überlebenden. Im Jahr nach der Verheerung werden in der Stadt keine 450 Einwohner gezählt. Dann immerhin wohl einige Tausend, als 1648 die Kriegsgegner endlich das Schlachten beenden – schätzungsweise vier Millionen Menschen hat es wohl allein in deutschen Landen das Leben gekostet.

Magdeburgs Wiederaufbau wird sich über fast ein ganzes Jahrhundert ziehen. Nie wieder wird es so herausragende Bedeutung, so außergewöhnlichen Reichtum besitzen wie vor seiner Zerstörung. Und noch lange werden Menschen ein neues, 1631 entstandenes Verb gebrauchen: „magdeburgisieren“.

Als Wort für eine brutale Vernichtung. ◊

BALD WIRD die totale Verheerung als »Magdeburger Hochzeit« bekannt, verbreitet sich das zynische Bild einer erzwungenen Vermählung der Stadt, die eine keusche Magd im Wappen trägt, mit dem katholischen Feldherrn Tilly. Diese Figur des 19. Jahrhunderts zeigt Magdeburg als trauernde Jungfrau personifiziert

LITERATURTIPPS

MATTHIAS PUHLE (HG.)
»... gantz verheeret! – Magdeburg und der Dreißigjährige Krieg«
Umfassender Ausstellungskatalog (mdv).

AXEL GOTTHARD
»Der Dreißigjährige Krieg«
Klug aufgebaute, gut verfasste Einführung (utb).

GEO+ EPOCHE DOSSIER

Lesen Sie auch **»Söldnerleben: Handwerker des Todes«** (aus GEOEPOCHE Nr. 29) über die Soldaten des Dreißigjährigen Krieges auf *www.geo-epoche.de*

IN KÜRZE

Im Dreißigjährigen Krieg trifft die stolze Elbmetropole Magdeburg eine von Menschen herbeigeführte Katastrophe mit aller Brutalität: Das Heer des kaiserlich-katholischen Feldherrn Tilly erobert im Mai 1631 die Protestantenhochburg, tagelang rauben, vergewaltigen und morden die Kämpfer in der Stadt, die zudem durch Brände nahezu vollständig zerstört wird – schätzungsweise zwei Drittel der Einwohner verlieren ihr Leben.

AUS LEDER und wasserfestem Segeltuch fertigen Jan van der Heyden und sein Bruder Nicolaas ihre Feuerwehrschläuche. Bis heute prägt die Erfindung die Arbeit von Brandschützern

DER HERR DER BRAND-SCHLANGE

Lange stehen Feuerwehrleute Großbränden weitgehend hilflos gegenüber – bis ein niederländischer Tüftler eine Idee verwirklicht, die den Kampf gegen die Flammen revolutioniert: den Schlauch

TEXT: *Marie Oellig*

Das Feuer ist eine unerbittliche Naturgewalt, ein ewiger Katastrophenherd – und zugleich ein Fundament der Zivilisation. Schon vor vielen Hunderttausend Jahren hat der Mensch begonnen, Flammen zu zähmen und sich zunutze zu machen. Sie spenden ihm Wärme und Licht, garen Speisen, härten schließlich Töpferwaren, schmelzen Metall. Doch die kleinste Nachlässigkeit genügt, um ungeheure Zerstörungskräfte zu entfesseln: Eine schwelende Herdstelle, ein unbewachtes Kohlebecken oder Funkenflug bei Sommerhitze werden schnell zur tödlichen Gefahr. Und weil um 1500 viele Siedlungen in Europa zu Großstädten heranwachsen und mehr und mehr Menschen auf engem Raum zusammenleben, kommt es immer häufiger zu verheerenden Bränden.

So auch in der niederländischen Metropole Amsterdam: Ein Junge namens Jan van der Heyden sieht dort 1652 das alte Rathaus in Flammen aufgehen. Die herbeigeeilten Brandschützer sind machtlos gegen das Inferno, ihre Spritzenwagen müssen noch von Hand Kübel um Kübel mit Wasser gefüllt werden. Von dem ehrwürdigen Gebäude bleiben nur Asche und Trümmer zurück – ein Erlebnis, das den 15-Jährigen wohl fürs Leben prägt. Er wird sich als Mann vieler Talente erweisen, als Maler Berühmtheit erlangen, doch unentwegt treibt ihn die Frage um: Wie kann der Mensch das Feuer besiegen? Und er findet eine Antwort, die die Brandbekämpfung revolutionieren wird.

Zunächst aber erlernt der 1637 geborene Jan van der Heyden das Handwerk seines ältesten Bruders, der in Amsterdam eine Spiegelmanufaktur betreibt. Bald schon widmet er sich vermehrt der Kunst, erntet Bewunderung für Landschaftsbilder, Stadtpanoramen und Stillleben. Seine Gemälde sind auch bei den Amsterdamer Ratsherren gefragt.

Die Stadtoberen wollen zu dieser Zeit nach einer Reihe desaströser Brände die Feuerwehr besser ausrüsten. Vor allem die Spritzenwagen erweisen sich immer wieder als nahezu wirkungslos: Eine Pumpe treibt das Wasser durch ein kurzes, fest montiertes Metallrohr, und der Strahl reicht gerade einmal bis an die Außenwände der Gebäude. Zudem müssen die Geräte gefährlich nahe an der Mauer stehen – einmal wird van der Heyden Zeuge, wie eine einstürzende Fassade mehrere Brandschützer unter sich begräbt.

Gemeinsam mit seinem jüngeren Bruder Nicolaas macht er sich 1668 daran, ein neuartiges Löschgerät zu entwickeln. Monatelang tüftelt das Duo, experimentiert vermutlich mit verschiedenen Materialien. Und fertigt zunächst aus Leder, später zudem aus wasserfestem Segeltuch eine lange, bewegliche Röhre. *Slang* nennt Jan die Erfindung, „Schlange" – sie ist der erste funktionstüchtige Feuerwehrschlauch der Geschichte. Zwei dieser Schläuche bringen die beiden an einem Spritzenwagen an. Durch den einen lässt sich Wasser direkt aus den Kanälen Amsterdams in den Tank pumpen, durch den anderen schießt es dem Brandherd entgegen. Weil die „Schlange" biegsam ist und etwa 30 Meter lang, können Feuerwehrleute selbst Flammen in höheren Stockwerken und Innenräumen bekämpfen.

1671 stellen die Brüder der staunenden Öffentlichkeit ihre „Schlangenpumpe" vor. Auch die Amsterdamer Stadtoberen sind beeindruckt, ordern gleich 70 der neuen Spritzenwagen. Einige Monate später übertragen sie den beiden Erfindern sogar das Oberkommando über die Brandbekämpfung in der ganzen Stadt. Die Feuerschäden nehmen in den folgenden Jahren dramatisch ab, so notiert es zumindest Jan van der Heyden in seinen Aufzeichnungen.

Er eröffnet eine Werkstatt und betreibt – zunächst mit Nicolaas, nach dessen frühem Tod allein – mit dem Verkauf der Löschgeräte ein höchst einträgliches Geschäft. In Groningen und Nimwegen findet van der Heyden Abnehmer, in Zürich und wohl auch in London. 1697 besucht gar Zar Peter der Große, der gerade Westeuropa bereist, die Werkstatt in Amsterdam: Der Herrscher bestellt sogleich Spritzenwagen und Schläuche für Russland.

Im März 1712 stirbt Jan van der Heyden – als gefeierter Maler, der sein Vermögen aber vor allem seinen Erfindungen verdankt. Bis ins 19. Jahrhundert sind die von den Brüdern entwickelten Spritzenwagen im Gebrauch, ehe dampfbetriebene Systeme sie ablösen. Doch ihr bedeutendstes Vermächtnis ist der Schlauch an sich, die wohl stärkste Waffe im Kampf gegen Brände. Dessen Nachfolgemodelle gehören noch heute zum unentbehrlichen Rüstzeug moderner Löschzüge.

Und im Niederländischen ähnelt das Wort für Feuerwehrschlauch noch immer dem Namen, den sein umtriebiger Schöpfer einst ersann: *brandslang* – „Feuerschlange". ◊

TEXT: *Jörg-Uwe Albig*

DAS VERDERBEN AUS DER TIEFE

Im Sommer 1783 bricht die Erdkruste im Süden Islands auf: Weit mehr als 100 Krater beginnen infernalisches Feuer zu speien. Lavaströme, Aschewolken und giftige Gase verwüsten die Insel, töten Menschen und Tiere. Und bringen bald Leid und Verheerung über einen großen Teil der Nordhalbkugel. In seinem Tagebuch versucht der Pfarrer einer Dorfkirche, das Weltdrama aus der Nähe in Worte zu fassen

AUF EINER STRECKE von fast 30 Kilometern schießen 1783 die vulkanischen Fontänen eng aneinandergereiht empor (heutiges Foto der erkalteten Kraterringe). Wenige Regionen der Erde erleben mehr Eruptionen als Island, das auf der Grenze zweier tektonischer Platten liegt

Zunächst ist da nur die Wolke. An einem strahlenden Pfingstsonntag, am 8. Juni 1783, erscheint sie gegen neun Uhr am nördlichen Firmament: ein Koloss, geballt aus schwarzen Teilchen, die sich zu Boden senken, wie eine Haut die Erde bedecken. Sie verdüstert den blauen Himmel, stürzt Häuser am hellen Tag in tiefe Nacht, taucht Berge, Weiden und Schafe in feindseligen Schatten. Bald darauf zieht sie nach Nordosten ab ins Landesinnere.

Jón Steingrímsson, 54 Jahre alt und Pfarrer im Dorf Kirkjubæjarklaustur im Süden Islands, kurz „Klaustur“ genannt, sieht die Wolke auf dem Weg zu seiner Kirche. Den Pfingstgottesdienst kann er noch ohne Zwischenfälle feiern. In der Nacht aber spürt er, wie die Erde bebt. Und er setzt sich hin und schreibt ein Tagebuch. Einen Bericht über die unerhörten Ereignisse, die von nun an zwei Jahre lang sein Leben auf den Kopf stellen werden – und das von Millionen Bewohnern der nördlichen Erdhalbkugel.

Am Pfingstmontag notiert Jón Steingrímsson, wie der mächtige Fluss Skaftá plötzlich zu schrumpfen scheint. Am Dienstag fällt bitterer Regen, der Haut und Augen wund macht und die Sinne verwirrt. Am Mittwoch jagt ein Schneesturm über das Land, der das Gras zum gläsernen Teppich gefriert. Am Donnerstag schießt glühende Lava durch das jetzt leere Bett des Skaftá. Sie drängt durch die Schlucht, führt Felsbrocken mit sich, die bei jeder Kollision Funken schlagen. Sie quillt über die Ufer, und wenn sie dann auf Wasser oder nasses Gras trifft, ertönt ein Krachen, das wie Kanonendonner klingt.

Am Freitag treiben Fasern vulkanischen Glases durch die Luft, vom Wind zu Locken verwirbelt, „schwarzblau und glänzend“, wie der Pfarrer vermerkt, „und so lang und dick wie Robbenhaar“. Abends fällt bläulicher, stinkender Regen, der Eisen rosten und Holz ergrauen lässt.

An den folgenden Tagen wälzt sich immer neue Lava Richtung Süden. Sie überzieht die bereits erstarrten Schichten der vorherigen Schübe, begräbt Wiesen und Weiden, verwüstet Kirchen und Häuser. Vögel fallen tot vom Himmel, Fische treiben leblos auf Flüssen und Teichen. Schmelzende Gletscher verwandeln Felder in Sümpfe, und die Luft riecht beißend nach Asche und Rauch, Tang und Fäulnis.

Pausenlos jagen Blitze über den Himmel. Regengüsse lassen die Flüsse schwellen und über die Ufer treten. Das Wasser, von der vulkanischen Glut erhitzt, überschwemmt Bauernhöfe, zwingt die Bewohner, in Zelte auf Hügeln zu flüchten und die Kühe mit Seilen und Winden unter die Dächer der Ställe zu hieven. Unterirdische Lavaströme werfen das Erdreich auf, „mit großem Geschrei und Wind und Lärm aus der Tiefe“, wie Jón Steingrímsson schreibt. Dann ein Splittern, ein Reißen, „als ob ein verrücktes Tier etwas zerfetzte“. Und es ist nicht leicht, sich daran zu erinnern, „dass all diese Klänge natürlichen Ursprungs“ sind.

DIE MENSCHEN vor Ort, gepeinigt von Furcht, deuten das vulkanische Inferno vielfach als göttlichen Zorn, den sie mit Gebeten und Messen besänftigen müssen (Kathedrale von Skálholt in Südisland, um 1770)

Tatsächlich ist es die Erde selbst, die diesen Schrecken gebiert. Denn in einem Gebiet in der Nähe eines kleinen Berges namens Laki, rund 45 Kilometer nördlich von Kirkjubæjarklaustur, ist ihre Kruste aufgerissen. Der Vulkanausbruch hat nicht nur einen einzelnen Kraterschlund geöffnet, sondern es klafft dort nun ein mehr als 27 Kilometer langer Spalt, der aus über 140 Öffnungen glühende Lava pumpt, bis zu 2000 Meter hohe Feuerfontänen in die Luft jagt und Asche, Schlacke, Gestein und giftige Gase ein Dutzend Kilometer weit gen Himmel spuckt.

Der Pfarrer ist ein gebildeter Mann mit Neigung zur Wissenschaft. Wenn es sein muss, hilft er seiner Gemeinde auch mit selbst erworbenen medizinischen Künsten aus, verschreibt Engelwurz und Gänsefuß gegen Durchfall und Würmer, Haarstrang und Thymiantee gegen Brustweh. Wie viele Zeitgenossen erkennt aber auch er in diesem Vulkanausbruch das Werk eines Gottes, der seine Geschöpfe für ihre Verfehlungen straft.

Seit jeher haben Menschen zu den feuerspeienden Bergen mit heiligem Schauder hinaufgeschaut. Der Ätna auf Sizilien etwa galt in der Antike als Schmiede der Götter, in der Zyklopen aus Eisen Waffen formten. Später erblickten manche christlichen Theologen in den Kratern Tore zur Hölle: Auf Island wollen Ohrenzeugen sogar „melancholische Schreie und lautes Klagen“ aus dem Rachen der majestätischen, heute 1490 Meter hohen Hekla vernommen haben. Humanisten der Frühen Neuzeit sahen in Vulkanen Symbole einer Natur, die im Verborgenen wirkt. Dichter verwenden sie als Metaphern für unkontrollierbare Kräfte im Menschen.

Im 18. Jahrhundert sind sie zum beliebten Motiv für Maler und zum grausig-schönen Reiseziel für vermögende Touristen geworden – als Paradebeispiel der neuen ästhetischen Kategorie des „Erhabenen“, das Schrecken und Schönheit vereint. Und um 1760 haben Wissenschaftler begonnen, dem Phänomen des Vulkanismus mit Beobachtung und Reflexion auch systematisch zu Leibe zu rücken.

Doch für Jón Steingrímsson, den Pfarrer von Kirkjubæjarklaustur, ist die aktuelle Katastrophe vor allem ein Richtakt des Höchsten, der „sah, dass Gottesfurcht und Gerechtigkeit verloren waren und nicht anders wiederhergestellt oder verbessert werden konnten, als wenn Er die Gewalt über das Fleisch in die Hand nahm“.

GLÜHENDE STRÖME

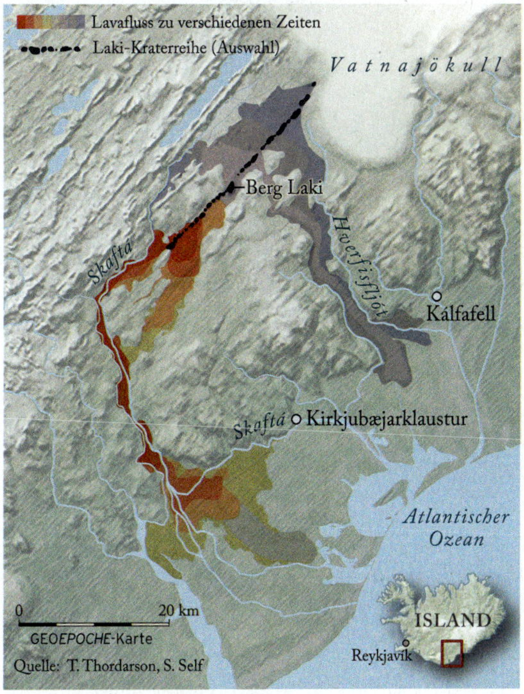

GEWALTIGE LAVAMASSEN schieben sich von den Kratern schon bald nach Beginn des Ausbruchs Richtung Meer, bedrohen von zwei Seiten die kleine Siedlung, in der Pfarrer Jón Steingrímsson einen ergreifenden Bericht über die Ereignisse verfasst

Freilich: Wäre ein Vulkanausbruch eine Strafe Gottes, müsste Island ein Hort der Sünde sein. Seit seiner Besiedlung um das Jahr 900 hat das Land über 200 Eruptionen erlebt. Rund 130 aktive und erloschene Vulkane verteilen sich über die Insel, die fast komplett aus erstarrter Lava besteht, aus Basalt.

Denn Island liegt zum einen auf einem geologischen „Hot Spot“: dem Ausgang eines unterirdischen Schlots, durch den aus einem riesigen Reservoir ständig Magma an die Oberfläche drängt. Zum anderen befindet die Insel sich auf dem Kamm des Mittelatlantischen Rückens, eines unterirdischen Gebirges, das durch die Bruchlinie zwischen der Eurasischen und der Nordamerikanischen Platte auf dem Atlantikgrund entstanden ist. Noch immer driften die Platten auseinander, zwei bis vier Zentimeter pro Jahr, der Riss stetig mit frischem Magma verfugt.

Das Schauspiel aber, das an diesen Junitagen seinen Anfang nimmt, übertrifft alle bisherigen Katastrophen Islands. Zwar werden spätere Schätzungen nahelegen, dass die Laki-Eruptionen wohl nur die Stärke vier auf der 1982 eingeführten achtstufigen Skala erreichen. Doch es ist ihre ungewöhnliche Ausdauer, die sie zum Schrecken macht. Acht Monate lang spucken die Krater Asche, Schwefel und fast 15 Kubikkilometer Lava, überziehen riesige Flächen mit einer stellenweise 150 Meter dicken Kruste aus frischem Basalt.

Furchtbarer noch ist aber das Gas, das aus den Schlunden quillt. Aus Gesteinsproben werden Experten ableiten, dass sie rund 15 Millionen Tonnen Fluor und sieben Millionen Tonnen Chlor ausspeien – Gift, das weit über Island hinaus Menschen, Pflanzen und Tiere heimsucht. Wohl 122 Millionen Tonnen Schwefeldioxid jagt der Ausbruch in die Luft – mehr als jede andere Eruption im vergangenen Millennium.

Der Ausbruch der Laki-Krater tötet etwa ein Fünftel der Inselbevölkerung. Er wird sich als Schlüsseltrauma

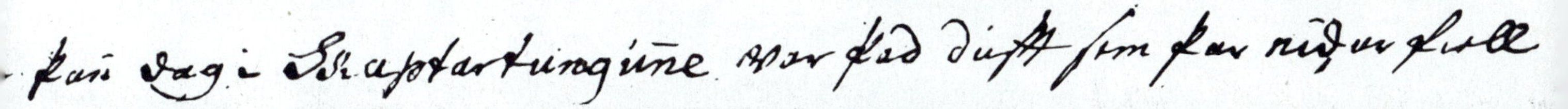

DIE GRÖSSTE GEFAHR wabert über der Landschaft: Ausdünstungen, die zu tödlichen Krankheiten führen. Weil auch das Vieh stirbt, rafft zudem Hunger die Menschen dahin in das kollektive Gedächtnis des Volkes einbrennen – und der trockene, schweflige Dunst, mit dem er die Sonne verdunkelt und nicht nur Island überzieht, sondern auch große Teile der Nordhalbkugel, als *móðuharðindin*, als „Nebelnot“.

Am 20. Juli 1783, 42 Tage nach dem Beginn der Katastrophe, ist der Dunst so dicht, dass Jón Steingrímssons Kirche nur noch schemenhaft zu erkennen ist. Ein neuer Lavaschub wälzt sich das Flussbett des Skaftá hinab, ist keine drei Kilometer mehr entfernt. Und an diesem Sonntag feiert der Pfarrer mit seiner Gemeinde einen Gottesdienst, der als *eldmessa*, als „Feuermesse“, in die Geschichte Islands eingehen wird.

Die Gläubigen im Inneren der Kirche sehen kaum die Hand vor Augen. Nur die Blitze, die im Takt weniger Sekunden durch die Fenster flackern, spenden jäh fahles Licht. Dann folgt der Donner, der mit jedem Krachen die Glocken zum Läuten bringt. Jón Steingrímsson tritt ans Pult, und er predigt wie noch nie zuvor. Gemeinsam mit den Gläubigen fleht er den Höchsten um Erbarmen an. Bittet ihn, die Gemeinde und die Kirche wenigstens vorläufig zu verschonen. Er betet und betet, und er scheint kein Ende zu finden: „Für das Gespräch mit Gott konnte keine Zeit zu lang sein“, wird er erklären.

Trotzdem liest er keine Ungeduld in den Gesichtern seiner Zuhörer. Alle wissen, dass die Lava jeden Augenblick die Kirche vernichten könnte. Aber niemand scheint vor den Absichten des Herrn flüchten zu wollen. „Jeder war bereit, dort zu sterben, wenn Ihm das gefallen hätte“,

wird der Pastor sich erinnern, „und wäre auch nicht aufgebrochen, wenn die Lage sich verschlimmert hätte, denn es war unmöglich zu erkennen, wo noch ein sicherer Ort war.“ Als der Gottesdienst schließlich vorbei ist, tappen die Gläubigen zögernd ins Freie, gewappnet für den Blick auf ihre zerstörten Höfe. Doch die stehen unberührt da. Die Apokalypse ist ausgeblieben.

Denn während Jón Steingrímsson noch Gott um Barmherzigkeit anrief, sind nach schweren Regengüssen zwei Nebenflüsse des Skaftá stark angeschwollen und haben die Glut mit ihren gewaltigen Wassermassen gelöscht. Anstatt weiter vorzurücken, ist das Gestein im Flussbett erstarrt, hat sich zu einem Damm gestaut – „und wird dort vor unseren Augen verharren“, wie der Pfarrer frohlockt, „bis zum Ende der Welt“.

Von nun an kennen Jón Steingrímssons Predigten nur noch ein Thema. Wieder und wieder rechtfertigt er den göttlichen Zorn – und versucht zugleich, ihn zu besänftigen. Wie die biblischen Propheten ermahnt er vor allem die Reichen, beklagt deren Bosheit und diebische Gier, deren Auflehnung gegen Gottes Gesetz, deren Lästerei: „Schließlich“, wird er sich brüsten, „wurde die große Mehrheit der Leute demütig und nahm hin, was sie ereilt hatte.“

DIE »NEBELNOT« TRAUMATISIERT DAS GANZE LAND

Doch die Gefahr hat nur die Bahn gewechselt. Die Lava wälzt sich nun über das Flachland im Süden. Zugleich reißt der Erdspalt am Laki weiter auf und schickt neue Glutströme, die den Hverfisfljót austrocknen und durch das nun leere Bett des Flusses Richtung Küste fließen. Und zwischen diesen beiden Armen liegt Klaustur wie im Griff einer Zange.

Ist es ein Zeichen, dass Jón Steingrímsson an Heiligabend am Himmel einen ovalen Wolkenkranz schaut, „dem Werk eines Bildhauers nicht unähnlich“ – eine hellblaue, gewölbte Mitte, umstrahlt von „Verzweigungen, Kringeln und Kugeln“ in Rot, Schwarz, Gelb und Rosa? Der Pfarrer vermutet, dass das Gebilde aus den „mineralischen Dämpfen“ entsteht, die die frische Lava verströmt. Dem Pfarrer ist, als sei das Naturschauspiel „ein Hinweis auf den Hunger und den Tod, der nun folgen sollte“.

Tatsächlich: Zwar versiegen im Februar 1784, nach acht Monaten steter Aktivität, die Lavaströme. Doch das Gift, dieser fatale Mix aus Schwefelgasen, Säurepartikeln und Fluor, liegt noch immer in der Luft. Es schlägt die Menschen mit Zahnausfall, Inkontinenz und blutigen Halsentzündungen, in deren Verlauf manchem die Zunge „verfault oder abfällt“. Es verseucht Wasser und Boden, Gras und die Wildkräuter, die viele zum Überleben sammeln. Es tötet nicht nur die Forellen in den Flüssen und die Schwäne, deren Fleisch begehrt ist, sondern auch das Vieh: Pferde verlieren Haut, Mähnen- und Schwanzhaare, Köpfe und Gelenke schwellen an. Und die Kiefer sind bald zu schwach zum Grasen.

Das Gift zerfrisst den Tieren die Eingeweide. Leber, Herz und Lungen schwellen oder schrumpfen, Blut schießt aus den Mäulern. Geschwüre wachsen an Maul und Schultern, Knochen zerfallen, Gelenke erstarren, Rippen verformen sich, Hufe fallen ab. Schafe verlieren die Schneidezähne, an deren Stelle wachsen kümmerliche, gefleckte „Aschezähne".

So verenden im Gifthauch der Laki-Krater rund drei Viertel von Islands Pferden und Schafen sowie etwa die Hälfte der Rinder. Und wer das bittere, faulig riechende Fleisch isst, stirbt ihnen oft gleich hinterher.

Ein Land wie Island, von Klima und Natur kaum verwöhnt und rund 1000 Kilometer vom nächsten Festland entfernt, trifft ein solches Tiersterben mit besonderer Heftigkeit. Beinahe das gesamte Volk lebt von der Viehwirtschaft, von Fleisch, Milch und Käse, ergänzt von kargen Gartenfrüchten, manchmal ein paar Beeren und Kräutern, Flechten oder Seetang, Vogeleiern, einer erlegten Möwe, einem gekeulten Seehund. Getreide wird zu Wucherpreisen, meistens gegen Lieferung von Naturalien wie Fleisch oder Tierhäuten, aus dem fernen Dänemark importiert, dessen König seit dem 14. Jahrhundert über die Insel herrscht.

Und obwohl das Meer hier voll ist mit Rotbarsch, Kabeljau und Hering, mangelt es auf Island sogar an Fisch: Weil es nur etwas Treibholz, aber praktisch keinen Wald gibt, fehlt das Material für den Bau größerer Boote. Was die isländischen Viehbauern dann doch nebenbei als Teilzeit-Fischer fangen, wird ebenfalls häufig nach Dänemark exportiert.

So verhungern jetzt nicht nur die Tiere, sondern auch die Menschen. Um zu überleben, zerkochen Bauern Schuhe und Seile aus Häuten, tränken sie in Milch und bestreichen sie mit Fett, um sie essbar zu machen. Andere verzehren Brei aus gehacktem Heu und Mehl oder Suppe aus zermahlenen Fischgräten. Mancher überlässt Plünderern seinen Hof, der oft seit Generationen in Familienbesitz steht, und flieht auf gut Glück – auch wenn es längst keinen sicheren Platz mehr auf der Insel gibt.

In Jón Steingrímssons Sprengel bleiben von 613 nur 93 Bewohner zurück. Ein Drittel seiner Pfarrkinder stirbt binnen kurzer Zeit. Weil oft Frost das Ausheben der Gräber erschwert, müssen sich bisweilen zehn Menschen eine Ruhestätte teilen.

Erst spät, im Sommer 1784, bequemt sich die Regierung in Kopenhagen, das Elend zu lindern. Jeder auf seinem Hof verbliebene Bauer erhält acht *rigsdaler*, etwa den Gegenwert eines Pferdes. Und bei kirchlichen Sammelaktionen spenden auch dänische Bürger Geld für etwas Getreide an die Hungernden in der fernen Kolonie.

Dennoch ist Jón Steingrímsson an den Grenzen seiner Kräfte. Seine Tiere sind tot, darunter seine einzige Kuh; monatelang haben er, seine Frau Thórunn und seine Töchter weder Milch, Fleisch noch sauberes Trinkwasser, weder Öl für die Lampen noch Holz für den Ofen. Als dann noch Thórunn an einem Nierenleiden stirbt, überlegt der Pfarrer ernsthaft, seinem Leben ein Ende zu setzen.

Sein Glaube hält ihn von der Verzweiflungstat ab, und so steht er bereit, als im Sommer 1785 neue Herausforderungen auf seine Gemeinde zukommen: Auf Anordnung der dänischen Behörden müssen die gebeutelten Dorfbewohner nun auch noch Flüchtlinge aus anderen Landesteilen beherbergen und ernähren. Und ausgerechnet in Klaustur, wo kaum jemand selbst etwas zu essen hat, quartiert die Obrigkeit 40 Obdachlose ein. „Es gab damals keine andere Möglichkeit", wird sich der Pfarrer erinnern, „als einfach einen Platz zum Sterben für sie zu suchen."

ERST NACH EINEM JAHR KOMMT EIN WENIG HILFE

Am 16. Oktober versammelt er noch einmal seine Gemeinde zum Gebet. Und wieder sieht es aus, als werde sein Flehen erhört: Eine Expedition, die an der Küste nach Nahrung suchen soll, stößt auf 70 erwachsene Robben und 120 Junge. Fast 150 Pferdeladungen umfasst die Beute. Damit ist der Hunger in Jón Steingrímssons Pfarrbezirk vorerst besiegt.

In anderen Teilen der Insel aber, nun etwa auch im Umkreis der Stadt Reykjavík, geht das Sterben weiter. Und längst töten die Laki-Krater nicht nur auf Island, sondern auch jenseits der Meere.

Denn das Schwefeldioxid aus den Kratern und Treibhausgase wie Kohlendioxid erreichen gleich nach den ersten Eruptionen die Stratosphäre und verbinden sich mit atmosphärischer Feuchtigkeit zu Schwefelsäure-Aerosolen. In spiralförmigen Kurven treibt der Wind diesen giftigen Dunst über den Kontinent, überzieht Europa mit einem schwefligen Schleier, der die Wärme in der unteren Atmosphäre staut und so das Land aufheizt.

Schon zwei Tage nach dem Ausbruch des Vulkans verhüllt er die Färöer, zieht weiter nach Norwegen, Schottland und Nordfrankreich. In Genf berichten Zeugen bald darauf von einem Nebel wie „nie zuvor". Und

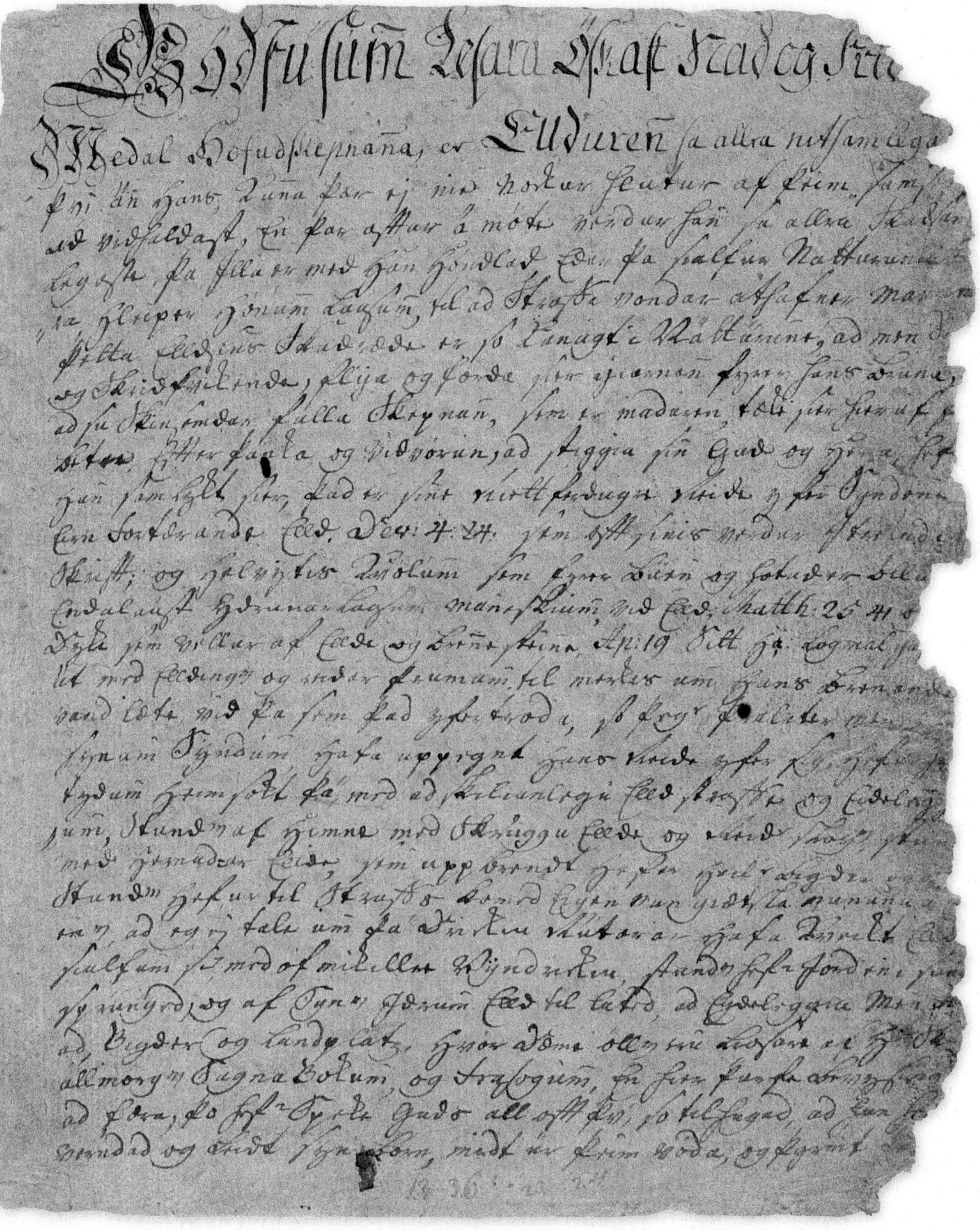

PFARRER Jón Steingrímsson notiert von Anfang an mit Akribie die apokalyptischen Naturphänoeme um ihn herum. Seine Niederschrift, hier ein Manuskriptblatt, wird zur wertvollen Quelle für die frühe Vulkanologie

auch dem bekannten britischen Naturforscher Gilbert White scheint dieses Phänomen „anders als alles, was menschlicher Erinnerung bekannt ist".

Was für ein seltsamer Nebel! Er zieht Feuchtigkeit aus der Luft, bringt dafür Hitze und schwere Gewitter mit Hagel und Sturmfluten. So erschreckend sind diese Unwetter, dass, wie eine englische Zeitung berichtet, Frauen „schreiend und weinend" die Flucht ergreifen und „die gemeinen Kerls zum Gebet auf die Knie" fallen. Mancher sieht das Jüngste Gericht gekommen. In Nordfrankreich zerren Dörfler nachts ihren Priester aus dem Bett, damit er den Nebel per Exorzismus banne.

EINE ERKENNTNIS REIFT: VULKANE BEEINFLUSSEN DAS KLIMA

Bald klagen die Menschen wie in Island über Kopfschmerzen, Augenleiden, Atemnot und Fieber. Auch ihr Immunsystem scheint geschwächt: Endemische Krankheiten grassieren, Malaria, Pocken, Fleckfieber, Ruhr und Grippe. Schließlich sterben die Menschen, in großer Zahl, die manchen an die Pest erinnert.

England registriert in diesem Spätsommer 30 000 Tote mehr als gewöhnlich. Frankreich verzeichnet ähnliche Werte: Hier trifft es vor allem die Neugeborenen. Der Dunst aber zieht weiter, erreicht Afrika und den Nahen Osten, Zentralasien, womöglich sogar China: „Starken trockenen Nebel" vermerkt die Chronik der Provinz Henan. „Der Himmel ist düster."

Im Herbst 1783 verflüchtigen sich die mysteriösen Schwaden in der Kühle der Jahreszeit. Doch zum Schrecken der Europäer hören die Temperaturen nicht mehr auf zu sinken: Denn der Schleier aus Schwefel-Aerosolen hält jetzt keine Wärme mehr am Boden, sondern wirft im Gegenteil die Sonnenstrahlung ins All zurück. Auf dem Kontinent sinkt das Thermometer um drei Grad unter den Durchschnittswert. Elbe, Donau, Themse und Seine frieren zu, der Schiffsverkehr zwischen Schweden und Dänemark steht still.

Der Frost zieht sogar über den Atlantik: Selbst im Mississippi-Delta und dem Golf von Mexiko sind nun Eisschollen zu sehen. Und weil die Kälte auf dem Festland die Temperaturdifferenz zum Meer verringert, schwächelt auch der regenbringende Monsun: Der Pegel des Nil, Lebensader für Millionen, sinkt erheblich auf den niedrigsten Stand seit vielen Jahrzehnten. In der Folge stirbt oder flüchtet, wie ein französischer Reisender notiert, bis Anfang 1785 ein Sechstel der ägyptischen Bevölkerung. Auch eine Hungersnot in Indien mit Millionen Opfern bringen manche Forscher mit dem ausgefallenen Monsun in Verbindung.

Kühne Interpreten werden die Auswirkungen des Laki-Ausbruchs (und die nachfolgenden Missernten) gar für die Französische Revolution sechs Jahre später verantwortlich machen. Zwar hat die Versorgungskrise dieses epochale Ereignis sicher nicht allein ausgelöst. Doch womöglich ist sie ein weiteres Glied in der Kette der Unzufriedenheiten, die schließlich zum Umsturz führen.

Auch das Tauwetter nach dem Frost bringt keine Erleichterung. Jetzt überschwemmen Schmelzfluten Europa, lassen Flüsse schwellen und Brücken zerschellen. In den Karpaten versinken ganze Dörfer, in Paris stehen große Teile der Stadt unter Wasser, Bürger ertrinken auf ihren Pferden.

Der isländische Vulkanologe Thor Thordarson wird die Zahl der Menschen, die weltweit infolge der Eruption sterben, später auf mehr als eineinhalb Millionen schätzen. Der britische Geoarchäologe John Grattan hält sogar eine Todesziffer von sechs Millionen für denkbar.

In Island wird das Desaster zum Bestandteil der nationalen Erzählung. Bis heute gibt es kaum ein Kind, das nicht im Geschichtsunterricht davon erfährt. Denn seit Jahrhunderten hat kein Schicksalsschlag die Insel härter getroffen als der Ausbruch der Laki-Krater und die „Nebelnot". Noch lange Zeit werden ihre Folgen das arme Island zu einem Schattendasein verurteilen.

Die Wissenschaft aber gerät durch das Unglück auf ein neues Gleis. Die komplexe Wirkung der Laki-Katastrophe auf Umwelt, Klima, Mensch und Tier stimuliert bei Forschern und Philosophen ein bislang unbekanntes Gespür für die Zusammenhänge und prekären Balancen zwischen belebter und unbelebter Natur – das sich allmählich zum modernen ökologischen Bewusstsein entwickeln wird.

Tatsächlich nährt das Unglück schon unter Zeitgenossen die Idee, dass Vulkane das Klima beeinflussen. Der französische Forscher Jacques-Antoine Mourgue de Montredon und der deutsche Physiker Christian Gottlieb Kratzenstein machen als Erste eine Eruption für den tödlichen Nebel verantwortlich – die sie korrekt, noch bevor sie vom Laki-Ausbruch wissen, auf Island verorten.

Auch der amerikanische Politiker und Wissenschaftler Benjamin Franklin, der die Katastrophe als US-Diplo-

DIE GIFTIGEN
Substanzen aus den isländischen Kratern ziehen nach Europa, Amerika, sogar bis Asien und Afrika, lösen unter anderem Überschwemmungen, Hitzewellen und Kältestürze aus. Womöglich sterben Millionen von Menschen an den Folgen

mat in Paris erlebt, wagt bereits die These, dass der Nebel, „von verschiedenen Winden über den nördlichen Teil der Welt verbreitet", aus einem isländischen Krater stammt.

Der Bericht aber, den Jón Steingrímsson über die Katastrophe verfasst, versorgt die boomende Vulkanologie mit unschätzbarem Material: Niemand hat zuvor mit solcher Aufmerksamkeit, Genauigkeit und Vollständigkeit einen Ausbruch protokolliert, hat so akribisch Explosionen und Gaswolken beschrieben, Stein- und Ascheregen und den unaufhaltsamen Weg der Lavaströme.

Nach dem Desaster findet der Pfarrer eine neue Ehefrau, setzt auch den verheerten Hof wieder instand. Dort wird er wohnen bis zu seinem Tod im Jahr 1791. Ein erfülltes Pastorenleben, in dessen Lauf er 309 Kinder tauft, 69 Paare verheiratet, 358 Tote beerdigt und Tausende Kranke mit Kräutern und Tinkturen behandelt.

Und es gelingt schließlich auch ihm, dem Mahner vor Gottes Zorn, noch in der Katastrophe die Gnade zu erkennen. Denn auf ihrem Schreckenszug hat die Lava nicht nur Höfe und Weiden zerstört, sondern zudem das Südufer des Skaftá aufgerissen – und dabei Torfvorräte freigelegt, die jetzt den Anwohnern als Heizstoff dienen. Auch die Mäuse, „die oft großen Schaden an unserem Strandroggen und anderen Vorräten angerichtet hatten", seien sämtlich dem Desaster zum Opfer gefallen.

„Seitdem", vermerkt Jón Steingrímsson, „ist nichts mehr von ihnen zu sehen." ◊

LITERATURTIPPS

ALEXANDRA WITZE UND JEFF KANIPE
»Island on Fire«
Fundierte journalistische Aufbereitung (Profile).

JÓN STEINGRÍMSSON
»Fires of the Earth – The Laki Eruption 1783–1784«
Packendes Katastrophentagebuch (University of Iceland Press).

GEO+ EPOCHE DOSSIER

Lesen Sie auch **»Vesuv-Ausbruch: Der Untergang von Pompeji«** (aus GEOEPOCHE Nr. 5) auf *www.geo-epoche.de*

IN KÜRZE

Weil dort die Grenze zwischen der Eurasischen und der Nordamerikanischen Platte verläuft, zählt Island zu den aktivsten Vulkanregionen der Erde. Doch der monatelange Ausbruch einer Kraterkette Ende des 18. Jahrhunderts übertrifft alle Katastrophen bis dahin. Ein Zerstörungsdrama, das allerdings eine Vorform des ökologischen Bewusstseins hervorbringt, eine Ahnung von den inneren Zusammenhängen der Natur.

GEO**EPOCHE**
Das Magazin für Geschichte

IMPRESSUM

CHEFREDAKTEURE: Jens Schröder, Markus Wolff
REDAKTIONSLEITUNG: Joachim Telgenbüscher
MANAGING DESIGNERIN: Tatjana Lorenz
TEXTREDAKTION: Samuel Rieth (Konzept dieser Ausgabe), Jens-Rainer Berg, Kirsten Bertrand, Insa Bethke, Dr. Anja Fries, Johannes Teschner
AUTOREN: Jörg-Uwe Albig, Dr. Mathias Mesenhöller
BILDREDAKTION: Camilla Ackermann, Julia Franz, Christian Gargerle, Roman Rahmacher, Jochen Raiß, Maria Rohweder
LAYOUT: Uwe Fischer, Michèle Hofmann, Frank Strauß
KARTOGRAFIE: Stefanie Peters
QUALITY BOARD – VERIFIKATION, RECHERCHE, SCHLUSSREDAKTION:
Leitung: Tobias Hamelmann, Norbert Höfler, Melanie Moenig (Stellvertreterin);
Elke von Berkholz, Lenka Brandt, Regina Franke, Hildegard Frilling, Dr. Götz Froeschke, Thomas Gebauer, Susanne Gilges, Cornelia Haller, Sandra Kathöfer, Judith Ketelsen, Petra Kirchner, Dirk Krömer, Michael Lehmann-Morgenthal, Dirk Liedtke, Kirsten Maack, Jörg Melander, Andreas Mönnich, Susan Molkenbuhr, Alice Passfeld, Christian Schwan, Andreas Sedlmair, Stefan Sedlmair, Bettina Süssemilch
REDAKTIONSASSISTENZ: Ümmük Arslan
CHEF VOM DIENST/KOORDINATION: Ralf Schulte
GESCHÄFTSFÜHRENDE REDAKTEURE: Maike Köhler, Bernd Moeller

Verantwortlich für den redaktionellen Inhalt:
Jens Schröder, Markus Wolff

Litho: Mohn Media, Gütersloh
Druck: Quad/Graphics, Wyszków

Gruner + Jahr Deutschland GmbH
Sitz von Verlag und Redaktion:
Am Baumwall 11, 20459 Hamburg.
Postanschrift der Redaktion:
Brieffach 24, 20444 Hamburg.
Telefon: 040 / 37 03-0
Internet: www.geo.de/epoche

HEAD OF PUBLISHING: Frank Thomsen (Stellvertreter: Julian Kösters)
PUBLISHING MANAGEMENT: Patricia Hildebrand
SALES DIRECTION: Franziska Bauske / DPV Deutscher Pressevertrieb
Verantwortlich für den Inhalt der Anzeigen:
Petra Küsel – Head of Brand Print + Direct Sales, Ad Alliance GmbH, Am Baumwall 11, 20459 Hamburg.
Es gilt die jeweils aktuelle Preisliste unter www.ad-alliance.de
MARKETING: Pascale Victoir
PRESSE- UND ÖFFENTLICHKEITSARBEIT: Xenia El Mourabit
HERSTELLUNG: G+J Herstellung, Heiko Belitz (Ltg.), Oliver Fehling

Heftpreis: 12,00 Euro (mit DVD: 19,50 Euro)
ISBN: 978-3-652-01213-3;
978-3-652-01219-5 (Heft mit DVD)
ISSN: 1861-6097

Bankverbindung: Deutsche Bank AG Hamburg, IBAN: DE 30 2007 0000 0032 2800 00, BIC: DEUTDEHH

GEO-LESERSERVICE

FRAGEN AN DIE REDAKTION
Telefon: 040 / 37 03 20 84
E-Mail: briefe@geo-epoche.de

BESTELLADRESSE FÜR GEO-BÜCHER, GEO-KALENDER, SCHUBER ETC.
Anschrift: GEO-Versand-Service, 74569 Blaufelden
Telefon: +49 / 40 / 42 23 64 27
Telefax: +49 / 40 / 42 23 66 63
E-Mail: guj@sigloch.de

ABONNEMENT- UND EINZELHEFTBESTELLUNG
Online-Kundenservice: www.geo.de/kundenservice
Telefon: 0049 / 40 / 55 55 89 90
Service-Zeiten: Mo–Fr 7.30 bis 20.00 Uhr, Sa 9.00 bis 14.00 Uhr
Postanschrift: GEO*EPOCHE* Kundenservice, 20080 Hamburg

Preise Jahresabonnement:
72,00 € (D), 81,00 € (A), 114.00 sfr (CH)
mit DVD:
117,00 € (D), 132,00 € (A), 198.00 sfr (CH)
Studentenabonnement:
43,20 € (D), 48,60 € (A), 68.40 sfr (CH)
mit DVD:
70,20 € (D), 81,00 € (A), 118.80 sfr (CH)
Preise für weitere Länder auf Anfrage erhältlich

USA: GEO*EPOCHE* is published by Gruner + Jahr GmbH K.O.P.: German Language Pub., 153 S Dean St, Englewood NJ 07631. Periodicals Postage is paid at Paramus NJ 07652. Postmaster: Send address changes to GEO*EPOCHE*, GLP, PO Box 9868, Englewood NJ 07631.
KANADA: Sunrise News, 47 Silver Shadow Path, Toronto, ON, M9C 4Y2, Tel.: +1 647-219-5205, E-Mail: sunriseorders@post.com

Alle Fakten, Daten und Karten in dieser Ausgabe sind vom Verifikations- und Rechercheteam im Quality Board auf ihre Richtigkeit überprüft worden.

FOTOVERMERK NACH SEITEN

Anordnung im Layout: l.= links, r.= rechts, o.= oben, m.= Mitte, u.= unten

Titelbild: Gemälde »Der Triumph des Todes« von Pieter Bruegel dem Älteren, vermutlich 1562/63 entstanden
Rückseite: »Noahs Arche auf dem Berg Ararat«, 1570 gemalt von Simon de Myle

TITEL: Leemage/imago

EDITORIAL: Malte Joost für GEO*EPOCHE*

INHALT: Roger Viollet via Getty Images: 4 o. l.; Privatsammlung: 4 o. r.; Courtesy of The Museum of the City of San Francisco: 5 o.; Tim Möller-Kaya für GEO*EPOCHE*: 4 m. l.; Nationalgalerie SMB/bpk: 4 m. r.; Paul Thompson/FPG/Hulton Archive/Getty Images: 5 m.; KHARBINE-TAPABOR/imago: u. l.; Bridgeman Images: 4 u. r.; SNA/imago: 5 u.

SCHRECKEN DER MENSCHHEIT: Bridgeman Images: 6/7; adoc-photos/bpk: 8/9; Vintage Germany: 10/11; Roger Viollet via Getty Images: 12/13; The Asahi Shimbun via Getty Images: 14/15; Daily Express/Hulton Archive/Getty Images: 16; Sovfoto/Universal Images Group/Shutterstock: 17; ullstein bild via Getty Images: 18/19; mirrorpix/ullstein bild: 20/21

DER REIZ DES DESASTERS: The Metropolitan Museum of Art: 22–27

DIE STRAFE GOTTES: Privatsammlung: 28–35

DAS ATLANTIS DER NORDSEE: Tim Möller-Kaya für GEO*EPOCHE*: 36–41; Dirk Meier, Bearbeitung: Stefanie Peters: 42

MASSAKER IN MAGDEBURG: Nationalgalerie, SMB/bpk: 44/45; Sammlung Rauch/Interfoto: 46 l.; history docu photo/Alamy Stock Photo: 46 r.; Charlen Christoph/Magdeburger Museen: 47; Ruth Schacht/Staatsbibliothek zu Berlin/bpk: 48/49; Magdeburg Kulturhistorisches Museum: 50; bpk: 51; akg-images: 53

DER HERR DER BRANDSCHLANGE: The Print Collector/Heritage Images/ullstein bild: 54

DAS VERDERBEN AUS DER TIEFE: Ingo Oeland/Alamy Stock Photo: 56/57, 60, 65; The National and University Library of Iceland: 56–59 u., 61, 63, 64/65 o.; Album/British Library/Alamy Stock Photo: 58 m.; Stefanie Peters für GEO*EPOCHE*: 59 o.

LESEZEICHEN: Privatsammlung: 67

DIE HELDIN VON DER FELSENINSEL: KHARBINE-TAPABOR/imago: 68

INFERNO BEI VERSAILLES: Bridgeman Images: 70/71; akg-images: 72/73; Granger/Shutterstock: 72; New Picture Library/DeAgostini/bpk: 73 o.; bilwissedition/akg-images: 73 u.; mauritius images/The Picture Art Collection/Alamy: 74; akg-images: 75 o.; SSPL/NRM/Pictorial Collection/Getty Images: 75 u.; Erich Lessing/akg-images: 76/77; Alfredo Dagli Orti/Shutterstock: 76 u.; Bridgeman Images 77 o.; Bridgeman Images 78/79; Gianni Dagli Orti/Shutterstock: 79 u.

DER SEUCHE AUF DER SPUR: SCIENCE SOURCE/akg-images: 80

DIE WELT AUS DEN FUGEN: Library of Congress: 82/83, 91, 93, 96/97; Underwood Archives/Getty Images: 84; Kirn Vintage Stock/Corbis via Getty Images: 86; Bettmann Archive/Getty Images: 87, 90, 92; Courtesy of The Museum of the City of San Francisco: 88/89; Rainer Droste/GEOEpoche: 94; Granger, NYC/Interfoto: 95

IM GRIFF DES VIRUS: US NATIONAL ARCHIVES/Science Photo Library/akg-images: 98/99; Paul Thompson/FPG/Hulton Archive/Getty Images: 99; AP Images/picture alliance: 101; Vintage Space/Alamy Stock Photo: 102; Science Photo Library/akg-images: 104/105, 109; William Morse: 107; steeve-x-foto/Alamy Stock Photo: 108; Science Source/akg-images: 110; BSIP/UIG Via Getty Images: 111; Topical Press Agency/Hulton Archive/Getty Images: 112; NARA/SCIENCE SOURCE/akg-images: 113; Hulton-Deutsch Collection/Corbis via Getty Images: 114; Bettmann Archive/Getty Images: 115; Hulton Archive/Getty Images: 116; Glasshouse/akg-images: 117 o. l.; ullstein bild: 117 o. r.; ullstein bild via Getty Images: 117 m. l.; Autor unbekannt: 117 m. r.; Imagno/ullstein bild: 117 u. l.; Smith Archive/Alamy Stock Photo: 117 u. r.; American Photo Archive/Alamy Stock Photo: 118

TÖDLICHER SIRUP: Boston Public Library Collection: 120/121, 125; FLHC 4/Alamy/mauritius images: 122; The Boston Globe via Getty Images: 123; Courtesy of the Boston Public Library, Leslie Jones Collection: 124, 126; Ward Maps LLC: 127

DATENSAMMLER ÜBER DEN WOLKEN: Privat/DSTO: 128

TOXISCHES ERBE: Andy Spyra/laif: 130/131; Raghu Rai/Magnum Photos/Agentur Focus: 133 o., 135, 139, 141 u. l.; EPA/picture-alliance: 133 u.; UPI/picture alliance: 137 o. l.; Dinodia/picture alliance: 137 o. r., 141 o. l.; David Klammer/laif: 137 u.; AFP/picture alliance: 141 o. r., Alamy Stock Photo: 141 u. r.

DIE STIMMEN VON TSCHERNOBYL: SNA/STF/ullstein bild: 145; SNA/imago: 146, 147, 148, 151; ddp images: 149; action press: 150; Bildagentur-online/Alamy/mauritius images: 152; Stefanie Peters für GEO*EPOCHE*: 153 r.; Luke MacGregor/Alamy/mauritius images: 153 l.

INTERVIEW: Philipp Ottendörfer: 156; AP/picture alliance: 157; Al Bello/Getty Images: 158; AP/ullstein bild: 159

MENSCHEN DAHINTER: Joachim Hauser – in medias res: 160 o. l.; privat: o. m., o. r., u. l.

VORSCHAU: United Archives International/imago: 162; fine art images/Interfoto: 163 o. l.; KHARBINE-TAPABOR/imago: 163 o. r.; Robert Capa © international center of photography/Magnum Photos/Agentur Focus: 163 m. l.; Collection Ramón Sénder: 163 m. r.; sfgp/Album/akg-images: 163 u. l.

RÜCKSEITE: Heritage Images/Fine Art Images/ullstein bild

Lesezeichen zum Herausnehmen

FINGERZEIG GOTTES
Als Feuerball mit züngelndem Schweif zeigt sich im Jahr 1007 dieser Komet – davon berichtet das um 1550 entstandene »Wunderzeichenbuch«. Dereinst interpretieren Menschen solche Himmelsphänomene häufig als Ankündigung kommenden Unheils

briefe@geo-epoche.de

SCHON ALS KIND lebt Grace Darling mit ihrer Familie im Leuchtturm, hilft ihrem Vater bald bei dessen Arbeit. Nach der Rettung mehrerer Schiffbrüchiger schickt ihr selbst die Königin eine Dankesspende

DIE HELDIN VON DER FELSEN-INSEL

Als in einer stürmischen Herbstnacht des Jahres 1838 ein Raddampfer vor der Küste Nordostenglands sinkt, beweist die Tochter des örtlichen Leuchtturmwärters erstaunlichen Mut – und wird zur Berühmtheit

TEXT: *Lara Hartung*

Erbarmungslos peitscht der Sturm die „Forfarshire“ gegen eine Felseninsel. Bis der Rumpf des Raddampfers entzweibricht, die Fluten das Heck verschlingen. Und mit ihm die meisten der 63 Menschen, die in dieser Nacht zum 7. September 1838 auf dem Weg in die schottische Hafenstadt Dundee waren. Nur zwölf Passagieren und Seeleuten gelingt es, sich aus den Trümmern des Bugs auf das winzige Eiland zu retten. Schutzlos gegen den Wind kauern sie dort, stundenlang. Ein Mann und zwei Kinder sterben an Unterkühlung. Irgendwann sehen die Verzweifelten ein Ruderboot, das auf den Wellen herannaht – an einem der Riemen eine junge Frau. Was sie an diesem Tag vollbringt, wird ihren Namen in ganz Großbritannien bekannt machen: Grace Darling.

Die britische Öffentlichkeit ist im frühen 19. Jahrhundert geradezu fasziniert von Schiffbrüchen. Das stürmische Meer gilt als Inbild des Erhabenen, als Symbol für die Macht der Natur. Seereisen erleben einen Boom, der allerdings zugleich die Gefahr von Unglücken stärker ins Bewusstsein der Bevölkerung holt. Auch zwischen den Farne-Inseln, wo die „Forfarshire“ ihr Ende findet, liegen bereits etliche Wracks. Denn der Archipel wenige Kilometer vor der Küste Nordostenglands ist felsig; schwierig, hier zu navigieren. Zwei Leuchttürme sollen Kapitäne an den gefährlichen Untiefen vorbeilenken – und einer der beiden ist das Zuhause von Grace Darling.

Seit dem Alter von zehn Jahren lebt sie dort mit ihrer Familie, siebtes von neun Kindern des Leuchtturmwärters William Darling. Eine Schule besucht Grace nie; der Vater lehrt sie Schreiben und Geografie, gibt ihr religiöse Werke und Reiseberichte zu lesen. Nachdem die Geschwister nach und nach aufs Festland gezogen sind, leben außer ihr nur die Eltern und ein jüngerer Bruder auf der kleinen kargen Insel.

Immer häufiger unterstützt sie die beiden Männer nun bei der Arbeit. Das Trio hält das Licht der sechs Öllampen hell und klar, poliert die Spiegel und die Linse, die auf einem komplexen Uhrwerk den Strahl durch die Nacht schicken. Ungezählte Desaster hilft sie so zu verhindern.

Doch in jener Sturmnacht 1838 verfehlt der Lichtschein offenbar seine Wirkung. Grace Darling, inzwischen 22 Jahre alt, ist mit den Eltern allein im Leuchtturm. Etwa um vier Uhr früh zerschellt die „Forfarshire“, bald darauf erkennt Grace schemenhaft das Wrack. Da aber Gischt und Dunkelheit die Sicht erschweren, ist die Sonne schon aufgegangen, als sie und ihr Vater durchs Fernglas die Überlebenden auf dem Felsen draußen im Meer erspähen und beschließen zu handeln.

Grace und William Darling steuern ihr Ruderboot hinaus in die Wellen. Mehr als 1,5 Kilometer legen sie im Unwetter zurück, ohne zu kentern. Am Felsen angelangt, bleibt die Tochter im Boot, versucht es mit aller Kraft zu kontrollieren, bis ihr Vater fünf der Gestrandeten an Bord helfen kann – für mehr ist kein Platz. Wohlbehalten erreichen sie den Leuchtturm.

Grace versorgt drei der Frierenden, während der Vater mit den anderen beiden noch einmal hinausrudert und die übrigen Schiffbrüchigen birgt.

Schon bald berichten Zeitungen im ganzen Land über die wundersame Rettung. Die größte Sensation: Wie bloß kann eine zierliche junge Frau solchen Heldenmut beweisen, zu dem aus Sicht der meisten Zeitgenossen allein Männer fähig sind? Reporter und Maler reisen zum Leuchtturm, um Grace Darling zu porträtieren; Touristen, um sie zu besichtigen wie eine Attraktion.

Dass die Heldin selbst dem Trubel wenig abgewinnen kann, tut der Bewunderung keinen Abbruch. Das für sie gespendete Vermögen – sogar die junge Königin Viktoria trägt 50 Pfund bei – übergibt Grace Darling größtenteils an Treuhänder und lässt sich nur kleine Beträge auszahlen. Sie schlägt alle Heiratsanträge aus, will das einfache Leben der Familie weiterführen.

Doch dazu bleibt ihr kaum Zeit. Nicht einmal vier Jahre nach der großen Tat erkrankt Grace Darling an Tuberkulose; wenige Monate später stirbt sie in den Armen ihres Vaters. Ein tragisch früher Tod, wie er einer romantischen Heldin gebührt: Konservative stilisieren sie zum Idealbild eines weiblichen Heroismus, bei dem die Frau bescheiden bleibt und ihren Platz kennt. Die Verstorbene wird in Liedern besungen, ihr Name prangt verkaufsfördernd auf Packungen für Seife oder Schokolade. Und bis ins 20. Jahrhundert bleibt sie Unterrichtsstoff in britischen Schulen, Thema zahlloser Bücher.

Die Rettung im Sturm macht Grace Darling berühmt – durch ihren frühen Tod aber wird sie zur Legende. ◊

1842

Zugunglück

INFERNO BEI

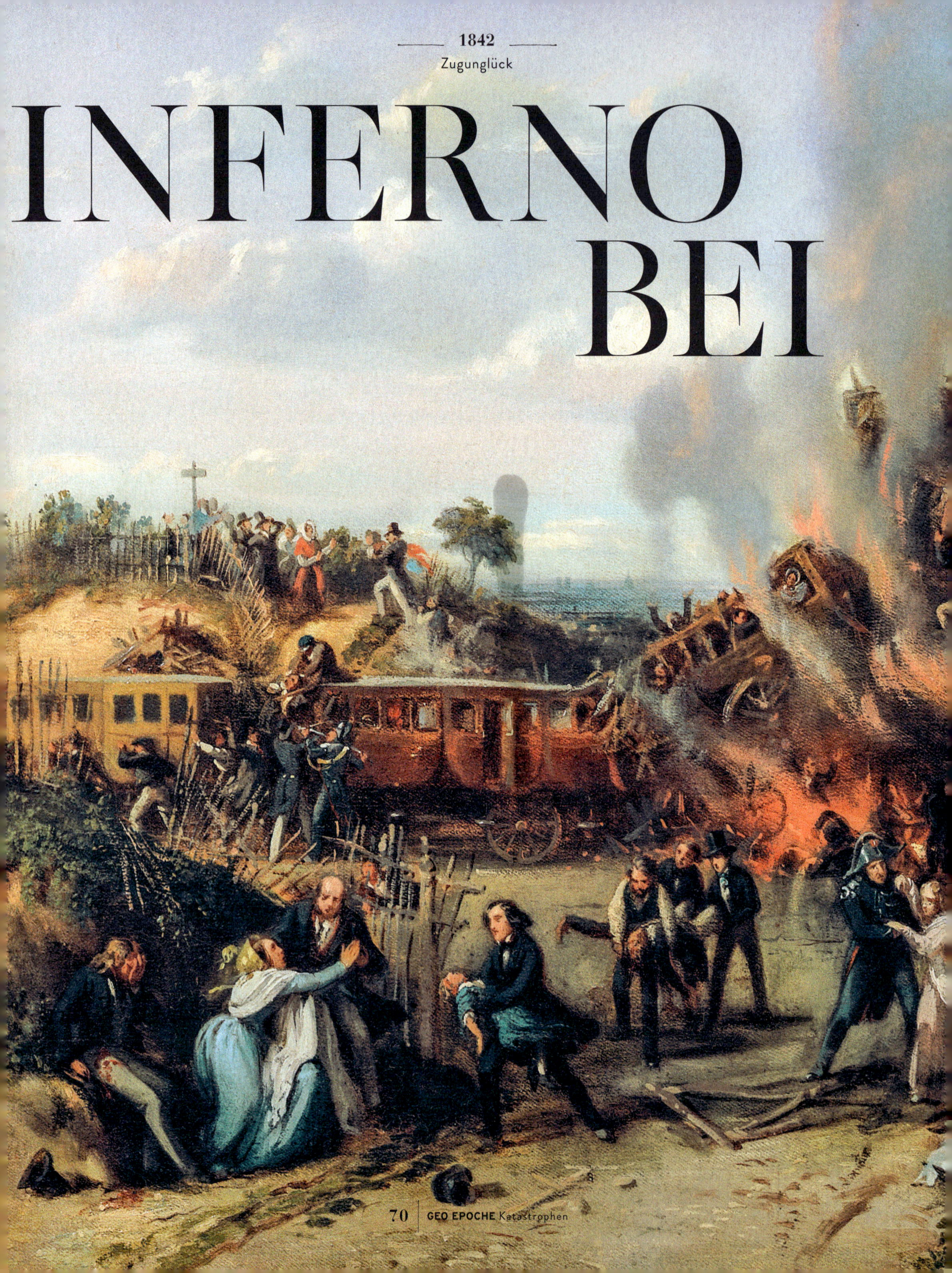

VERSAILLES

Im 19. Jahrhundert erfasst die Industrielle Revolution weite Teile Europas, auch in Frankreich beginnt die Ära der Maschinen und der Massenproduktion. Wohl kaum etwas symbolisiert den Anbruch dieser Epoche wie die Erfindung der Eisenbahn. Das neue Verkehrsmittel gilt als revolutionär, modern und vertrauenswürdig. Bis im Frühling 1842 in Versailles ein voll besetzter Zug Richtung Paris abfährt – und nie ankommt

TEXT: *Till Hein*

DIE WUCHT des Aufpralls ist gewaltig, als der Zug aus Versailles am frühen Abend des 8. Mai 1842 in der Nähe des Städtchens Meudon entgleist. Kurz darauf gehen mehrere Waggons in Flammen auf

DAS FEST IST EIN ZEICHEN einer neuen Zeit. Zu Zehntausenden strömen die Besucher aus Paris auf Einladung des Königs an diesem 8. Mai 1842 zu den Feierlichkeiten in den Schlossgarten von Versailles. Es versammelt sich nicht wie früher üblich nur ein erlesener Kreis in den prächtigen Grünanlagen mit ihren Rabatten, opulenten Wasserspielen und Kunstwerken. Sondern Unternehmer und Rechtsanwälte, Kaufleute und Bankiers, bürgerliche Damen mit Sonnenschirmen, Studenten, Handwerker, auch Arbeiter erfreuen sich an dem Spiel der zahlreichen Springbrunnen im Freien, deren glitzernde Fontänen in einzigartigen Choreografien gen Himmel streben.

Niemand Geringerer als der Sonnenkönig Ludwig XIV. hatte Versailles im 17. Jahrhundert zu einer prunkvollen, von Gärten umgebenen Residenz ausbauen lassen, in gebührendem Abstand zur Kapitale Paris und den eigenen Untertanen. Seine Majestät Louis-Philippe hingegen, der nun auf dem französischen Thron sitzt, hat weite Teile des Schlosses in ein Museum umgewandelt. Und jeden Frühling lädt der Herrscher, den sie den „Bürgerkönig" nennen, seine Untertanen zu den *Grandes Eaux* nach Versailles ein, zu den großen Wasserspielen.

Vor allem sucht der Monarch die Nähe des liberalen Bürgertums, das auch durch die beginnende Industrialisierung mehr und mehr an Einfluss gewinnt: Die Ära der Fabriken und des Fortschritts, der Maschinen und der Massenproduktion bricht gerade in weiten Teilen Europas an. Und das wohl wirkmächtigste Symbol des neuen Zeitalters ist jene gewaltige Maschine, der viele der Festgäste nun am frühen Abend entgegenströmen. Das qualmende Wunder der Technik, das sie zurück nach Paris bringen soll: die Eisenbahn.

Ein stattlicher Zug wartet bereits am Bahnhof, eigens aus knapp 20 Waggons zusammengestellt, alle leuchten frisch gestrichen. Um die Menschenmassen zu bewegen, sind ausnahmsweise zwei Dampflokomotiven vor die Wagen gekoppelt. Zur Unterstützung der

DIE ANFÄNGE

Das Prinzip der Dampfmaschine auf Gleisen wird in Großbritannien erfunden. 1804 zieht diese vom Bahnpionier Richard Trevithick ersonnene Lokomotive erstmals einen Zug mit zehn Tonnen Ladung. Für die spröden gusseisernen Gleise ist sie aber auf Dauer zu schwer

TREIBEN IN EINER Bahnhofshalle (hier in Wien). Die 1839 eröffnete Strecke zwischen Versailles und Paris erfreut sich rasch großer Beliebtheit, verkürzt sie die Reisedauer doch von mehreren Stunden auf weniger als 60 Minuten

wuchtigen, sechsrädrigen „Éclair" soll an der Spitze eine kleinere Zugmaschine mit vier Rädern fahren, die „Mathieu Murray". Beide Lokomotivtypen hat die berühmte englische Ingenieursfamilie Stephenson entworfen.

Zwar dämonisieren manche Zeitgenossen die Eisenbahn als „Feuerdrachen", warnen vor Hämorrhoiden, Frühgeburten, Nervenschäden durch das Ruckeln der Waggons, vor Wahnsinn oder vorzeitigem Altern infolge der hohen Geschwindigkeit – einige Ärzte fordern gar ein Verbot von Zugreisen. Doch immer mehr gilt das neue Verkehrsmittel auch in Frankreich als Gefährt der Stunde: modern und eindrucksvoll schnell. Die Postkutsche benötigt für die 20 Kilometer von Versailles nach Paris mehrere Stunden. Auf Schienen lässt sich die Hauptstadt in weniger als 60 Minuten erreichen.

Gut gelaunt klettern die Festbesucher an diesem frühen Sonntagabend in die Waggons, sie plaudern, lachen, flirten, necken vielleicht auch ihre Kinder. Womöglich erkennen einige das Gesicht eines 51-jährigen Mannes aus der Zeitung wieder, der mit ihnen in den Zug steigt: Jules Dumont d'Urville hat sich als Seefahrer und Polarforscher einen Namen gemacht, bereits drei Expeditionen zum anderen Ende der Welt unternommen, in die Inselwelt des südlichen Pazifiks und bis in die Antarktis. Im

JULES DUMONT D'URVILLE
1790–1842

Der französische Entdecker und Forscher hat den halben Globus bereist. Am 8. Mai 1842 besucht er mit seiner Frau und seinem Sohn die Wasserspiele in Versailles. Alle drei sitzen um 17.30 Uhr im Zug zurück nach Hause

GEORGE STEPHENSON
1781–1848

Der englische Eisenbahningenieur hat die ersten leistungsfähigen Lokomotiven für den Personenverkehr gebaut. Auch die Entwürfe für die »Éclair« und die »Mathieu Murray«, die gemeinsam den Zug mit den Festgästen ziehen, stammen aus dem Haus Stephenson zweitvordersten Wagen findet er Platz, gemeinsam mit seiner Frau Adèle und dem Sohn Jules, der kurz vor dem Schulabschluss steht.

Als alle Passagiere eingestiegen sind, verriegeln Schaffner die Waggontüren. Eine übliche Vorsichtsmaßnahme, damit unachtsame Fahrgäste unterwegs nicht aus dem Zug fallen. Dampfend und zischend setzt sich der Koloss um 17.30 Uhr in Bewegung.

Er wird nie in Paris ankommen.

°

SCHON IN DER VERGANGENHEIT hat es immer wieder Zugunfälle gegeben. Im September 1830 etwa überrollte eine Lokomotive den ehemaligen britischen Minister für Krieg und Kolonien, als er an der Einweihung der Strecke Liverpool–Manchester teilnahm. Doch große Unglücke mit zahlreichen Todesopfern sind bislang ausgeblieben. Manche verherrlichen das neue Fortbewegungsmittel sogar als Heilsbringer. Der deutsche Ökonom Friedrich List rühmt es als „Herkules in der Wiege, der die Völker erlösen wird von der Plage des Krieges, der Teuerung und Hungersnot, des Nationalhasses und der Arbeitslosigkeit, der Unwissenheit und des Schlendrians".

Mögen solche Hoffnungen auch übertrieben sein: Die Eisenbahn revolutioniert im 19. Jahrhundert das Leben der Menschen wie vielleicht keine andere technische Erfindung zuvor. Reisende, Waren, Rohstoffe, alles vermag sie scheinbar mühelos und in enormen Mengen zu transportieren, sie lässt Orte näher zusammenrücken, die vormals bloß durch mitunter tagelange Kutschfahrten über holprige Straßen erreichbar waren. Sie katapultiert die Menschen mitten hinein in den Geschwindigkeitsrausch der modernen Welt.

Die Eisenbahn ist ein Produkt der Industriellen Revolution – und zugleich deren Motor. Denn sie ist eine Dampfmaschine auf Rädern, die Kohle und Eisen nicht nur befördert, sondern auch selbst in rauen Mengen als Treibstoff und für Schienen verbraucht und dadurch die Wirtschaft befeuert. Die Stränge des Schienennetzes, das sich bald zwischen Minen, Fabriken und Metropolen spannt, sind die Lebensadern der entstehenden Schwerindustrie.

Erste Lokomotiven sind Anfang des 19. Jahrhunderts im Bergbau in England zum Einsatz gekommen. In einer Feuerbüchse verbrennen sie Kohle, erhitzen damit das Wasser in ihrem Kessel, sodass Dampf entsteht und Druck auf

DIE EISENBAHN verändert die Umwelt radikaler als wohl jede andere technische Innovation zuvor. 1830 geht in England die erste Fernbahnlinie für Güter und Passagiere in Betrieb, bald zerschneiden vielerorts Gleise die Landschaft (Gemälde von Claude Monet, 1872)

ANFANGS STEHT die Bahn bei Skeptikern noch in der Kritik; ihr Tempo mache krank. Aber bald überzeugen die Vorteile. Denn Reisen dauern nicht nur weniger lang als mit Pferd oder Kutsche, sie sind meist auch komfortabler

einen Kolben ausübt – dessen Bewegungen Metallstangen dann auf die Räder übertragen.

1825 zieht eine Dampflokomotive in Nordostengland erstmals einen Zug mit Passagieren. Bald erkennen mehr und mehr Investoren das Potenzial der Eisenbahn, zum Beispiel in Italien, Russland und den USA, in Bayern sowie anderen deutschen Ländern. In Belgien etwa gibt der Staat den Bau eines landesweiten Schienennetzes in Auftrag.

In Frankreich sind es zunächst Privatunternehmen, die einzelne Schienenstrecken verlegen, 1839 zum Beispiel zwischen Paris und Versailles. Doch schon drei Jahre später, im Frühling 1842, diskutiert die französische Abgeordnetenkammer ein Gesetz, das den Gleisausbau im Land systematisch vorantreiben soll – um den Anschluss an die anderen Staaten Europas nicht zu verlieren, die Frankreich zu überflügeln drohen.

Erst wenige Monate zuvor auch ist Jules Dumont d'Urville von einer Südpolexpedition zurückgekehrt. Sein Schiff ist zwar weit vor dem Ziel im Packeis stecken geblieben, dann aber hat er in der Antarktis einen unbekannten Landstrich entdeckt – und ihn nach seiner Ehefrau „terre Adélie“ (Adélieland) getauft.

1820 war er daran beteiligt, eine meisterliche, auf der Ägäis-Insel Milos ausgegrabene antike Skulptur der griechischen Liebesgöttin Aphrodite nach Frankreich zu bringen: Auch dank ihm steht die als „Venus von Milo“ bekannte Marmorstatue nun im Pariser Louvre.

Für den 8. Mai 1842 hat Dumont d'Urville einen Familienausflug mit der Eisenbahn nach Versailles geplant. Zwar fühlt sich seine Frau am Morgen etwas angeschlagen. Aber er kann sie überreden, dennoch mitzukommen. Gemeinsam mit ihrem Sohn verbringen die beiden vermutlich einen angenehmen Tag auf dem königlichen Wasserfest, wie auch die meisten anderen Besucherinnen und Besucher.

°

FAHRTWIND STREICHT auf der Rückreise an den Waggons entlang. Auf der abschüssigen Strecke Richtung Paris gewinnt der Zug, der um 17.30 Uhr Versailles verlassen hat, rasch an Tempo. Auf rund 60 Kilometer pro Stunde werden Augenzeugen die Geschwindigkeit später schätzen. Doch dann irritiert die Beobachter etwas: Die kleine Lok an der Spitze scheint zu schlingern.

Es ist gegen 17.45 Uhr, als auch der Zugführer der großen „Éclair“ die

DIE »NOVELTY«

1829 stellen die Ingenieure John Braithwaite und John Ericsson die elegante und 45 km/h schnelle »Novelty« vor – in einem Wettbewerb um die beste Lokomotive für die Liverpool and Manchester Railway. Mitten in dem Rennen fällt sie jedoch wegen eines Defekts aus

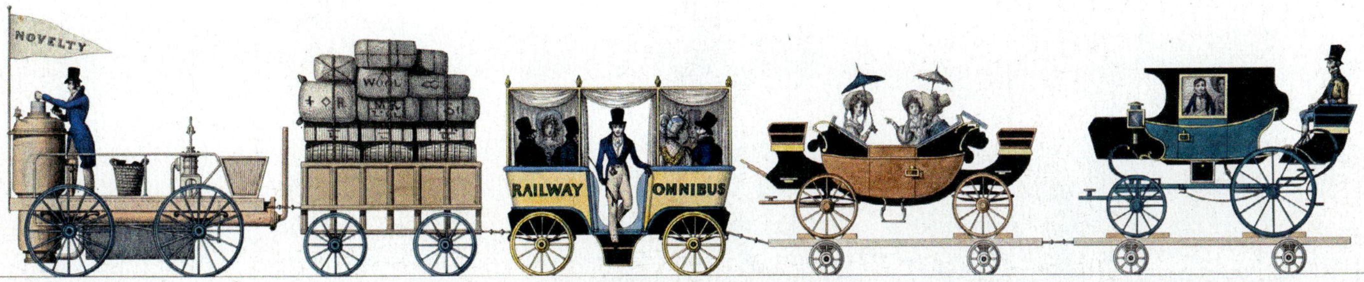

Gefahr erkennt. Mit der Signalpfeife gibt er das Zeichen zur Notbremsung, die sofort erfolgt. Doch die Masse des 80 Tonnen schweren Zuges ist zu gewaltig, als dass er sich schnell stoppen ließe. Da geben die beiden vorderen Räder der „Mathieu Murray" nach, und ihr Vorderteil kracht auf die Gleise. Die Lok schlittert noch rund 25 Meter weiter – bis die „Éclair" auf sie prallt und sich mit ihr verkeilt. Mehrere Waggons springen vom Gleis und stürzen gegen die Lokomotiven, türmen sich geradezu aufeinander. Tote, Verletzte, Schreie.

Durch den Aufprall sind glühende Kohlen aus den Feuerbüchsen der Lokomotiven geschleudert worden und haben die vorderen Wagen in Brand gesetzt. Panisch versuchen eingeschlossene Fahrgäste zu fliehen, rütteln an den verriegelten Türen. Zu ihrem Unglück facht starker Wind das Feuer an und lässt die Waggons, deren frische Farbe leicht entzündlich ist, wie Tannenreisig auflodern. Im gesamten Ortsteil Bellevue des nahen Städtchens Meudon sind die Schreie der Verzweifelten zu hören.

Manche Passagiere schaffen es wohl, rechtzeitig ein Fenster zu öffnen oder die Scheiben einzuschlagen und sich mit einem Sprung zu retten; einige brechen sich dabei die Knochen.

Doch Jules Dumont d'Urville, der in seinem Leben schon so vielen Gefahren getrotzt hat, findet keinen Ausweg. „Rettet meine Frau!", ruft er herbeieilenden Helfern noch zu, so werden es Augenzeugen später berichten. „Rettet meinen Sohn!" Aber jeder Beistand kommt zu spät. Alle drei sterben in den Flammen.

Schließlich gelingt es Schaffnern, einige Waggontüren zu öffnen. Doch erst gegen 21 Uhr, nach mehr als drei Stunden, haben Feuerwehrleute und Gendarmen den Brand unter Kontrolle.

Viele Leichen sind so stark verkohlt, dass sich ihre Identität nur schwer feststellen lässt. Angehörige müssen später Körperteile, Kleidungsfetzen und die Reste persönlicher Gegenstände nach Hinweisen auf ihre vermissten Verwandten absuchen. Den Leichnam Dumont d'Urvilles kann ein Künstler anhand der Kopfform identifizieren, weil er die Physiognomie des Seefahrers für eine Skulptur studiert hatte.

Einige der zahlreichen Schwerverletzten erliegen noch in den folgenden

DIE »ANTÉE«

Der französische Eisenbahnpionier Eugène Flachat konstruiert 1849 die nach einem Riesen aus der griechischen Mythologie benannte »Antée« für die Linie Le Pecq–Saint-Germain

MIT IHREM GETÖSE erschreckt diese Bahn Mensch und Tier. Tatsächlich erreichen bereits die frühen Züge erhebliche Geschwindigkeiten. Die von zwei Lokomotiven gezogenen Wagen, die am 8. Mai 1842 Versailles verlassen, sind bald rund 60 km/h schnell

STÄNDIG MUSS die Feuerbüchse einer Dampflokomotive mit Kohle befüllt werden. Der Lokführer der »Éclair« erkennt zu spät, dass die kleine Lok vor ihm ins Schlingern geraten ist. Als endlich die Notbremsung erfolgt, rast der Zug noch weiter über die Gleise

Tagen ihren Wunden und Verbrennungen. Insgesamt verlieren mehr als 50 Männer, Frauen und Kinder ihr Leben.

°

DER SCHOCK ÜBER DAS erste große Eisenbahnunglück der Geschichte sitzt tief. In Paris herrscht Ausnahmezustand. Mit „größtem Schrecken" habe die Katastrophe die ganze Stadt erfüllt, schreibt ein Korrespondent der „Neuen Zürcher Zeitung". „Ich habe sie weder zur Zeit der Cholera noch in den Aufständen von 1832 und 1834 bewegter gesehen. Das Volk wollte die Eisenbahnen zerstören." Tatsächlich verhindern Soldaten mehrere Anschläge auf Bahnhöfe.

Die Tageszeitungen verbreiten die Unglücksnachricht in ganz Europa – mit immer neuen makabren Details: „Zwei Heizer sah man noch im Zustande völliger Verkohltheit aufrecht an ihren Posten stehend, die Hände an ihren Maschinen", heißt es in einem Artikel. Ein anderes Blatt weiß von einer „halb verbrannten Frau, die einen verkohlten Gegenstand (ganz wahrscheinlich ihr Kind) an der Brust hielt".

Was aber hat das Desaster ausgelöst? Experten sollen den Hergang der Katastrophe rekonstruieren. Ingenieure inspizieren die Unfallstelle und befragen Augenzeugen. Ihr Befund lautet: Ein doppelter Bruch der eisernen Vorderachse der kleinen Lokomotive hat zu dem Unfall geführt.

Angehörige der Toten verklagen daraufhin die Bahngesellschaft und fordern Tausende Francs Schmerzensgeld. War es nicht fahrlässig, zwei Lokomotiven direkt aneinanderzukoppeln? So argumentieren die Anwälte, führen womöglich auch die hohe Geschwindigkeit auf abschüssiger Strecke ins Feld.

Doch das vielleicht größte Versäumnis des Unternehmens erkennt damals wohl noch niemand: Radachsen sind Verschleißteile und müssen regelmäßig ausgetauscht werden. Neue Achsen aus England waren sogar bereits bestellt. Sie hingen aber noch beim Zoll fest, da die Bahngesellschaft die Einfuhrgebühren nicht beglichen hatte.

Im Dezember 1842 erwartet Paris mit Spannung das Gerichtsurteil. Auch die Aktionäre des Zugunternehmens bangen wohl – ein Sieg der Kläger würde nicht nur hohe Kosten verursachen, sondern könnte die bereits gefallenen Börsenkurse endgültig einbrechen lassen.

Doch mittlerweile hat sich der Volkszorn abgekühlt. Es wirke fast, als

FEUER, RAUCH und Schreie: Das Zugunglück fordert mehr als 50 Tote – etliche Passagiere verbrennen in den Waggons, darunter der Entdecker Dumont d'Urville, seine Frau und sein Sohn

wären die wahren Leidtragenden die Anleger – und nicht das „verunglückte Sonntagspublikum, das bei dieser Gelegenheit gebraten und gesotten wurde", moniert in einem Zeitungsartikel spöttisch der deutsche Dichter Heinrich Heine, der seit gut zehn Jahren in Paris lebt. „Werden die Stifter der Kompagnie den verwaisten oder verstümmelten Opfern ihrer Gewinnsucht einigen Schadenersatz gewähren müssen? Es wäre entsetzlich!"

Tatsächlich: Das Gericht schmettert am 10. Dezember alle Klagen ab. Weder Fahrlässigkeit noch mangelnde Vorsichtsmaßnahmen seien den Beschäftigten der Bahngesellschaft vorzuwerfen. Keinen Centime Schmerzensgeld erhalten die Geschädigten. Das ist die Schattenseite der Regentschaft von Bürgerkönig Louis-Philippe: Als Recht gilt häufig, was den Interessen der Unternehmer dient. Der Monarch selbst spendet 5000 Francs für die Opfer und deren Angehörige – angesichts der vielen Betroffenen eine klägliche Summe.

Dennoch bleibt das Unglück nicht folgenlos. Sicherheitsmaßnahmen werden kurz darauf verschärft, Lokomotiven mit nur zwei statt drei Radachsen aus dem Verkehr gezogen. Auf der Strecke Versailles–Paris tritt ein Tempolimit von 36 km/h in Kraft. Waggontüren werden fortan nicht mehr verriegelt. Auch die Wissenschaft macht Fortschritte: Nähere Untersuchungen der kaputten Radachse offenbaren, dass die normalen Erschütterungen eines fahrenden Zuges

zu Materialermüdung führen und die Bruchgefahr erhöhen. Ein jährlicher Wechsel gilt vielerorts bald als angemessen. Der deutsche Ingenieur August Wöhler wird solche Analysen in den 1860er Jahren weitertreiben, mit Experimenten die Ermüdung von Metallen in physikalische Gesetze fassen. Und so die moderne Materialforschung begründen.

Das Desaster bereitet der Eisenbahn in Frankreich kein jähes Ende, im Gegenteil: Das Gerichtsurteil im Dezember 1842 kommt einem Freibrief für den Ausbau des Schienennetzes gleich. Und je mehr neue Strecken entstehen, desto mehr beschleunigen die Züge die Industrialisierung, die Mitte des 19. Jahrhunderts ihre ganze Dynamik entfesselt.

Kaum einen Bereich lässt die Eisenbahn unberührt. Sie verändert das Gesicht Frankreichs und seine Kultur. Durchschneidet mit ihren Trassen die Landschaft, spannt monumentale Brücken über Flüsse, durchbohrt Berge mit Tunneln. Regionale Produkte, etwa ein Rohmilchkäse aus der Ortschaft Camembert in der Normandie, lassen sich nun überregional vermarkten. Der Genuss von Wein wird auch in Gegenden populär, in denen der Anbau von Reben nie üblich war, die berühmte französische Nationalküche bildet sich heraus.

Zwar wird es auch nach der Katastrophe bei Versailles zu Entgleisungen oder Zusammenstößen kommen, die Todesopfer fordern, doch den Triumph des Zuges können sie nicht aufhalten. Im Jahr 1870 sind weltweit bereits über 220 000 Kilometer Schienen verlegt – genug, um mehr als fünfmal den Äquator zu umspannen.

Die Erfolge der Eisenbahn überstrahlen all ihre Unfälle. Und auch Heinrich Heine hat längst erkannt: „Die Zeit rollt rasch vorwärts, unaufhaltsam, auf rauchenden Dampfwagen." ◊

DIE »NO. 503«

Diese französische Eilzuglokomotive wird 1878 auf der Weltausstellung in Paris gezeigt. Sie fällt unter anderem wegen des gewaltigen Durchmessers ihrer Trieb- und Kuppelräder auf: Er beträgt 2,30 Meter

LITERATURTIPPS

WOLFGANG SCHIVELBUSCH
»Geschichte der Eisenbahnreise – Zur Industrialisierung von Raum und Zeit im 19. Jahrhundert«
Ein Klassiker zum Thema (Fischer Taschenbuch).

CHRISTIAN KASSUNG (HG.)
»Die Unordnung der Dinge – Eine Wissens- und Mediengeschichte des Unfalls«
Mit einem lehrreichen Kapitel über das Zugunglück vom 8. Mai 1842 (Transcript).

IN KÜRZE

Als ein Zug aus Versailles am frühen Abend des 8. Mai 1842 bei hohem Tempo entgleist und zahlreiche Menschen in den Tod reißt, verliert die junge Technik der Eisenbahn endgültig ihre Unschuld. Das bis dahin schwerste Zugunglück der Geschichte hat Folgen: Waggontüren werden nicht mehr abgeschlossen, zweiachsige Lokomotiven aus dem Verkehr gezogen. Die Bahneuphorie selbst dämpft der Unfall jedoch nur kurzzeitig.

JOHN SNOW macht gerade als Anästhesist Karriere, als die Cholera 1854 wieder London heimsucht. Indem er den Weg der Infektionen systematisch nachvollzieht, erkennt der Arzt kontaminiertes Wasser als Quelle des Ausbruchs

DER SEUCHE AUF DER SPUR

Als die Cholera im 19. Jahrhundert in Europa wütet, rätseln Mediziner zunächst ergebnislos über ihre Ursache. Doch ein Londoner Arzt ermittelt den Ursprung der Krankheit – und lüftet ihr Geheimnis

TEXT: *Tobias Sauer*

Das große Sterben beginnt am ersten Septembertag des Jahres 1854. Die Krankheit tötet einen Schneider, der am Golden Square im Londoner Stadtteil Soho wohnt. Dann erliegen ihr binnen vier Tagen 34 weitere Menschen in vier benachbarten Häusern. Bald trauert die Besitzerin eines nahen Kaffeehauses um neun ihrer Stammgäste. Mehr als 500 Opfer wird man schließlich zählen – in einem Gebiet, das ein Fußgänger bequem in sechs Minuten durchqueren kann. An einer Straßenecke hissen die Behörden die gelbe Flagge, die warnt: Achtung, Cholera!

Die Infektionskrankheit ist eine der tödlichsten der Welt. Doch wie genau sie sich ausbreitet, wissen die Mediziner jener Zeit nicht. Seit der Antike gelten „Miasmen" – faulige Dünste in der Luft – als Ursache von Seuchen: Wer sie einatmet, steckt sich angeblich an. Viren und auch das Cholera-Bakterium hingegen sind noch unbekannt, ebenso wirksame Gegenmittel.

Die Mediziner stehen hilflos vor dem Sterben in Soho.

Der Arzt John Snow jedoch begibt sich auf die Suche nach dem Ursprung des Ausbruchs. Und dank ihm wird der Seuchenherd am Golden Square zu einem Wendepunkt der Medizingeschichte.

Die Cholera grassierte zunächst in Indien, ist von dort im frühen 19. Jahrhundert nach Thailand und Persien gelangt. 1831 erreicht sie Europa, wütet in Russland und bricht schließlich auch in englischen Hafenstädten aus. Kinder, Frauen und Männer leiden plötzlich unter extremen Durchfällen, verlieren wichtige Salze und bis zu einen Liter Flüssigkeit pro Stunde. Ihr Stuhl ist beinahe durchsichtig, weil er fast nur aus Wasser und etwas Schleim besteht. Nahezu jeder zweite Erkrankte stirbt. Immer wieder flammt die Seuche in Großbritannien auf, erneut etwa 1848.

John Snow, 1813 als ältester Sohn eines Arbeiters geboren, macht sich da gerade in London als Anästhesist einen Namen. Er zählt zu den Ersten, die Patienten erfolgreich vor Operationen mit Äther oder Chloroform betäuben. Wie andere Ärzte seiner Generation will Snow die Medizin modernisieren, sie auf eine wissenschaftlichere Basis stellen. Systematisch entwickelt er Hypothesen, die er an Tieren und sich selbst testet, etwa zur Dosierung der Narkosemittel.

Beim Cholera-Ausbruch 1848 trägt Snow auf Stadtplänen Londons akribisch ein, wo die erkrankten Menschen wohnen. Dabei fällt ihm auf, dass nicht alle Viertel gleichermaßen betroffen sind. Und offenbar wütet die Epidemie in jenen Gegenden besonders heftig, deren Bewohner ihr Trinkwasser flussabwärts von Abwasserkanälen aus der Themse holen. In einer Schrift, die er im Jahr darauf veröffentlicht, stellt der Arzt seine These vor: Die Cholera verbreite sich durch Wasser, das von den Exkrementen Erkrankter verunreinigt sei. Snow hat einen entscheidenden Zusammenhang erkannt – auch wenn er noch nicht das für die Übertragung verantwortliche Bakterium entdeckt (das wird, zunächst wenig beachtet, erstmals 1854 von dem italienischen Anatomen Filippo Pacini beschrieben).

Mit diesem Wissen versucht der Mediziner der Seuche Einhalt zu gebieten, als sich im Sommer des Jahres 1854 die Krankheitsfälle in London wieder häufen – im Viertel um den Golden Square. Wie ein Detektiv sammelt Snow dort nun Hinweise. Er notiert, in welchem Gebäude wie viele Menschen gestorben sind. Erkundigt sich bei Nachbarn, wo die Opfer Wasser geholt haben. Und ermittelt auf diese Weise, dass viele eine Wasserpumpe in der Broad Street nutzten. Sofort eilt Snow zur Gesundheitsbehörde und sorgt dafür, dass der Hebel der Pumpe abmontiert wird. Tatsächlich ebbt der Ausbruch umgehend ab. Inspektoren finden heraus: Eine Senkgrube, in die das Waschwasser von Cholera-Erkrankten geschüttet wurde, war durch eine undichte Stelle mit dem Brunnen unter der Pumpe verbunden.

Obwohl ein Bericht die Untersuchungsergebnisse der Öffentlichkeit vorstellt, halten viele Mediziner vorerst an ihren alten Überzeugungen fest. Snow genießt weiterhin vor allem als Anästhesist Ansehen, behandelt sogar Königin Viktoria bei den Geburten zweier ihrer Kinder mit Chloroform.

Erst nach seinem Tod im Juni 1858 setzen die britischen Behörden mit der Zeit Schutzmaßnahmen um, die er gefordert hatte, darunter getrennte Leitungen für Trink- und Abwasser. Und spätere Generationen werden in John Snow einen Pionier jener Wissenschaft erkennen, die systematisch erforscht, wie Krankheiten sich verbreiten.

Den Begründer der Epidemiologie. ◊

DIE WELT AUS DEN *FUGEN*

Knapp drei Minuten lang bebt am 18. April 1906 die Erde unter Kalifornien. In San Francisco reißen Straßen auf, Häuser stürzen ein, Menschen werden unter Trümmern begraben. Dann verheeren Feuersbrünste die glitzernde Metropole des amerikanischen Westens. Die Katastrophe löst weltweit Entsetzen aus – und erschüttert zugleich den Fortschrittsglauben des eben erst angebrochenen 20. Jahrhunderts

HILFLOS BEOBACHTEN die Bewohner der Sacramento Street wenige Stunden nach dem Beben, wie sich die Feuerwalze, genährt von Dachbalken, Holzveranden und Möbeln, an ihre Häuser heranfrisst. Bald werden die Zuschauer obdachlos sein

E

TEXT: *Jens Schröder*

Enrico Caruso hat Schlimmeres befürchtet. Die Vorstellung im Grand Opera House von San Francisco ist ein Erfolg. Seine schwedische Bühnenpartnerin hat ihre Patzer aus der Generalprobe von Georges Bizets „Carmen" nicht wiederholt. Mit Diamantcolliers geschmückte Damen der Society bewerfen den Gast aus Europa mit Blumen, ehe sie sich zu Austern und Liebfrauenmilch-Wein in die Gourmetrestaurants der City kutschieren lassen.

Auch Caruso mag noch nicht zu Bett gehen. Bis in die frühen Morgenstunden des 18. April 1906 wartet der Tenor in einem italienischen Restaurant auf die Frühausgaben der Tageszeitungen, um die Kritiken zu studieren. Sie sind euphorisch. Gegen drei Uhr morgens an diesem Mittwoch zieht sich der Italiener zurück. Zufrieden über den Erfolg, aber auch in Sorge um seine Familie in Neapel. Denn über die transatlantischen Seekabel ist die Nachricht vom schlimmsten Ausbruch des Vesuvs seit Jahrhunderten in Amerika eingetroffen: Mehrere Orte in der Nähe von Carusos Heimatstadt sind zerstört, Hunderte von Häusern eingestürzt, viele Menschen verschüttet oder von Gesteinsbrocken erschlagen.

Ein „aufsteigendes Zimmer", wie die hydraulischen Fahrstühle genannt werden, trägt den Weltstar in den 5. Stock des Palace Hotel; er bewohnt eine Suite mit Marmorkamin und goldbrokatbespannten Polstermöbeln. Das Gebäude ist der Stolz der Stadt, gilt als modern und unzerstörbar. Es wird gestützt von 3000 Tonnen Stahl und hat eine eigene Wasserversorgung.

Enrico Caruso wird in dieser Nacht kaum mehr als zwei Stunden schlafen.

Das Licht des ersten warmen Frühlingstages zeigt sich gegen 4.45 Uhr über dem Pazifik. Als die Glocke der Old St. Mary's Church in Chinatown die volle Stunde schlägt, leuchten schon die Hügel von Oakland und Livermore auf der anderen Seite der Bucht. Mit einem leisen Zischen erlöschen um 5.08 Uhr die Gaslaternen.

Zur gleichen Zeit legt ein Mitarbeiter in einem Maschinenraum der Cable Car Company einen Hebel um. Riesige Metallräder beginnen sich zu drehen, dicke Stahlseile spannen sich, und die Waggons der Straßenbahn

DIE ERDSTÖSSE brechen das Pflaster auf. Beschädigte Straßen und Trümmer erschweren das Verlassen der Stadt – wohl bis zu 200 000 Menschen gelingt dennoch die Flucht rollen quietschend aus ihren Schuppen, um die Menschen von San Francisco zu ihren Büros, Geschäften und Manufakturen zu befördern. Zwischen den Häusern verbreitet sich der kräftige Geruch von Holzfeuer – die ersten Frühaufsteher bereiten ihren Kaffee auf dem Ofen zu.

Um 5.12 Uhr fährt das Kohlenschiff „Wellington" in die Bucht von San Francisco ein. Der schwere Dampfer beginnt plötzlich zu zittern und zu rütteln, so beschreibt es der Hafenlotse, „wie ein ungefederter Wagen, der auf einem Knüppeldamm fährt". Die Wasseroberfläche aber ist spiegelglatt.

Am Ocean Beach im Westen der Stadt legt der Arbeiter Clarence Judson seinen Bademantel auf den Strand. Wie jeden Morgen will er sich im Meer erfrischen. Irgendetwas stimmt nicht. Die Wellen treffen nicht wie sonst als parallel laufende Brecher auf den Sand, „sondern schräg, in gebrochenen Linien, in einer teuflischen, zackigen, reißenden Bewegung", wie sich Judson später erinnert.

Er wagt sich dennoch in die Brandung. Sofort wird er nach unten gerissen, hochgespült, drei Mal. Sein Magen füllt sich mit Salzwasser. Judson kämpft sich an Land, versucht zu rennen, fällt immer wieder in den Sand. „Ich dachte: ein Blitzschlag. Der ganze Strand schien zu fluoreszieren. Meine Schritte hinterließen eine glitzernde Spur."

Eine Naturgewalt aus der Tiefe der Erde, entsprungen in Gesteinsschichten unter dem Ozeanboden, hat das Festland erreicht. Die Schockwellen des Bebens bahnen sich ihren Weg von der Küste ins Zentrum von San Francisco, unter anderem entlang der gut sechs Kilometer langen Washington Street.

Im Licht der Morgendämmerung beobachtet der Streifenpolizist Jesse Cook, dass die Gebäude an der Straße von einer unterirdischen Kraft hochgehoben werden und dann wieder absinken – eine unaufhaltsame Riesenwelle aus Stein und Holz, mit einer Gischt aus stürzenden Ziegeln. Die Straßen bauschen sich auf, Pflastersteine tanzen wie Popcorn in der Pfanne. Der Erdboden würgt Rohre und elektrische Kabel hervor, herabhängende Stromleitungen versprühen blaue Blitze, „krümmen sich und zischen wie ein Reptil". Gasleitungen bersten.

LEITUNGEN BERSTEN. *FASSADEN BRECHEN ZUSAMMEN*

In der Davis Street und der Washington Street öffnen sich Risse, einige mehrere Meter tief. Manche schließen sich binnen Sekunden wieder, unter Getöse.

„Wie eine außerirdische Bulldogge", so schreibt später der Reporter James Hopper vom „San Francisco Call", habe die Katastrophe sich auf die Stadt gestürzt, brüllend mit hungrigem Ungestüm, ohne Zweifel an ihrem Ziel: Zerstörung. Sie „schüttelte die Erde wie eine Ratte zwischen ihren scharfen Zähnen, schüttelte, schüttelte, schüttelte, mit immer neuen Ausbrüchen wilder Wut".

Mauersteine und Gesimsbrocken fallen in Kaskaden von den schwankenden Gebäuden. Deckengips rieselt wie grobes Salz auf Betten und schlafende Körper nieder. Die massiven Säulen unter der Kuppel des Rathauses zerspringen mit einem Geräusch wie Kanonendonner.

In der Valencia Street sinkt ein vierstöckiges Hotel in sich zusammen, als ob jemand ihm das Fundament weggezogen hätte. Das oberste Geschoss ist nun auf Straßenebene. Darin überleben ein jüdischer Schneider und seine Frau, ein alter Maler und dessen Kanarienvögel.

In den Stockwerken dazwischen werden mehr als 100 Menschen zerquetscht und getötet. In kaum einem anderen Gebäude von San Francisco werden so viele Menschen auf einmal verschüttet.

In seinem Haus an der Washington Street ist der Geografieprofessor George Davidson von dem Tumult erwacht. Im Pyjama taumelt der 81-jährige Forscher zum Schreibtisch, wo er seine Armbanduhr findet. Davidson überschlägt, wie viel Zeit verstrichen sein könnte, addiert die Sekunden. Den ersten Stoß stoppt er mit 60 Sekunden. Dann eine Pause, ein Grollen, ein weiterer Stoß. Ähnlich lang, weniger stark. Seine Hauptbewegung scheint in nord-südlicher Richtung zu verlaufen.

Die Erde unter Kalifornien ist um fünf Uhr, zwölf Minuten, null Sekunden Pacific Time aus den Fugen geraten – „plus oder minus zwei Sekunden". Eine Kommission wird Davidsons Schätzung später als den offiziellen Zeitpunkt für den Beginn einer Megakatastrophe übernehmen – der größten in der Geschichte der amerikanischen Westküste. Zweieinhalb Minuten später, nach einem letzten, irrwitzigen Zucken des Erdbodens, wird es still in San Francisco.

Fast alle Häuser in der Innenstadt sind beschädigt, aber die meisten stehen noch. Die Straßen füllen sich mit Menschen, manche von ihnen sind im Morgenmantel, andere im hastig übergestreiften Smoking vom vorangegangenen Abend. Ihre Haare sind zerrauft, voller Staub. Einige bluten. Hustend drängen sie sich in den Straßenmitten, möglichst weit entfernt von Hauswänden und Dachgiebeln. Sie wagen nur zu flüstern. Als könnte ein zu lautes Wort das fragile Gleichgewicht der Erdgewalten wieder zunichte machen. Nicht einmal die Kinder weinen.

Hier und da stürzt noch ein Kamin ein, zerschellt ein Sims auf dem Gehweg, knackt ein Balken unter der Last der Trümmer. Vereinzelte Geräusche, „wie das letzte Tröpfeln eines erschöpften Regens", so erinnert sich James Hopper vom „San Francisco Call". Dazwischen: „Entsetzliche Stille. Und dann beginnt unten in der Gasse

SELBST DIE GENAUE ZAHL DER TOTEN *IST UNBEKANNT*

DAS OBERSTE Stockwerk des Valencia Street Hotel hat die drei unteren zermalmt und mehr als 100 Bewohner zerquetscht oder verschüttet. Einige ertrinken im Wasser geborstener Leitungen

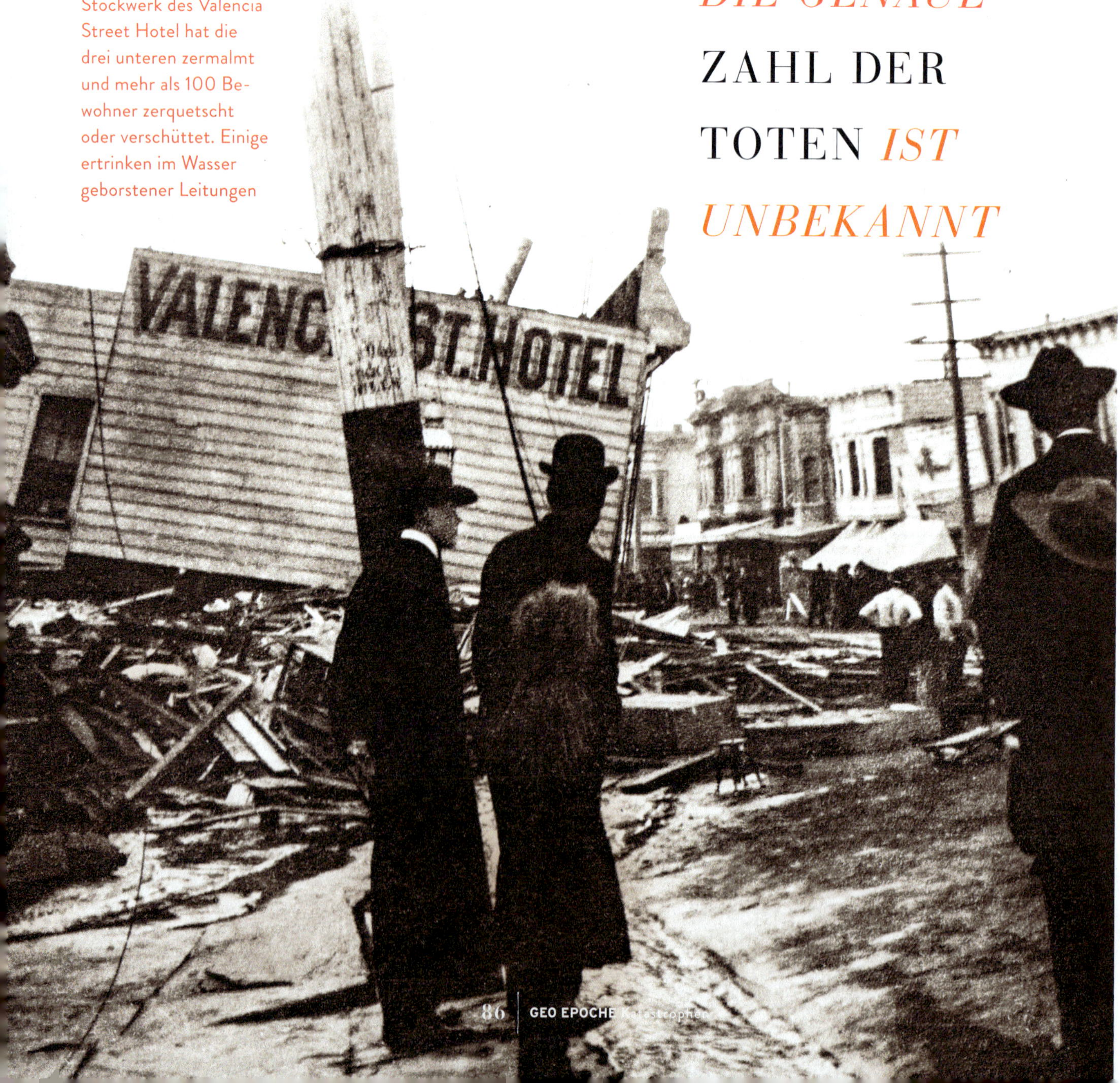

jemand zu stöhnen. Ein Frauenstöhnen, weich und gedämpft." Es scheint vorbei.

Heute wissen Geologen, dass die Katastrophe nach den Gesetzen der Plattentektonik unvermeidlich war. Weil die Pazifische Platte im Westen der USA auf die Nordamerikanische trifft; weil hier ein mehr als 1000 Kilometer langes Spaltensystem die Grenze zwischen beiden markiert: die San-Andreas-Verwerfung. Sie zieht sich vom Kap Mendocino im Norden Kaliforniens bis in die Nähe des mexikanischen Küstenstädtchens Puerto Vallarta.

Die Pazifische Platte schrammt mit dreieinhalb Zentimetern pro Jahr in Richtung Nordwesten an der Nordamerikanischen Platte entlang, ein unaufhaltsames kontinentales Floß auf dem zähflüssigen Erdmantel. Tief unter dem Boden Kaliforniens verhaken und verkanten sich dabei Gesteinsschichten, bauen mit der Zeit enorme Spannungen auf, die sich immer wieder in Erdbeben entladen.

WER TEILE seines Hausstands gerettet hat, kann der Not mit Stil begegnen, wie diese Familie beim Dinner in der Franklin Street. Andernorts essen die Menschen aus Blechdosen

An diesem Morgen hat eine steinerne Blockade tief unter dem Meer dem über Jahrzehnte angestauten Druck nachgegeben: Das Epizentrum des verheerenden Bebens haben die Wissenschaftler nach Auswertung aller Daten wenige Kilometer südwestlich der Golden Gate Bridge lokalisiert.

Seismologen haben auch berechnet, dass der Erdstoß eine Stärke von 8,3 auf der Richter-Skala hatte; haben geschätzt, dass sich seine Schockwellen je nach Gestein mit einer Geschwindigkeit von ungefähr drei Kilometern pro Sekunde ringförmig um das Epizentrum ausbreiteten; haben herausgefunden, dass seine Kraft in einem Umkreis von mindestens 500 Kilometern für Menschen spürbar gewesen ist.

Eine halbe Million Quadratkilometer Land wurden erschüttert: von Anaheim nahe Los Angeles bis hinauf nach Coquille im Bundesstaat Oregon. Schäden im Wert von 235 Millionen Dollar (das entspräche heute

bei vorsichtiger Schätzung mehr als fünf Milliarden) wurden bei über 100 Versicherungen gemeldet.

Das alles lässt sich fassen, messen, zählen. Vielschichtig, widersprüchlich aber bleibt bis heute die Bewertung der Folgen, die die entfesselte Naturgewalt im Jahr 1906 für die Menschen von San Francisco hatte.

Noch nicht einmal die genaue Zahl der Todesopfer ist bekannt. Ein offizieller Bericht beziffert sie mit 498. Nach Auswertung vieler Nachlässe und privater Briefe kommen Historiker später zu dem Schluss, dass annähernd 3000 Menschen während der Katastrophe erschlagen wurden, unter Schutt erstickt sind oder verbrannten (manche Schätzungen gehen sogar von einer doppelt so hohen Menge an Toten aus).

Und sofort fanden sich jene Prediger, die behaupteten, eine Stadt wie San Francisco habe die göttliche Strafe selbst herausgefordert.

Es ist ein urbaner Emporkömmling, der sich da zu Beginn des 20. Jahrhunderts an der Pazifikküste als Metropole etabliert hat. Innerhalb von fünf Jahrzehnten ist ein Hafendorf mit kaum 500 Einwohnern zur wichtigsten Stadt des amerikanischen Westens aufgestiegen. 400 000 Menschen leben jetzt in San Francisco.

Seit Beginn des Goldrauschs im Jahr 1848 ist die Stadt zum Sammelpunkt für einen steten Strom von Glücksrittern geworden, die von hier aus in die Grabungsgebiete Kaliforniens aufbrechen. Die mit Gold und rohen Manieren zur Küste zurückkehren, um sich in Spielhöllen zu amüsieren oder im Hafenviertel Barbary Coast mit billigem Whiskey zu betrinken, um in den engen Gassen von Chinatown unterzutauchen oder sich in Bordellen wie dem „Hotel Nymphomania“ bedienen zu lassen – in einer von dessen 450 Sex-Kabinen.

Die reicheren unter den Vergnügungssüchtigen, die Händler und Zuckerbarone, Eisenbahnbosse und Silbermillionäre, besuchen eher eines der vielen „French Restaurants“. In deren Erdgeschossen servieren die Wirte feinste Gerichte, wird Champagner wie ein Grundnahrungsmittel ausgeschenkt. Eine Treppe höher, in verschwiegenerem Ambiente, warten die Huren oder die heimlichen Geliebten. Die Stadtväter um Bürgermeister Eugene Schmitz, einen ehemaligen Berufsgeiger, kassieren dabei mit: Die Beamten lassen sich bei der Vergabe der Schanklizenzen bestechen.

MEHR ALS 50 FEUER lodern kurz nach dem Erdbeben auf, die sich zu mehreren Großbränden ausweiten. Ein Gebäude steckt das nächste an, ganze Straßenzüge und Viertel gehen in Flammen auf

San Francisco steht schon lange im Ruf, die unzüchtigste Stadt der Vereinigten Staaten zu sein. Auch wenn viele der Ausschweifungen mit der Zeit von der glatten Oberfläche einer florierenden, kunstsinnigen Industrie- und Handelsmetropole verborgen werden: Um die Jahrhundertwende hat die Stadt kaum etwas von ihrem dekadenten Überschwang verloren.

Warum auch? Die Finanzen sind solide, das Wachstum ist stetig, die Zukunftspläne sind groß: US-Präsident Theodore Roosevelt hat den Hafen von San Francisco zum strategisch wichtigsten Tor nach Asien erklärt. Die Metropole bewirbt sich als Standort einer internationalen Ausstellung zur Eröffnung des Panama-Kanals, und ein berühmter Stadtplaner arbeitet an einem Konzept, wie sich die chaotische Architektur in der Boomstadt zu einem mondänen Gesamtbild umgestalten ließe – vergleichbar mit New York oder gar Paris.

Kleinere Erdbeben und häufige Feuer, die die Stadt seit der Gründung immer wieder heimsuchen, haben ihren Aufstieg kaum gebremst. Das letzte größere Beben liegt schon fast 40 Jahre zurück. Das Stadtsiegel zeigt einen Phönix, der aus stilisierten Flammen aufsteigt. Der fröhliche Moloch San Francisco ist unzerstörbar. Glauben seine Bewohner.

Bis auf Dennis Sullivan, den Chef der Feuerwehr. Seit Jahren warnt er, San Francisco mit seinen Häusern aus Mammutbaum- und Kiefernholz sei entzündlich wie ein Pulverfass, ein Großbrand kaum zu kontrollieren. Er hat gefordert, dass die rostigen Süßwasserzisternen repariert und neu gefüllt, dass zusätzliche Salzwasserlöschsysteme mit starken Pumpen im Meer installiert werden müssten. Man hat ihn nicht beachtet.

Am Morgen des 18. April 1906 liegt Sullivan im Bett in der dritten Etage der Feuerwache Nummer 3 in der Bush Street. Das benachbarte fünfstöckige California Hotel hält dem Erdstoß nicht stand, seine kollabierenden

TAGELANG hängt beißender Rauch über der Stadt. Im Schutt der Ruinen suchen die Bewohnerinnen und Bewohner zunächst nach Verletzten, dann nur noch nach Brauchbarem

Mauern durchschlagen das Dach der Feuerwache, rammen die Wände des Maschinenraums in den Fußboden des Erdgeschosses. Sullivan will noch seine Frau beschützen, ihren Körper im Bett mit einer Matratze bedecken. Doch er stürzt durch den zerfetzten Etagenboden und wird von Trümmern verschüttet.

Am Tag der größten Katastrophe ist ausgerechnet der Chef der Feuerwehr unter den ersten Opfern. Noch vier Tage wird er im Krankenhaus überleben. Lange genug, um zu erfahren, dass seine Warnungen berechtigt waren.

Heiße Schornsteine sind auf hölzerne Gebäude gestürzt, Gasleitungen neben funkensprühenden Stromkabeln geborsten. Arglos haben Hausfrauen Feuer in Öfen entzündet, deren Kaminöffnungen bereits verschüttet waren. Der Streifenpolizist James Cook ist der Erste, der einen Brand meldet. Eine Lebensmittelgroßhandlung in der Clay Street steht in Flammen.

Cook rennt zur nächsten Brandwache. Dort haben die Männer schon ihre verängstigten Pferde vor den Löschwagen gespannt. Die Feuerwehrleute wissen längst, dass sie gebraucht werden – sie haben bloß keine Ahnung, wo. Das Alarmsystem und alle Telefonleitungen sind zusammengebrochen. Und in der ersten Stunde nach dem Erdstoß flammen in der Stadt mehr als 50 Feuer auf.

Als der Löschtrupp endlich in der Clay Street ankommt, ist die Glut schon auf eine benachbarte Fleischhandlung übergesprungen. Die Feuerwehrleute schließen hektisch die Schläuche an. Nichts. Die Hydranten haben keinen Druck, sie sind nutzlos. Erst jetzt wird das Ausmaß der Katastrophe greifbar: Das Beben hat fast 300 Hauptleitungen und mehr als 20 000 Verbindungsrohre zerstört. Es gibt fast nirgendwo Wasser.

Die Feuerwehrleute behelfen sich mit Sand von Baustellen oder hochgepumptem Kloakenschlamm. Sie stau-

SPRENGUNGEN *SOLLEN DIE FLAMMEN STOPPEN*

DIE KUPPEL des Turms hält dem Beben stand, der Rest des Rathauses aber erleidet schwere Schäden. Bald bewachen Soldaten die Ruine – denn im dortigen Schatzamt lagern sechs Millionen Dollar

FEUERWEHRLEUTE vor den Trümmern einer Bank. Ihr Chef hatte bereits seit Jahren vor der hohen Brandgefahr in San Francisco gewarnt – nun zählt er zu den ersten Opfern des Desasters

en Wasser aus gebrochenen Rohren auf, damit es nicht nutzlos versickert. Wenn nichts anderes übrig bleibt, bekämpfen sie das Inferno sogar mit Soda-Spendern – und müssen oft hilflos zusehen, wie die Schläuche in der Hitze von mehr als 1000 Grad Celsius verschmoren.

Langsam begreifen die Einwohner San Franciscos, was der Reporter James Hopper später so formuliert: „Das Erdbeben war nichts weiter als der Prolog. Die Tragödie aber sollte das Feuer schreiben."

Es wird drei Tage lang wüten.

Doch noch immer reagieren die meisten Menschen beherrscht. Vielleicht betäubt von der Wucht der Ereignisse, wie es rückblickend der Fotograf Arnold Genthe vermutet, der in seinem verwüsteten Studio nach dem ersten Schrecken zunächst einen „passenden Erdbeben-Dress" sucht. In khakifarbenen Reithosen verlässt er schließlich das Gebäude, um im St. Francis Hotel ein Frühstück zu sich zu nehmen – das an diesem Morgen kostenlos serviert wird.

Hier glaubt Genthe auch Enrico Caruso gesehen zu haben. Gekleidet in Pyjama und Pelzmantel, soll der Tenor aufgebracht an seiner Zigarette gezogen und unentwegt: „'ell of a place, I never come back here" gemurmelt haben. Der Wahrheitsgehalt dieser Legende ist aber nicht verbürgt.

Fest steht, dass Caruso unverletzt geblieben ist, wie fast alle Gäste des Palace Hotel, in dem durch das Erdbeben nur einige Glasscheiben, Stuck und Täfelungen zerbrochen sind.

Doch während im St. Francis Hotel noch das Frühstück serviert wird, kämpfen im rund 500 Meter entfernten Palace schon die Pagen und Kellner gegen das näher kommende Feuer, bespritzen die Süd- und Westfront des Gebäudes mit Wasser aus der hoteleigenen Leitung.

Das angeblich unzerstörbare Palace hält tatsächlich stand – bis Feuerwehrleute den Hydranten des Hotels anzapfen, um andernorts einen Brand zu löschen. Der Druck in der Leitung lässt nach, der Kampf ums Palace ist verloren.

Kurz nach Mittag betritt „der letzte, unheimliche Gast" das legendäre Hotel, wie ein Schriftsteller die Szene später schildert: „Er zieht eine scharlachrote Robe hinter sich her, dringt in jeden Winkel vor, leise zuerst, dann ungestümer, bis endlich der gesamte Innenhof in gewaltigem Getöse vibriert."

Caruso verlässt San Francisco am nächsten Tag per Schiff. Er kommt tatsächlich nie wieder zurück.

Die Reporter James Hopper und Arnold Genthe beginnen am Morgen des 18. April 1906 sofort mit ihrer Arbeit. Als der Fotograf bemerkt, dass fallende Gipsbrocken seine Kamera zerstört haben, läuft er zu seinem Fotohändler und bittet um einen Leihapparat. „Nehmen Sie sich, was Sie wollen", sagt der Ladenbesitzer. „Dieses Geschäft wird sowieso komplett verbrennen." Genthe entscheidet sich für eine neue Kodak A3. Seine Bilder werden ihn berühmt machen.

Erst am Nachmittag kommt er auf die Idee, das Fotoarchiv aus seiner Wohnung zu retten. Doch das Haus ist von der Armee schon zur Sprengung freigegeben. Die Straße soll zur Feuerschneise werden. Man erlaubt Genthe noch, eine Flasche seines besten Rieslings aus dem Keller zu holen. Er entkorkt sie auf der Stelle. Er sieht sein Atelier nie wieder.

DIE DEVISE LAUTET: *ORDNUNG UM JEDEN PREIS*

Denn inzwischen verläuft der Kampf gegen die Katastrophe nach den Regeln der Offiziellen. Um 7.45 Uhr sind die ersten Truppen vom nahe gelegenen Fort Mason in die Stadt einmarschiert, um unter anderem die Münzanstalt, das Hauptpostamt und die Ruine des Rathauses zu bewachen – wo im Schatzamt sechs Millionen Dollar liegen. Am Vormittag bringt ein Zerstörer der Marine Ärzte, Krankenschwestern und Soldaten in die Stadt.

Der Gouverneur von Kalifornien, George Pardee, kabelt seine Einschätzung der Lage an Präsident Roosevelt („kein Zweifel, Unglück sehr ernst“) und kanalisiert von Oakland aus den mächtigsten je da gewesenen Strom von Spenden aus dem ganzen Land: 100 000 Dollar von Stahlbaron Andrew Carnegie, Material für ein Flüchtlingslager vom Ölmagnaten John D. Rockefeller. Geschäftsleute aus New England schicken Schuhe, Bäcker aus Utah spenden waggonweise frisches Brot. Kartoffeln kommen aus Salem, Massachusetts, Matratzen aus Portland, Oregon. Bis zu 150 Eisenbahnwaggons mit Hilfsgütern erreichen jeden Tag den Ort der Katastrophe.

Im Zentrum der Nothilfe aber steht von Anfang an Eugene Schmitz. Der Bürgermeister fällt Entscheidungen in blitzschneller Folge und mit militärischer Präzision: Er verlegt den Sitz der Verwaltung vom zerstörten Rathaus in den Justizpalast, richtet im Übungsschießstand der Stadtpolizei ein provisorisches Leichenhaus ein.

Er lässt sich die Insassen eines einsturzgefährdeten Gefängnisses vorführen und entscheidet, welche von ihnen nach einer scharfen Moralpredigt freigelassen werden können und welche im Keller seines provisorischen Amtssitzes untergebracht werden müssen. Er vergibt 3000 Hilfssheriffsterne. Die Elite der Stadt versammelt er in einem „Komitee der 50“, einer Notregierung, die zweimal täglich an wechselnden Orten zusammenkommt – je nach dem Verlauf der Feuersbrünste.

Am Nachmittag des 18. April entdeckt ein Mitarbeiter des Bürgermeisters im Mission District eine funktionsfähige Druckerei. Dort lässt Schmitz 5000 Exemplare einer Proklamation drucken – zwangsverpflichtete Passanten müssen die defekte Stromversorgung der Presse mit einer Tretkurbel ersetzen.

Das Papier, das Stunden später an Laternenpfählen und Telegrafenmasten hängt, macht den Bürgern deutlich, dass der Bürgermeister rabiat für Ordnung sorgen wird. Schmitz verhängt eine Ausgangssperre nach Einbruch der Dunkelheit. Er verbietet Kerzenlicht und offene Flammen in allen Gebäuden. Saloonbesitzern droht er: Wer das Verkaufsverbot für Alkohol nicht beachtet, dessen Whiskeyvorrat wird auf die Straße gekippt. Und er teilt mit, dass er Polizisten, Soldaten und Bürgermilizen autorisiert hat, „jeden auf der Stelle zu TÖTEN, der beim Plündern oder irgendeiner anderen Straftat“ ertappt wird. Später gibt er zu, dass er zu solchen Befehlen gar nicht ermächtigt war.

Ob während des Notstandes tatsächlich, wie offiziell verzeichnet, neun Menschen erschossen wurden oder ob weit mehr Leichen mit Schussverletzungen in den Flammen verbrannten, wird nie festgestellt. Augenzeugen berichten von Willkür; zum Beispiel von einem Mann, der, ermuntert von einem Lebensmittelhändler, sich in dessen verloren gegebenen Auslagen bedient. Als er schwer beladen das Geschäft verlässt, sticht ein Soldat ihn mit dem Bajonett nieder.

Vor allem die unerfahrenen Rekruten machen vielen Bürgern Angst. Die meisten Soldaten nehmen fälschlicherweise an, es herrsche Kriegsrecht in San Francisco. Ein Redakteur des Magazins „The Argonaut“ beschreibt, wie Soldaten „die Stadt besetzten wie einen Feind“; wie „achtlose Männer ganz normale Menschen mit Gewehren vor sich hertreiben“ – vor allem, wenn jemand es wagt, eine Absperrung zu umgehen, um erschöpften Feuerwehrmännern zu helfen. Oder wenn jemand gegen die umstrittene Sprengung ganzer Häuserzeilen protestieren will.

Bereits gut eine Stunde nach dem Beben hat der Interims-Feuerwehrchef die Nachricht an den Kommandanten des nahe gelegenen Armeestützpunkts Presidio

IM ANGESICHT der Katastrophe flüchten sich die Betroffenen nicht selten in Sarkasmus: Als »House of Mirth«, Haus des Frohsinns, bewitzeln diese Bewohner ihre Zeltunterkunft

INFERNO IN DER INNENSTADT 1906

DREI TAGE LANG fressen sich die Flammen durch den Stadtkern von San Francisco, 508 Häuserblocks verbrennen. Erst an der Van Ness Avenue im Westen können Feuerwehr und Armee den Brand unter Kontrolle bringen – und den dahinterliegenden Bezirk Western Addition retten

gesendet, man benötige „jeden verfügbaren Sprengstoff". Es gibt mehr als genug davon. Schießbaumwolle und Schwarzpulver, granuliertes Dynamit und solches in Stangenform werden in die Stadt gebracht, oft in rasanter Fahrt mit beschlagnahmten Automobilen.

Das Ziel der Katastrophenhelfer: Sie wollen verhindern, dass das Feuer von hohen Gebäuden auf Straßenzüge überspringt, indem sie bedrohte Häuser sprengen, ehe diese Feuer fangen können.

Doch die meisten Soldaten haben kaum Erfahrung mit gezielten Sprengungen. Sie lassen Schwarzpulverfässer in Holzhäusern explodieren, Ziegelwände zur falschen Seite stürzen und heiße Trümmerstücke über Straßen regnen – die dort mehr als einmal ausströmendes Kanalgas entzünden. Chinatown mit seinen Hütten und engen Gassen, wo Tausende Bewohner noch am Vormittag mit Räucherstäbchen den Erddrachen zu besänftigen suchten, gehört zu den ersten Vierteln, die in Flammen aufgehen – sie werden angefacht von einer unkontrollierten Sprengung in der Kearny Street.

Am Abend des 18. April steigt Charles Sedgwick, Chefredakteur des Magazins „The British-Californian", auf den Russian Hill im Nordosten der Stadt. Er will sich einen Überblick verschaffen.

Die beiden größten Feuer haben sich in den südlichen Vierteln aufeinander zubewegt und zu einer geschlossenen Flammenwand vereinigt. Ein dritter Großbrand, dessen Ursprung in einem Herdfeuer im Stadtteil Hayes Valley vermutet wird, hat sich von Norden durch die Innenstadt gefressen und Bewohner wie Feuerwehrleute vor sich hergetrieben.

„Die Szenerie war verstörend schön", notiert Sedgwick. „Tausend Flammenbanner strömten aus Kirchtürmen, Kuppeln und aufragenden Dächern in den wolkenlosen Himmel. Und all das über einem Meer aus flüssigem Gold, wütend und ungestüm, aber strahlend jenseits der Vorstellungskraft." Ab und zu sieht er Häuser einstürzen, „himmelwärts gehoben von donnerndem Dynamit, um dann zu zerfallen, zu stürzen, wobei sie riesige, feurige Spritzer aus der brennenden See schlagen. Angesichts einer so entsetzlichen Macht, die in einer Stunde niederreißt, was die Gemeinschaft der Menschen über Jahre errichtet hat, fühlen wir uns kümmerlich und sinnlos. Unsere Schwäche würde lächerlich wirken, wenn sie nicht so bemitleidenswert wäre."

Über der Innenstadt steigt die heiße Luft wie durch einen Schornstein in die Atmosphäre. Der so entstehende Unterdruck saugt aus allen Himmelsrichtungen frischen Sauerstoff ins Zentrum von San Francisco. Über der Bucht, so berichten Zeugen, frischen die Windböen dabei „zu halber Sturmstärke" auf, blasen in Richtung der Feuer, fachen sie immer weiter an.

Die Flammen ernähren sich selbst.

Unter dem „flüssigen Gold", das Sedgwick durch die Straßen branden sieht, verbrennen 508 Häuserblocks, mehr als 28 000 Gebäude. Verglühen Balken, Möbel, Wäsche, Bücher. Und die Körper all jener Verschütteten, tot oder lebendig, die nicht rechtzeitig aus den Trümmern gegraben werden.

Die Zahl der Flüchtlinge lässt sich nur schätzen. 200 000 sollen es gewesen sein, die halbe Stadt. Ihr Exodus durch die von qualmenden Ruinen gesäumten Straßen dauert mehrere Tage – und wird untermalt von einem allgegenwärtigen Geräusch: dem Kratzen von Koffern, Kisten, Karren und Kommoden, die über die Pflastersteine geschleift werden und immer wieder in den stählernen Rillen der Straßenbahnschienen hängen bleiben.

„Es war wie ein Eintopf mit allen Zutaten unserer Zivilisation", schreibt die Journalistin Mary Edith Griswold. Sie sieht einen Deutschen mit einer Geige, eine leise weinende Braut. Einen bärtigen Italiener, der den Flammen wütend ein Bild des heiligen Franziskus entgegenhält. Frauen, die Nähmaschinen schieben, Kinder mit Grammofonen. „Schufte aus den Vierteln südlich der Market Street, Opernsänger und dick geschminkte Frauen, die so aussahen, als hätten sie seit Monaten kein Tageslicht erblickt."

Neben einem alten jüdischen Friedhof an der Dolores Street versammelt sich eine Gruppe von Obdachlosen um einen auf den Bürgersteig gestellten Kochofen und ein Klavier, das jemand aus seiner Wohnung gerettet hat.

Auf dem Washington Square liegen Menschen auf dem Pflaster. Manche schlafen. Andere sind tot.

Wieder andere stehen am Beginn eines neuen Lebens. So der Lebensmittelhändler Amadeo Peter Giannini, ein Sohn italienischer Einwanderer, der erst kurz zuvor unter dem Spott der Hochfinanz eine kleine Darlehensbank für seine Landsleute gegründet hat. Während die Manager der großen Kreditinstitute ihre Wertpapiere nach dem Beben sofort in feuerfesten Tresoren verschließen, bringt Giannini seine bescheidenen Bestände an Gold, Silber und Geld noch in der Nacht aus der brennenden Stadt.

Auf zwei Gemüsekarren, versteckt unter Apfelsinen, schiebt er sein Kapital in stundenlangem Marsch bis in seinen Wohnort San Mateo. Er will seinen Kunden schon wenige Tage später Kredite für den Wiederaufbau gewähren. Kein Konkurrent kann ihm das Geschäft streitig machen: Sie alle müssen noch wochenlang warten, bis ihre Safes abgekühlt sind – erst dann können sie den Inhalt bergen.

Aus Gianninis „Bank of Italy" geht gut 20 Jahre später die „Bank of America" hervor, die weltgrößte Bank ihrer Zeit.

BÜRGERMEISTER Eugene Schmitz stellt tatkräftig, aber rabiat die Ordnung wieder her. Nach dem Unglück durchfährt er im Auto die Stadt, um Hilfsmaßnahmen zu überprüfen

Zupacken, nicht verzagen. Einfach weitermachen: Ist das typisch San Francisco? Typisch kalifornisch? Typisch amerikanisch? Das wäre eine zu einfache Glorifizierung, glaubt der Harvard-Psychologe William James. „Ich würde gern daran glauben, dass wir es hier mit einer normalen und universellen menschlichen Eigenart zu tun haben."

Stundenlang wandert der Forscher am Tag der Katastrophe durch die Straßen von San Francisco, um das Verhalten der Menschen in dieser Ausnahmesituation zu studieren. Er ist begeistert: „Ich hörte kein jämmerliches, kein sentimentales Wort, kein Weinen und keine Anklage", notiert James später.

Pathos und Seelenqual angesichts von Katastrophen, so der Psychologe, seien offenbar eine Funktion der geografischen Distanz, die der Betrachter vom Geschehen habe. Am Ort des Unglücks aber trete eine „gesunde, animalische Unempfindlichkeit und Hemdsärmeligkeit" in den Vordergrund: „Eine Fröhlichkeit, zumindest aber eine Unerschütterlichkeit im Tonfall der Menschen" hat der Psychologe beobachtet. „Und eine Stimmung der Hilfsbereitschaft über alle Maßen."

So wie bei den Mitarbeitern der Post, die bereits zwei Tage nach dem Erdbeben (als große Teile der Stadt noch brennen) wieder Briefe einsammeln, sogar in den gerade erst entstandenen Flüchtlingslagern. Sie befördern jedes private Schriftstück. Unfrankiert. Und gleichgültig, ob es auf gerettetem Briefpapier, einer herausgerissenen Buchseite, einem Stück Holz oder auf dem Stoff eines abgetrennten Hemdkragens geschrieben ist.

Während sich draußen in der Welt das Gerücht verbreitet, Plünderer in San Francisco würden Leichen die Finger abhacken, um so Goldringe stehlen zu können, rücken die Überlebenden enger zusammen.

„Natürlich: In ein paar Wochen wird es einen Haufen nervöser Wracks geben in San Francisco", schreibt der Psychologe William James. „Aber bis dahin werden selbst die einfachsten Menschen, allein deshalb, weil sie Menschen sind, weiter diese bewundernswerte Tapferkeit der Seele zeigen."

Mit dem Mut der Verzweiflung. Und enormem Einfallsreichtum. Wie etwa bei der Rettung der Whiskeyvorräte von Hotaling & Co. 5000 Fässer der Hausmarke „Old Kirk“ lagern am Tag des Unglücks im Gebäude der Firma in der Jackson Street.

Der Geschäftsführer will sie nicht aufgeben, wirbt 80 Männer von der Straße an, die für jeweils einen Dollar pro Stunde Fässer in eine gut geschützte Baulücke rollen. Dort werden sie vor der näher kommenden Hitze mit „Kloaken-Kompott“ geschützt, den die Arbeiter mit einer umfunktionierten Weinpumpe aus der Kanalisation zutage fördern.

Wenig später können die Whiskeyvertreiber ihre heroische Rettungsaktion in einen Werbespruch ummünzen, der all jene verspottet, die das Beben für eine göttliche Strafe halten: „If, as some say, God spanked the town for being over frisky – why did He burn the churches down and save Hotaling's Whiskey?“*

Die wichtigste Entscheidungsschlacht müssen die Helfer am Donnerstag und Freitag auf der villengesäumten Van Ness Avenue bestehen. Seit Beginn der Brände haben die Feuerwehrleute gehofft, diese Transversale im Westen der Innenstadt sei breit genug, die Flammen aufzuhalten, die Wohngebiete der Western Addition dahinter seien geschützt.

Doch heftiger Ostwind treibt die Flammen immer weiter in die Richtung der vermeintlichen Barriere. Sie haben Nob Hill umzingelt. Das Mark-Hopkins-Kunstmuseum hat Feuer gefangen.

James Stetson, Besitzer der Cable Car Company, beobachtet aus seinem Fenster, wie Armeeangehörige Nachbarhäuser von innen her mithilfe von Chemikalien in Brand setzen; wie sie dann mit Pflastersteinen die Fenster einwerfen, um dem Feuer Sauerstoff zu verschaffen, damit die Gebäude kontrolliert verbrennen, ehe das Inferno ankommt.

Gegen vier Uhr nachmittags springen die Flammen trotzdem von zwei brennenden Kirchen, deren hohe Fronten besonders viel Hitze abstrahlen, auf die Westseite der Van Ness Avenue über.

Die Militärs geben nicht auf. Die rasche Folge der Detonationen gleicht am Freitag früh einem Bombardement. Pferde ziehen Artilleriekanonen auf die Straße, mit denen Häuser aus nächster Distanz zusammengeschossen werden.

Als der erfahrenste Schütze sich verbrennt und vor Schmerzen nicht mehr gehen kann, tragen ihn seine Kollegen von Gebäude zu Gebäude, setzen ihn auf den Sitz des Kanoniers. Dann öff-

* »Wenn Gott, wie manche sagen, die Stadt für ihre übermäßige Lebenslust verprügeln wollte – warum hat er dann die Kirchen niedergebrannt und Hotalings Whiskey gerettet?«

LITERATURTIPPS

PHILIP L. FRADKIN
»The Great Earthquake and Firestorms of 1906«
Detailreiche Schilderung des Unglücks (University of California Press).

GERRIT JASPER SCHENK (HG.)
»Katastrophen – Vom Untergang Pompejis bis zum Klimawandel«
Aufsatzsammlung, die sich auch mit mehreren Erdbeben befasst (Thorbecke)

GEO EPOCHE DOSSIER

Lesen Sie auch **»Das Erdbeben von Lissabon: Die Erschütterung der Welt«** (aus GEOEPOCHE Nr. 100) auf *www.geo-epoche.de*

BEREITS 1909 ist das Stadtzentrum fast vollständig wieder aufgebaut. Eine beispiellose Anstrengung: Viele Monate lang wird im Schnitt alle zwei Stunden ein Gebäude fertig. Für eine erdbebensichere Bauweise bleibt bei diesem Tempo keine Zeit

net er seine versengten Augenlider und feuert, bis ein Haus in sich zusammenfällt.

Die Armeeführung behauptet später, es sei solch heldenhafter Opferbereitschaft zu verdanken, dass das Feuer in der Nacht zum Samstag tatsächlich auf die Van Ness Avenue zurückgedrängt worden sei. Andere sagen, der wahre Retter sei der plötzlich auffrischende Nordwestwind gewesen.

Drei Tage nach dem Beben ist das Feuer gestoppt. Das junge 20. Jahrhundert hat seine erste Zäsur.

Jetzt versuchen die Menschen, deren Hintergründe zu verstehen. Regierungsinspektoren und Versicherungsexperten finden heraus, dass höchstens zehn Prozent der Schäden unmittelbar auf das Erdbeben zurückzuführen sind, der weitaus größte Teil ist durch das Feuer verursacht worden. Architekten und Stadtplaner analysieren, welche Bauweisen und Materialien den extremen Umständen besser als andere standgehalten haben – und erkennen, dass Häuser, die entgegen von Warnungen auf aufgeschüttetem Boden errichtet waren, als Erste in sich zusammengefallen sind.

Die Bürger von San Francisco ordnen ihre Leben neu. Im April und Mai 1906 beurkunden die Standesbeamten so viele Hochzeiten wie niemals zuvor binnen zweier Monate.

IN KÜRZE

In einem schweren Beben entladen sich im April 1906 jene Spannungen, die sich über Jahrzehnte zwischen der Pazifischen und der Nordamerikanischen Platte aufgebaut haben. In der besonders betroffenen Metropole San Francisco werden zahlreiche Häuser zerstört, vor allem aber entzünden sich Großbrände, die tagelang in der Stadt wüten und wohl mehr als 90 Prozent der Schäden verursachen.

Trotz seiner harten Entscheidungen gilt das Krisenmanagement von Bürgermeister Schmitz als gelungen. Unter seiner Regie beginnt der Wiederaufbau. Die Innenstadt von San Francisco entsteht neu. Der große Plan zur architektonischen Reform aber wird dabei fast völlig außer Acht gelassen. Beim Wiederaufbau zählt nur die Geschwindigkeit – denn Städte wie Portland, Los Angeles und Seattle könnten sonst die Schwäche ihres Konkurrenten um den ersten Rang unter den Metropolen des Westens ausnutzen. Nicht einmal für eine gründliche Anpassung der Baurichtlinien will man sich Zeit nehmen.

Vom großen Erdbeben mag das offizielle San Francisco schon wenige Monate nach dem Ereignis kaum noch sprechen. Investoren von der Ostküste sollen die Stadt nicht mit unkontrollierbaren geologischen Risiken in Verbindung bringen. Der Bericht des bereits eine Woche nach der Katastrophe eingesetzten „Committee on History“ wird nie veröffentlicht.

3000 schriftliche Zeitzeugenberichte, Interviews und die Sammlung von 36 000 Zeitungsartikeln über die Ereignisse sind verschollen: Fast zwei Tonnen Papier mit unersetzlichen Erinnerungen an die zu ihrer Zeit wohl bestdokumentierte Naturkatastrophe der Geschichte. Nicht verbrannt, nicht verschüttet: einfach nur vergessen. ◊

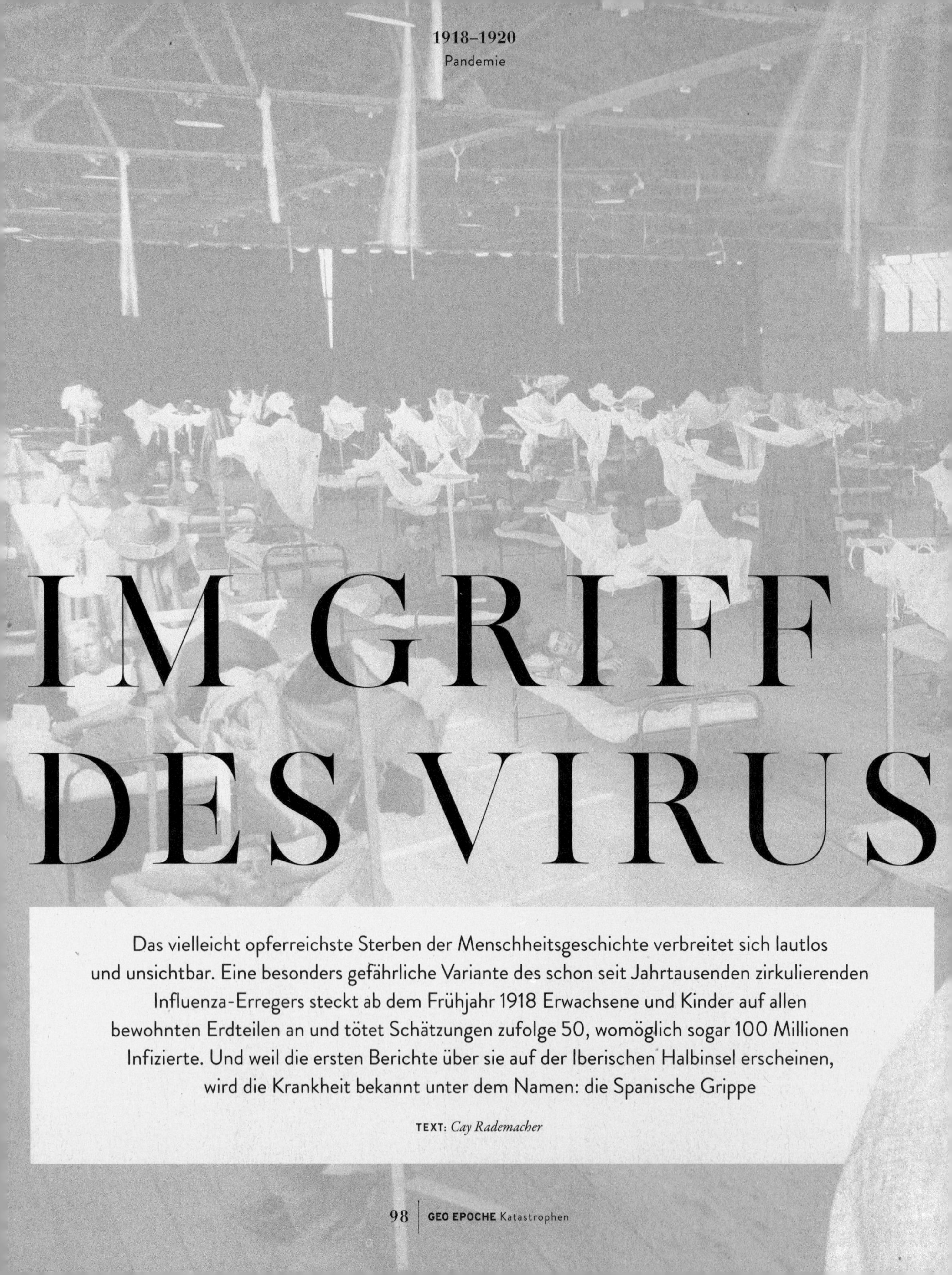

IM GRIFF DES VIRUS

Das vielleicht opferreichste Sterben der Menschheitsgeschichte verbreitet sich lautlos und unsichtbar. Eine besonders gefährliche Variante des schon seit Jahrtausenden zirkulierenden Influenza-Erregers steckt ab dem Frühjahr 1918 Erwachsene und Kinder auf allen bewohnten Erdteilen an und tötet Schätzungen zufolge 50, womöglich sogar 100 Millionen Infizierte. Und weil die ersten Berichte über sie auf der Iberischen Halbinsel erscheinen, wird die Krankheit bekannt unter dem Namen: die Spanische Grippe

TEXT: *Cay Rademacher*

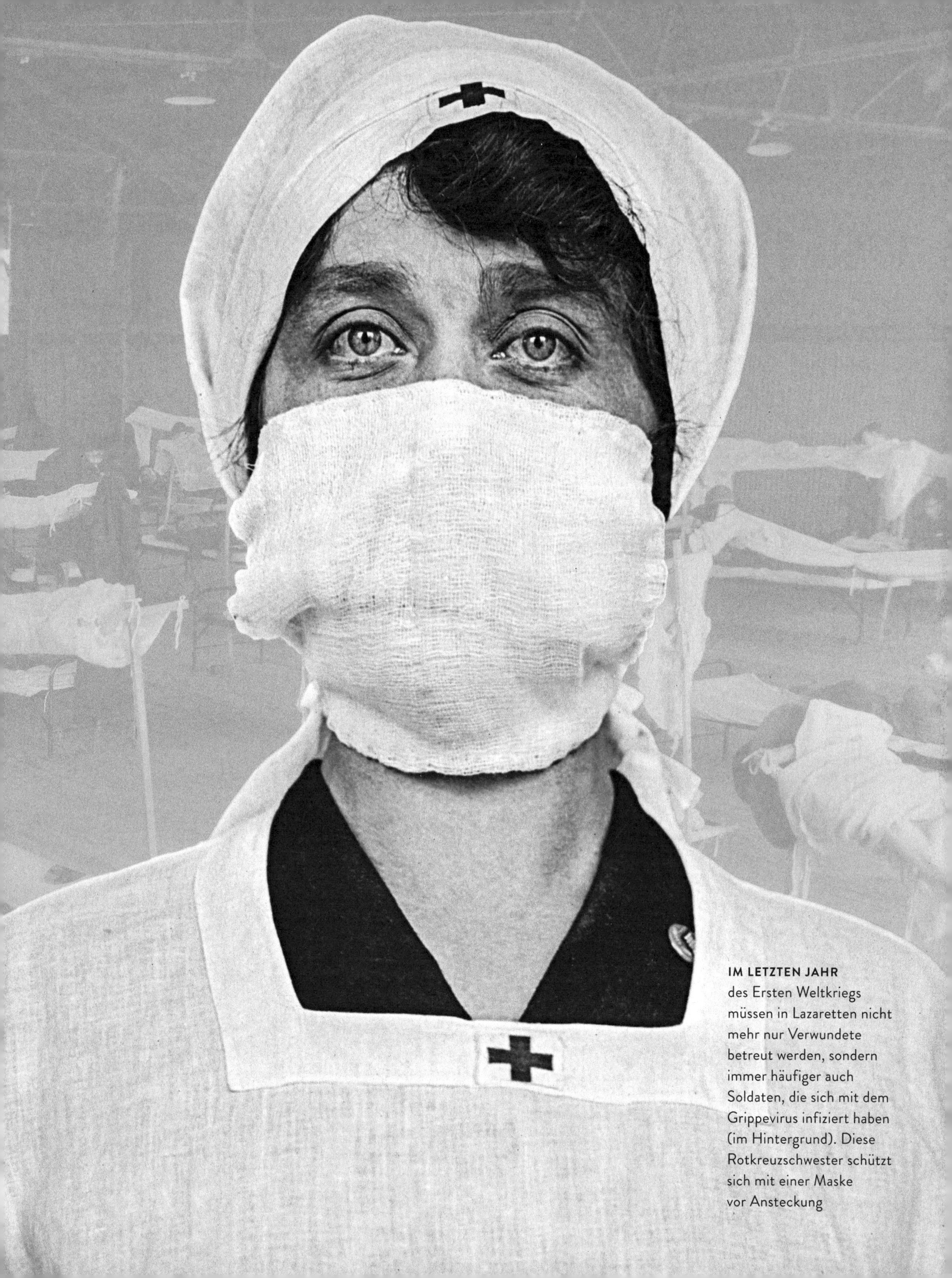

IM LETZTEN JAHR des Ersten Weltkriegs müssen in Lazaretten nicht mehr nur Verwundete betreut werden, sondern immer häufiger auch Soldaten, die sich mit dem Grippevirus infiziert haben (im Hintergrund). Diese Rotkreuzschwester schützt sich mit einer Maske vor Ansteckung

ALS AM 11. NOVEMBER 1918 in Frankreich der Waffenstillstand geschlossen wird, ist die Influenza-Pandemie bereits in vollem Gange – und wird durch Massenzusammenkünfte befeuert, bei denen Menschen wie hier in New York das Kriegsende feiern

I

Im Jahr 1918 leben auf der Erde 1,8 Milliarden Menschen, die nicht einmal ahnen, dass jeder Dritte von ihnen innerhalb der nächsten 24 Monate an einer der schrecklichsten Seuchen aller Zeiten erkranken wird. Die sich in ihren schlimmsten Albträumen nicht ausgemalt hätten, dass 50 oder vielleicht gar 100 Millionen von ihnen sterben; niemand wird je alle Toten zählen. Es wird Frauen wie Männer treffen, Bewohner aller Kontinente, Arme wie Reiche, Alte – und unfassbar viele Junge. Die Pandemie, die als „Spanische Grippe" in die Geschichtsbücher eingehen wird, hinterlässt womöglich sogar mehr Gräber als beide Weltkriege zusammen, vielleicht mehr als jede andere Krankheit zuvor, als jedes Erdbeben oder jeder Tsunami, es ist eines der größten Massensterben der Menschheit.

Und doch bleibt vieles an ihr mysteriös. Ihr Ursprung. Ihr Verlauf. Sogar, wenn man das so schreiben darf, ihre Psychologie. Denn es ist unerklärlich, warum sie jahrzehntelang aus dem kollektiven Gedächtnis der Menschheit getilgt wurde. Sie ist kein finsterer Mythos wie Pest und Cholera. Ihren Opfern sind kaum Denkmäler gewidmet worden, nur wenige Bücher, Bilder, Filme. Fast scheint es, als *wollte* sich niemand mehr an diese oft als „Mutter aller Pandemien" betitelte Krankheit erinnern. Als wäre sie ein Feind, den man hinter der Mauer des Vergessens verbirgt. Dabei kann niemand sagen, ob dieser Feind nicht eines Tages zurückkehrt.

°

Die Grippe sucht die Menschheit schon seit mindestens 5000 Jahren heim, bloß ihr Name ist relativ neu: Er kommt im 19. Jahrhundert auf, vermutlich vom französischen *gripper*, „ergreifen" – wohl weil sie ihre Opfer so rasch niederstreckt. (Die ebenfalls geläufige Bezeichnung „Influenza" stammt aus dem spätmittelalterlichen Italien und bedeutet „Einfluss", nämlich jener der Sterne auf die Gesundheit.) Das Leiden wird von einem Virus ausgelöst, der eigentlich in Wasservögeln wie Enten überdauert. Erst als der Mensch in der Jungsteinzeit sesshaft wird und in größeren Gruppen eng zusammenlebt, Landwirtschaft betreibt und Vieh hält, infiziert er sich irgendwie bei den Vögeln.

Seither tritt die Grippe in Wellen auf, vor allem im Winter (weshalb sie dann auch „saisonale Grippe" genannt wird). Dabei mutiert der Erreger über die Jahre. Die meisten Kranken erholen sich von der Infektion. Doch immer mal wieder schlägt der gefährliche Zwilling dieser saisonalen Influenza zu – die pandemische Grippe, deren tödlich mutiertes Virus dann oftmals weltweit wütet.

Der antike griechische Arzt Hippokrates erwähnt 412 v. Chr. eine „Epidemie" („im ganzen Volke"), die die erste historisch überlieferte Grippewelle sein könnte. Chronisten verzeichnen später weitere heftige Ausbrüche: möglicherweise unter Roms Legionen, in den Truppen Karls des Großen, 1580 womöglich erstmals eine globale Welle, die Asien, Europa, Afrika und vielleicht auch Amerika erfasst. 1889 bricht die „Russische Grippe" aus, die eigentlich aus Usbekistan kommt. Stets fordern diese schweren Ausbrüche zahlreiche Tote – doch im Vergleich zu Kriegen, Hungersnöten oder anderen Seuchen (wie der Pest) scheint selbst eine heftige Grippewelle nie das schlimmste aller Übel zu sein.

Im 19. Jahrhundert macht die Medizin zudem gewaltige Fortschritte. Gelehrte wie Robert Koch und Louis Pasteur erkennen Bakterien als Krankheitserreger (etwa der Tuberkulose), entwickeln Impfstoffe und Hygieneregeln. Allerdings lassen sich Bakterien im Mikroskop beobachten, durch Filter isolieren, im Labor züchten. Viren (lateinisch *virus*, „Gift") hingegen sind viel kleiner. Kein Mediziner hat bis 1918 je Viren gesehen, ja weiß auch nur, dass sie existieren.

Überhaupt wirkt die Welt des Jahres 1918 wie ihre Medizin: auf dem Sprung in ein neues Zeitalter, aber noch nicht ganz dort angekommen. In New York, der neben London größten Stadt, wohnen mehr als fünfeinhalb

RUSH U S NAVAL

DER ERREGER MUTIERT – UND SCHLÄGT DANN ZU

Millionen Menschen zwischen Wolkenkratzern und Hochbahnen. Dampfschiffe durchmessen Ozeane, am Himmel schweben Flugzeuge und Zeppeline, Telegramme durchzucken im Sekundentakt den Globus. Aber in vielen Gegenden leben indigene Völker noch fast wie in der Steinzeit. Andernorts sind ganze Zivilisationen in einem seltsamen Zwischenreich von Mittelalter und Moderne gefangen. Persien etwa ist dreimal größer als Frankreich, verfügt aber nur über zwölf Kilometer Schienen, 300 Kilometer Straßen und ein Auto – das des Schahs. Die Lebenserwartung von Persern oder auch Indern liegt bei etwa 30 Jahren, allein Europäer und Nordamerikaner dürfen, statistisch gesehen, auf 50 Jahre hoffen – sofern sie den Krieg überleben.

Denn seit 1914 wütet der Erste Weltkrieg, Millionen Männer sterben in Europas Schützengräben. Auch jenseits der Front leidet die Bevölkerung unter Hunger und Krankheit. Würde ein Beobachter 1918 die Welt in Augenschein nehmen, müsste er konstatieren: Ein erheblicher Teil der Menschen wird medizinisch so schlecht betreut wie im Mittelalter; und wer besser versorgt sein könnte, wird vom Krieg geschwächt. Ebenjener Krieg sorgt zudem dafür, dass Millionen an Tausende Kilometer langen Frontlinien unter schlechten hygienischen Bedingungen zusammengepfercht sind oder per Schiff und Eisenbahn über die Kontinente transportiert werden.

Ideale Bedingungen für eine Seuche.

Es ist selbst mit heutigem medizinischen und genetischen Wissen wohl kaum exakt zu rekonstruieren, wie der Erreger mutiert, doch scheint es so, als würde ab 1914 das Grippevirus aus irgendeinem Grund gefährlicher werden. Seither nämlich häufen sich aus Europa, China, den USA und Lateinamerika Berichte von schwer verlaufenden Ausbrüchen. Stets bleibt es jedoch bei lokalen Epidemien, die nach wenigen Wochen erlöschen.

Irgendwann im Winter 1917/18 mutiert der Erreger wohl erneut – und diesmal verglimmt die Seuche nicht.

°

BESONDERS VIELE junge Erwachsene fallen der Seuche zum Opfer – aus bis heute nicht gänzlich geklärten Gründen. Möglicherweise sind sie weniger gut durch frühere kleinere Grippeausbrüche immunisiert als die Älteren (Behandlung eines Erkrankten in New Orleans)

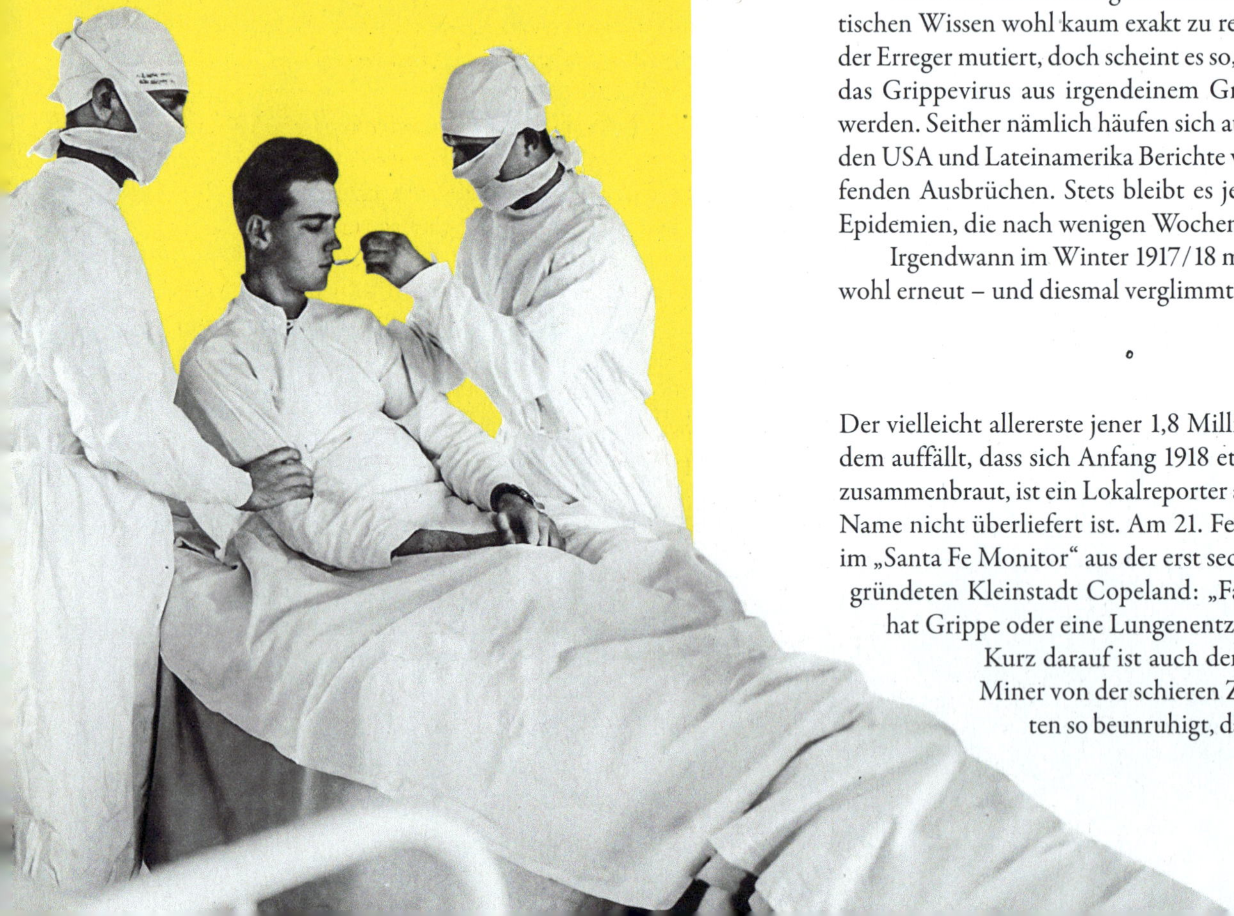

Der vielleicht allererste jener 1,8 Milliarden Menschen, dem auffällt, dass sich Anfang 1918 etwas Bedrohliches zusammenbraut, ist ein Lokalreporter aus Kansas, dessen Name nicht überliefert ist. Am 21. Februar berichtet er im „Santa Fe Monitor" aus der erst sechs Jahre zuvor gegründeten Kleinstadt Copeland: „Fast jeder im Land hat Grippe oder eine Lungenentzündung."

Kurz darauf ist auch der Landarzt Loring Miner von der schieren Zahl seiner Patienten so beunruhigt, dass er sie dem amerikanischen Gesundheitsamt meldet, das diese Warnung so veröffentlicht: „Am 30. März 1918 wurde aus Haskell, Kansas, das Vorkommen von 18 Influenza-Fällen schweren Typs berichtet, von denen drei Tote die Folge waren."

Doch Kansas ist armes Farmland, Hunderte Kilometer und gefühlt ein Jahrhundert entfernt von Metropolen wie New York oder der Hauptstadt Washington. Mitten in diesem rückständigen Landstrich hat die US Army riesige Zeltstädte errichtet, in denen Männer für den Krieg in Europa gedrillt werden. Allein in Camp Funston in Haskell County sind 56 000 Rekruten untergebracht. Kein Mensch denkt auch nur eine Sekunde daran, die Soldaten zu verlegen, weil ein paar Farmer in der Umgebung Grippe haben, im Gegenteil: Die jungen Männer des Umlands werden eingezogen. So trifft Ende Februar ein gewisser John Bottom in Camp Funston ein, über den fast nichts bekannt ist – außer, dass er aus Copeland stammt …

Am 4. März 1918 meldet sich dann morgens in Camp Funston der Koch Albert Gitchell krank, ihn plagen Hals- und Kopfschmerzen sowie Fieber von 40 Grad Celsius. Gitchell wird in der medizinhistorischen Forschung seither als „erster Patient" geführt, nämlich als erstes namentlich bekanntes Opfer einer nie da gewesenen Form der Influenza. Er bleibt nicht lange allein: Bis mittags melden sich schon mehr als 100 Männer in Camp Funston krank, zum Monatsende hat sich die Opferzahl bereits mehr als verzehnfacht.

Am 4. März 1918 also ist die Spanische Grippe endgültig in der Welt. Nur: Wann genau entsteht sie? Und vor allem: Wo? (Nicht in Spanien, dazu später.) Heute diskutieren Forscher drei Theorien.

Vielleicht entsteht die tödliche Mutation tatsächlich in **KANSAS**. Viele Farmer leben auf engem Raum mit Geflügel und Schweinen (die ebenfalls das Virus übertragen können). Andererseits legen genetische Indizien nahe, dass wild lebende Wasservögel womöglich schon seit Jahrmillionen eine Art Brutkasten für Grippeviren sind, von denen manche auf den Menschen überspringen – möglicherweise auch zumindest Teile des Erregers der Spanischen Grippe. Aber die von Copeland oder Camp Funston aus nächstgelegenen Feuchtgebiete sind 200 Kilometer entfernt. Wie hätten sich die Menschen infizieren können? Zudem werden im Februar aus New York ebenfalls einzelne schwere Influenza-Fälle gemeldet – so stirbt der Stummfilmstar Joseph Kaufman bereits am Monatsersten. New York aber ist mehr als 2000 Kilometer von Copeland entfernt. Zufall? Die wenigen Toten in New York sind halt die bei jeder saisonalen Grippewelle seit jeher zu beklagenden Opfer, die in Kansas hingegen die ersten der Spanischen Grippe? Oder geht in Kansas *und* New York bereits die neue Variante um? Unmöglich wohl, das herauszufinden.

In der chinesischen Provinz **SHANXI** hatte bereits früher, nämlich am 12. Januar 1918, ein Arzt den Ausbruch von „Lungenpest" diagnostiziert, einer Krankheit, die in der entlegenen Region regelmäßig auftritt. Doch obwohl in Shanxi 16 000 Menschen sterben, ist das eine für die hoch ansteckende und extrem tödliche Lungenpest eher niedrige Opferzahl. Handelt es sich also um eine Fehldiagnose? Bricht hier in Wahrheit die Spanische Grippe erstmals aus? Allerdings liegen die nächsten Wasservogelgebiete 500 Kilometer entfernt.

Oder ist die Seuche eine Ausgeburt des Krieges? In **ÉTAPLES** an der französischen Ärmelkanalküste baut die britische Armee für ihre Soldaten ein riesiges Durchgangs- und Ausbildungslager. Zudem errichtet sie in der Barackenstadt ein Hospital mit 23 000 Betten, eines der größten Lazarette der Welt. Wenige Kilometer von Étaples entfernt stehen weitere Lager, zum Beispiel für aus Indochina stammende französische Soldaten und für deutsche Kriegsgefangene. Insgesamt leben etwa eine Million Menschen in schlecht gereinigten, engen Unterkünften. Ab dem Sommer 1916 werden in Étaples Tausende Verwundete der Schlacht an der Somme versorgt – viele sind durch Senfgas vergiftet, ihre Lungen schwer geschädigt und daher besonders empfindlich für Erreger. Und: Hier, nämlich im Mündungsgebiet der Somme, brüten zahllose Wasservögel.

Tatsächlich diagnostizieren britische Militärärzte – einer von ihnen ist Alexander Fleming, der später mit Forscherkollegen für die Entdeckung des ersten Antibiotikums den Nobelpreis erhalten wird – bereits ab Dezember 1916 eine, wie sie es nennen, „purulente Bronchitis". Bei Kranken verfärbt sich das Gesicht blau, sie sterben an entzündeten, verschleimten Lungen. Doch verebbt diese Bronchitiswelle im März 1917 wieder. Wäre das schon die Spanische Grippe, hätte sie sich eigentlich unter den Bedingungen der riesigen Lager rasend ausbreiten und anschließend über den Globus verteilen müssen.

Womöglich, aber das ist eine Spekulation, ist es so: China steht im Weltkrieg aufseiten der Alliierten, die 135 000 chinesische Arbeiter für Frankreich und Belgien rekrutieren, damit sie Schützengräben ausheben oder in Munitionsfabriken schuften. Einige dieser Männer kommen aus Shanxi, wo jene rätselhafte „Lungenpest" wütet. Auch ein US-Journalist, der die Arbeiter in einem fernöstlichen Hafen sieht, wo sie auf ihre Einschiffung warten,

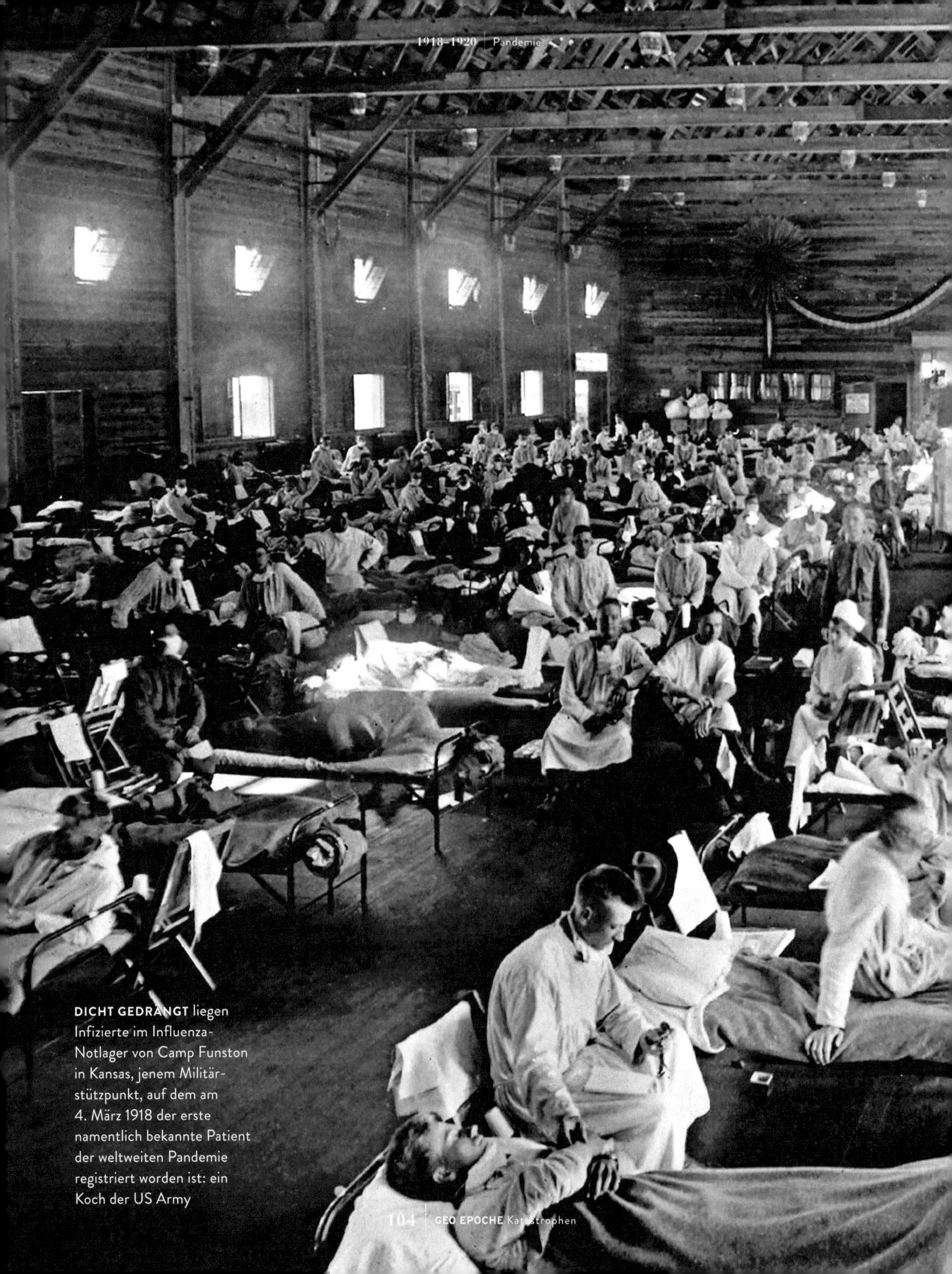

DICHT GEDRÄNGT liegen Infizierte im Influenza-Notlager von Camp Funston in Kansas, jenem Militärstützpunkt, auf dem am 4. März 1918 der erste namentlich bekannte Patient der weltweiten Pandemie registriert worden ist: ein Koch der US Army

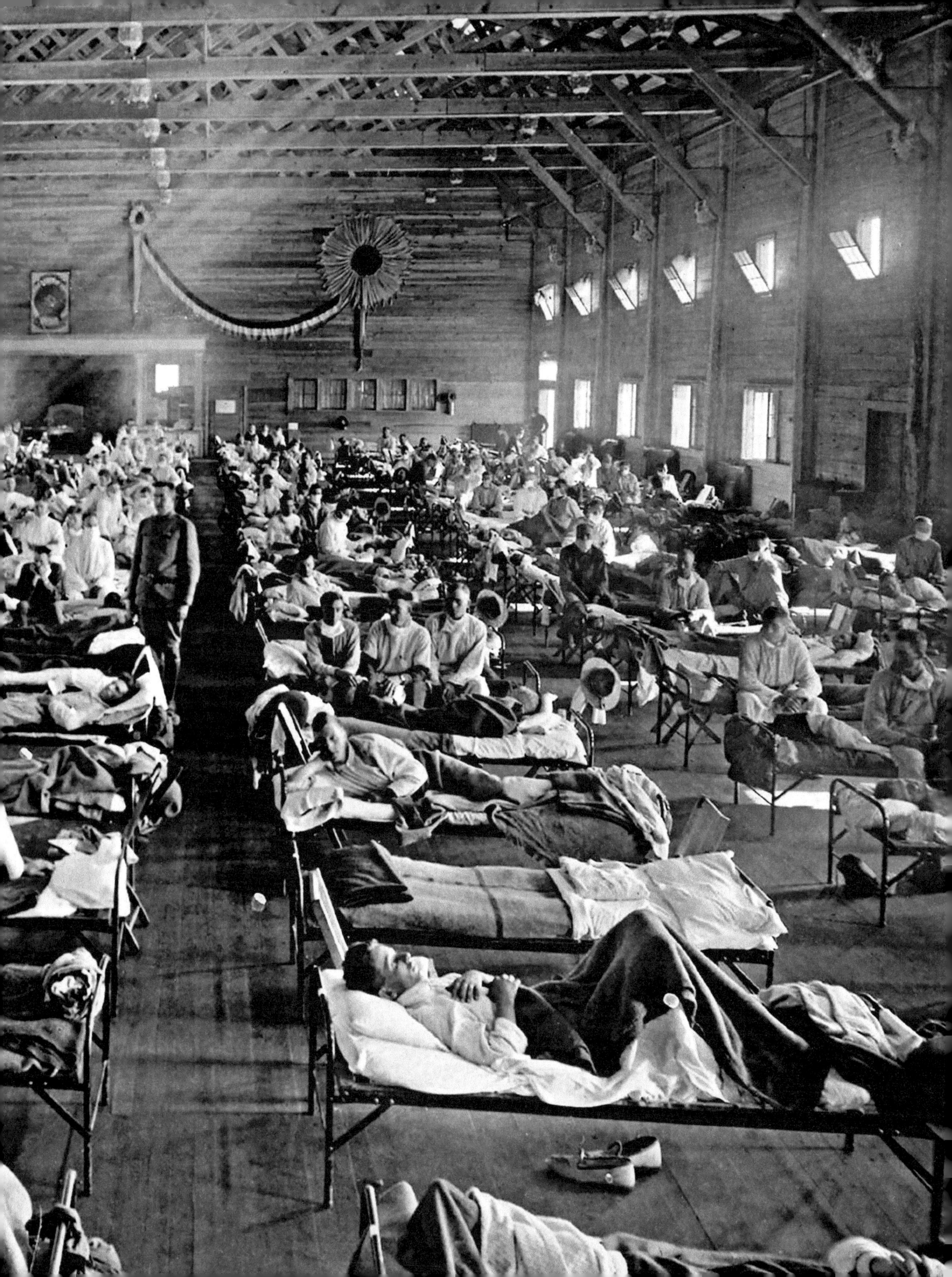

berichtet von einer „kleinen Pest“. (Er selbst erkrankt, überlebt aber.) Als die Chinesen auf Vancouver Island von Bord gehen, ist einer bereits an einer Lungenentzündung gestorben, etwa 300 brauchen medizinische Hilfe. Die Arbeiter werden mit der Eisenbahn quer durch Nordamerika transportiert, bis sie sich in Halifax oder Montreal erneut einschiffen. Schließlich landen sie in Frankreich. Ihr Hauptquartier liegt nicht weit von Étaples.

Es könnte sein, dass jene unglücklichen chinesischen Arbeiter das Virus der Spanischen Grippe in sich und dann unwissentlich um die halbe Welt getragen haben. Oder dass der Erreger, auf welchen verschlungenen Wegen auch immer, unterwegs in Nordamerika oder nach der Ankunft in Étaples noch einmal mutiert ist, denn auch dort gehen gefährliche Varianten um. Vermutlich wird man es niemals sicher wissen.

°

Da die Grippe nicht meldepflichtig ist und viele Länder Asiens, Afrikas und Lateinamerikas kaum über ein modernes Gesundheitssystem verfügen, lässt sich ihr Weg um die Welt nur grob skizzieren. Bezeichnend schon, dass sich Forscher heute nicht einmal einig sind, ob die Spanische Grippe nun in drei oder doch eher in vier Wellen auftritt.

Die **ERSTE WELLE** jedenfalls beginnt mit jenen Fällen in Kansas (und eventuell New York) im Februar und März 1918. Und vielleicht ist sie ja bereits in China. Im April taucht die Grippe in weiteren Städten an der Ostküste der USA auf und in Étaples sowie in den Schützengräben beiderseits der Westfront.

Im Mai erkranken der spanische König Alfons XIII., sein Premierminister, viele Mitglieder des Kabinetts sowie Tausende Bürger. Da Spanien neutral ist, unterliegen dortige Zeitungen keiner Kriegszensur und berichten als Erste ausführlich über die „seltsame Krankheit“, was wiederum in der Öffentlichkeit der kämpfenden Länder aufgenommen wird – und so ist der irreführende Name „Spanische Grippe“ unaustilgbar in der Welt.

Im Juni ist die Seuche fast überall in Europa: Portugal, Griechenland, Großbritannien, Italien, Frankreich, sie springt über das Mittelmeer, erreicht Marokko und Ägypten. Sie fegt in der zweiten Junihälfte durch Deutschland und Österreich-Ungarn. Hamburg, Köln, München, alle Großstädte registrieren enorme Infektionszahlen, allein Berlin meldet im Juli 18 000 Kranke, in Wien liegt Kaiserin Zita danieder.

Trotzdem sterben noch relativ wenige, in München etwa 191 Bürger, die Kriegszensur unterdrückt beunruhigende Meldungen, und vielleicht sind die Menschen ja auch durch die jahrelangen horrenden Verluste in den Schützengräben abgestumpft. Der Soldat und spätere Schriftsteller Ernst Jünger etwa berichtet in einem Brief zwar von der Krankheit, doch habe sie „absolut nichts Furchtbares“ an sich, er beuge einer Ansteckung durch „ausgedehnte Sonnenbäder vor“.

In der Schweiz werden in manchen Städten bereits Cafés, Theater und Kirchen vorübergehend geschlossen und Begräbnisfeiern verboten – was die Ausbreitung aber nicht stoppt. Ende Juli 1918 beklagt man dort 800 Tote.

Im Juli ist die Grippe auch in Amsterdam und Warschau, im Osmanischen Reich erliegt ihr vermutlich Sultan Mehmed V. Am 15. August 1918 meldet die „Deutsche Medizinische Wochenschrift“, die Grippewelle in Berlin sei „erloschen“.

Doch gerade in dieser Zeit erreicht der Erreger auch West- und Zentralafrika, die Kapverden, Sansibar, Mexiko, die Karibik, Mittelamerika, Australien, Persien, Indien, Japan und Australien.

Trotzdem scheint Ende August das Schlimmste bereits überstanden zu sein: eine Grippewelle mit mehr Toten als gewöhnlich, aber doch macht sich noch niemand wirklich Sorgen. Dem Brief Jüngers könnte man zahllose weitere Zeugnisse an die Seite stellen, gerade auch von Medizinern. Selbst in Camp Funston, dem Ground Zero der Pandemie, sind ihr am Ende „nur“ 38 Mann erlegen. (Ob Albert Gitchell zu den glücklich Genesenen zählt oder durch die Krankheit umkommt, scheint übrigens nirgendwo überliefert zu sein.)

Dann jedoch rollt die **ZWEITE WELLE** heran, wenn man es überhaupt so nennen kann, denn eigentlich gleicht sie einer überall gleichzeitig zündenden Explosion. Ist es eine erneute Mutation? Oder sind die Menschen nun geschwächter? Jedenfalls bricht die Spanische Grippe ab September 1918 wieder aus, und diesmal noch viel tödlicher. In Spanien steckt sich der Monarch ein zweites Mal an (und übersteht es wieder), allein in Barcelona sterben beinahe 1600 Menschen, in Rom sind es bis zu 200 am Tag, in ganz Großbritannien sterben Zehntausende in diesen Wochen – zu den Erkrankten, aber Überlebenden zählt auch Premierminister David Lloyd George. In Frankreich werden massenhaft Matrosen der Marine heimgesucht, in Schweden stirbt ein Sohn des Königs.

In Deutschland infizieren sich zwei von drei Bürgern, allein Berlin meldet jetzt 3000 Neuerkrankungen pro Tag. Mitten in der Pandemie bricht die Revolution aus,

das Kaiserreich kollabiert. Doch in dieser schweren Krise kann Reichskanzler Max von Baden ab dem 23. Oktober tagelang nicht regieren, weil ihn die Krankheit niederwirft, ebenso wie Frau, Sohn und Tochter. Als er Staatssekretär Matthias Erzberger nach Compiègne entsendet, um den Waffenstillstand zu unterzeichnen, der am 11. November die Kampfhandlungen des Ersten Weltkriegs beendet, geht der Diplomat als gebrochener Mann: Seine Frau und sein Kind sind an der Grippe gestorben.

Das Kriegsende verbessert die Lage nicht, im Gegenteil: Nun kehren ja Tausende Soldaten von der Front zurück. Im „Black November" etwa bringen sie den Tod nach Neuseeland, wo mehr als 8000 Opfer beklagt wer-

DER URSPRUNG der Seuche ist nicht zweifelsfrei rekonstruierbar. In den USA, in Nordfrankreich oder in der chinesischen Provinz Shanxi – hier ein Markt in der Region – könnte der Erreger erstmals beim Menschen aufgetaucht sein

DER TOD HOLT GANZE FAMILIEN UND HALBE VÖLKER

IN MINDESTENS drei Wellen pflanzt sich die Spanische Grippe über den gesamten Globus fort, trifft Europa ebenso wie Afrika und Nordamerika – hier drei New Yorker Schaffnerinnen mit Mundschutz. Der zweite Schub ab September 1918 wird der verheerendste

den. Noch verheerender trifft es kleine Pazifikinseln: Auf Fidschi stirbt mindestens jeder Zehnte, auf Tahiti jeder Fünfte, auf Nauru gar erliegt mehr als ein Drittel der Bevölkerung der Seuche. Im November und Dezember geht auch das Sterben in Europa weiter. Der Schriftsteller Arthur Conan Doyle (der Erfinder von Sherlock Holmes) verliert seinen Sohn, woraufhin er nie wieder einen Roman schreiben wird, sondern sich dem Spiritismus zuwendet. In Paris stirbt der Dichter Guillaume Apollinaire, auf Schloss Wallsee in Österreich der Enkel des letzten Habsburger-Kaisers.

Mitten im Winter scheint die Seuche rätselhafterweise eine Atempause zu machen, bevor im Frühjahr 1919 die **DRITTE WELLE** einsetzt: Sie trifft Südamerika, Kanada und Alaska, bislang noch verschonte Inseln wie Madagaskar, wütet in Russland, flammt dann jedoch auch in bereits verheerten Regionen wieder auf. In Paris etwa sterben allein im Februar 1919 noch einmal 2676 Menschen. Als sich im April die Staatschefs zu den Friedensverhandlungen versammeln, die unter anderem im Versailler Vertrag enden werden, befällt sie auch die Mächtigsten der Welt. US-Präsident Woodrow Wilson erkrankt am 3. April so plötzlich, dass sein Leibarzt zuerst einen Giftanschlag vermutet.

Erst im Mai 1919, endlich, scheint die Grippe abzuflauen. Allerdings zählen manche Historiker noch eine **VIERTE WELLE** aus mehreren regionalen Epidemien: Im Herbst und Winter 1919 in Chile und Peru, im Januar und Februar 1920 in US-Großstädten sowie in Dänemark und der Schweiz.

Und so, wie zufällig und letztlich willkürlich ein Koch aus Kansas als „erster Patient" gilt, so ist ein Bauer aus Japan der „letzte Patient". Ein Verwandter schreibt über ihn in seinem Tagebuch vom 16. März 1920: „Keishiro erkältete sich und hustete, also besuchte er das göttliche Bildnis des hustenlindernden Priesters südlich des Dorfs Kannonji." Nach jenem unglücklichen Keishiro geht zwar die Grippe weiterhin Jahr für Jahr um, doch erliegen deutlich weniger Personen dem Erreger. Womöglich als Folge einer neuen Mutation des Virus – oder weil nach den drei bis vier Wellen wohl nahezu die gesamte Menschheit Herdenimmunität errungen hat.

°

Erstaunlich, ja nach heutigem Verständnis geradezu unfassbar, dass auch nach Kriegs- und damit Zensurende wenig über dieses Massensterben geschrieben wird: Meldungen im Innenteil der Zeitungen, lapidare Bemerkungen in Briefen, beinahe nichtssagende Einträge in Tage-

POLIZISTEN in Seattle treten mit Schutzmasken an. In den USA sterben 675 000 Erkrankte, in Indien, dem am härtesten getroffenen Land, vermutlich mehr als 14 Millionen. Warum die Seuche unterschiedlich stark zuschlägt, bleibt ein Mysterium

büchern wie jenem aus Japan. Welche Schrecken aber verbergen sich hinter diesen Zahlen und lakonischen Texten? Was bedeutet es wirklich, mitten in der Seuche zu stehen?

Zum Beispiel in **AMERIKA**: „Seine hagere Kontur zeichnete sich verdreht unter der Decke ab, von Anstrengung und Qual verrenkt", beschreibt der Autor Thomas Wolfe das Sterben seines jungen Bruders. „Und die gelbe Blässe seines Gesichtes hatte sich in Grau verfärbt: Aus diesem von zwei roten Fieberflaggen erhellten, granitfarbenen Todeston wuchsen die steifen Stacheln eines schwarzen Dreitagebartes. Und Ben bleckte die Lippen über seine unheimlichen, wie abgestorben aussehenden Zähne. Durch den qualvoll verzerrten Mund schnappte der Erstickende stoßweise und keuchend nach einem Quäntchen Luft. Und dieses Röcheln und Luftschnappen – laut, heiser, schnell, unwillkürlich – orchestrierte den Raum und füllte ihn vollständig aus. Es war von einer ungeheuren Rohheit."

Die Ärzte sind hilflos. Da niemand den Erreger kennt, versuchen sie, wenigstens die Symptome zu behandeln, und man fragt sich, ob manche ihrer Therapien nicht noch schlimmer ist als die Seuche. Sie verschreiben Aspirin, doch wohl oft in so hohen Dosen, dass sich als Nebenwirkung Wasser in der Lunge sammelt. Andere verabreichen mehr oder weniger willkürlich – und das ist nur eine Auswahl – Chinin, Kokain, Arsen, Kampferöl, Eukalyptusöl, Opium, Formaldehyd, Zwiebeln, Rizinusöl

SCHIFFE, insbesondere Truppentransporter, werden zu Beschleunigern der Pandemie. Auf den dicht bevölkerten Decks stecken sich die Passagiere – hier US-Soldaten auf einem französischen Dampfer – schnell gegenseitig an und verbreiten die Krankheit am Zielort weiter

oder Strychnin. Der Arzt und Dichter William Carlos Williams, der in New Jersey praktiziert, wird sich später erinnern: „Wir Ärzte machten bis zu 60 Krankenbesuche am Tag. Einige von uns brachen zusammen, einer der jüngeren Kollegen starb, andere steckten sich mit der Grippe an, und wir hatten keinerlei Möglichkeit, der tödlichen Seuche Einhalt zu gebieten."

In den USA kümmert sich die Bundesregierung nicht um die Pandemie, ihre Bekämpfung bleibt Sache von untergeordneten Behörden. In New York etwa, wo ja schon seit Februar Fälle aufgetreten sind (auch Friedrich Trump, Großvater des späteren Präsidenten, stirbt im Frühjahr an der Grippe), bringen Schiffe die Krankheit ab dem Sommer 1918 wieder vermehrt zwischen die Wolkenkratzer. Der norwegische Dampfer „Bergensfjord" landet am 12. August mit 21 Kranken an Bord, von denen elf ohne Isolation in ein Krankenhaus in Brooklyn eingeliefert werden – auch von dort aus strahlt die Seuche durch die Metropole. Der Gesundheitsbeauftragte von New York ist Royal S. Copeland (ein grotesker Zufall, dass er so heißt wie jene Stadt in Kansas, aus der die allerersten Fälle gemeldet worden sind), ein optimistischer und pragmatischer Augenarzt. Doch als die Kranken von den Schiffen getragen werden, tut er – nichts. Erst am 17. September, einen Monat nach dem Einlaufen der „Bergensfjord" und viel zu spät, ordnet er wenigstens an, dass Ärzte Influenza-Fälle melden müssen.

Und erst am 4. Oktober erklärt Copeland öffentlich, dass in der Stadt eine Epidemie umgehe. Was tun? Auch in New York werden Tausende Soldaten ein- und ausgeschifft, er kann keine Quarantäne im Hafen verhängen. Also staffelt Copeland die Öffnungszeiten von Fabriken, Restaurants, Kinos, damit es in der Rushhour weniger Gedränge gibt. (Er ordnet aber keine Schließungen an – nur öffentliche Bestattungen sind verboten.)

Straßenkehrer, Polizisten, Postboten und Sekretärinnen müssen Atemschutzmasken aus Gazestoff tragen, aber sonst oftmals praktisch niemand. Überhaupt zieht auf der ganzen Welt außerhalb der Krankenhäuser kaum jemand eine Maske über. San Francisco erlässt eine Maskenpflicht, der zunächst, unter Strafandrohung, neun von zehn Bürgern folgen. Der Bürgermeister selbst zeigt sich jedoch als Zuschauer eines Boxkampfes – so etwas wird auch nicht abgesagt – ohne Maske und muss empfindliche 50 Dollar Strafe zahlen. Später wird eine Anwältin eine Klage gegen die Maskenpflicht gewinnen, eine „Anti-Masken-Liga" demonstriert, und schließlich wird die Vorschrift in San Francisco abgeschafft. In Florida tragen Schulkinder eine Zeit lang Gesichtsschutz, doch oftmals werden Anordnungen der Behörden nicht durchgesetzt, so etwa in Frankreich – aus Angst der Präfekten vor Protesten in der Bevölkerung –, in Australien und Japan. Überall sonst hält man es wie ein deutscher Arzt, der Masken ablehnt, weil sie zur „Rüstkammer der alten Pestdoktoren" gehörten.

Josephine Baker, die Abteilungsleiterin für Kindergesundheit, überzeugt ihren Vorgesetzten Copeland, dass New Yorks Schulen weiterhin geöffnet bleiben, weil man die Jüngsten dort besser unter Kontrolle habe. Vertreter des Roten Kreuzes protestieren heftig (in anderen amerikanischen Städten werden Bildungseinrichtungen zeitweise geschlossen), doch Copeland und Baker bleiben hart: Die Schulen sind offen!

Im Oktober sind die Hospitäler überfüllt, sind OP-Säle in Krankenräume verwandelt worden, ebenso wie Turnhallen und sogar Obdachlosenasyle. Allein am 20. Oktober, dem schlimmsten Tag, sterben 809 Bürger. Haltlose Gerüchte gehen um: Hat nicht ein Mann auf Long Island an Kinder Bücher verteilt, die in Deutschland gedruckt und also mit der Grippe vergiftet worden sind? Aspirin ist kontaminiert, denn das wird von der Firma Bayer hergestellt und ist mithin feindlich infiziert! Deutsche U-Boote haben vor der Küste verseuchten Fisch ausgesetzt!

MIKROSKOPISCHER KILLER

Erst gut zehn Jahre nach der Pandemie gelingt es einem Forscher, die Ursache der Katastrophe zu ergründen: das winzige Influenza-Virus. Es befällt den Körper über die Atemwege – und etliche Betroffene ersticken qualvoll bei vollem Bewusstsein

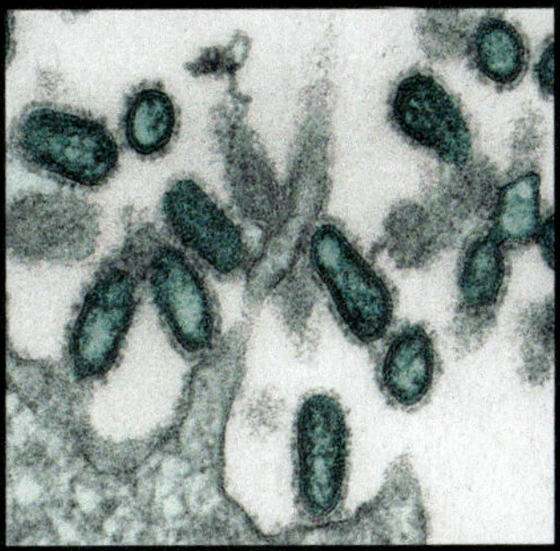

DER ERREGER »A/H1N1« – hier unter dem Elektronenmikroskop – ist 25-mal tödlicher als andere Influenza-Varianten

Grippeviren des Typs A – zu denen die Verursacher der jährlich auftretenden „saisonalen" wie die der „Spanischen Grippe" gehören – schleudern bis zu mehrere Meter weit durch die Luft, wenn ein Erkrankter hustet oder niest. Und infizieren ein neues Opfer, indem sie von diesem eingeatmet werden. Der Erreger ist kugel- bis fadenförmig, aus seiner Hülle ragen zwei zapfenförmige Proteinstrukturen heraus: Hämagglutinin (H) und Neuraminidase (N). Forscher unterscheiden auf Basis dieser Proteine mehrere Varianten der Influenza-A-Viren – der Spanischen Grippe haben sie jeweils die erste Variante zugeordnet, das Virus ist also vom Typ Influenza-A-H1N1. (Die 2021/22 umgehende Grippevariante ist A/H3N2.)

Das Virus bindet nach dem Einatmen mithilfe von Hämagglutinin an Schleimhautzellen der Atemwege und Lunge des Opfers und schleust sich in das Innere. Dort reproduziert es sich, wobei seine acht Gensegmente mutieren können – zumeist sind das kleine Veränderungen (wie etwa bei der „saisonalen Grippe"). Bei gleichzeitiger Infektion mit zwei verschiedenen Virentypen werden bisweilen jedoch auch ganze Gensegmente ausgetauscht, ein komplett neuer Typ mit womöglich heftigem Krankheitsgeschehen entsteht – wie wohl im Fall der Spanischen Grippe. Der Zyklus schließt sich, wenn die Neuraminidase schließlich die reproduzierten Viren freisetzt, die nun ihrerseits durch Husten oder Niesen verbreitet werden.

Nach der Ansteckung mit der Spanischen Grippe blieben die meisten Infizierten nur einen Tag lang ohne Symptome. Dann setzten schlagartig Hals- und Kopfschmerzen sowie hohes Fieber ein. Schnell litt der Patient unter Atemnot. Es entwickelte sich oft eine Lungenentzündung – ausgelöst durch das Virus selbst, zumeist aber wohl durch Bakterien, die sich im bereits geschwächten Organismus rasant ausbreiteten. Die Lunge füllte sich mit Blut, ihre innere Oberfläche bedeckte wässriger Schleim, weshalb die Kranken keine Luft mehr bekamen, und der Körper wurde nicht mehr ausreichend mit Sauerstoff versorgt. Rote Flecken erschienen auf den Wangen, die sich anschließend über das ganze Gesicht ausbreiteten. Verfärbten sich nach wenigen Tagen Hände und Füße, schließlich auch Bauch und Oberkörper schwarz, war der Tod unausweichlich. Das Opfer erstickte, oft bis zum qualvollen Ende bei vollem Bewusstsein. Nach dem Tod setzte die Verwesung rasch ein.

Bei manchen Patienten wurden weitere Symptome beobachtet, unter anderem Blutungen aus Mund und Nase, Zahn- und Haarausfall, Delirium, Depressionen (bis hin zum Suizid). Einige Opfer stanken nach fauligem Stroh, andere verloren Geschmacks- und Geruchssinn, wieder andere sahen die Welt nur noch in fahlen Farben, weil offenbar der Sehnerv entzündet war.

Bei der Spanischen Grippe war statistisch gesehen das Sterberisiko für 28-jährige Infizierte am größten. Viele Schwangere erlitten Fehlgeburten.

Der Nachweis, dass ein Virus Influenza verursacht, wurde 1931 vom amerikanischen Wissenschaftler Richard Shope erbracht. 1974 isolierte der Veterinär Richard Slemons den Erreger aus einer Wildente, dem ursprünglichen Wirtstier. Den US-Forschern Jeffery Taubenberger und Ann Reid gelang es 2005 schließlich, aus dem Gewebe einer in Alaska im Permafrostboden begrabenen und an der Spanischen Grippe verstorbenen Frau das Virus mit der vollständigen Gensequenz (RNA-Sequenz) zu rekonstruieren: 87 Jahre nach ihrem Auftreten war die tödlichste Krankheit der Geschichte identifiziert.

Allerdings bedeutet erkennen noch lange nicht verstehen: Alle Formen der Grippe infizieren Menschen prinzipiell auf die gleiche Art, die Spanische Grippe aber ist mindestens 25-mal tödlicher als jede andere Variante – warum das jedoch so ist, darüber gibt es bis heute nur Spekulationen.

TROTZ FORTSCHRITTEN in der Medizin wissen Ärzte und Wissenschaftler 1918 so gut wie nichts über den Erreger und dessen Ansteckungsmechanismus. Die meisten Gegenmittel fußen daher auf bloßer Spekulation, etwa aufwendige Atemfilter (links) oder das Desinfizieren des Rachens zur Vorbeugung (rechts)

Zum Chaos und zur Hysterie gesellt sich groteske Sorglosigkeit. Um den patriotischen Kriegsgeist zu stärken, besteht US-Präsident Wilson darauf, persönlich am Columbus Day, dem 12. Oktober, eine Parade mit 25 000 Menschen über die Fifth Avenue zu führen. Ein Kinobetreiber lobt die Zuschauer, die massenhaft in den satirischen Charlie-Chaplin-Film „Gewehr über" strömen: „Die Menschen nehmen ihr Leben selbst in die Hand." Und leider auch das Leben des Kinobetreibers, denn als seine Worte in einer Zeitschrift veröffentlicht werden, ist er bereits seit einer Woche tot, gestorben an der Grippe.

Ende Oktober erkrankt Copeland selbst, hält das aber geheim, um keine Panik aufkommen zu lassen. Er überlebt – wie letztlich die meisten Infizierten in den USA. Hier sind die Opferzahlen im globalen Vergleich mit am genauesten erfasst: Mehr als jeder vierte Amerikaner erkrankt, 2,5 Prozent der Kranken sterben – insgesamt 675 000 Tote, sechsmal mehr, als die Nation im Weltkrieg verliert.

Der Tod scheint willkürlich zu kommen. Zu den am stärksten betroffenen Staaten zählen das dicht besiedelte Pennsylvania im Osten ebenso wie das menschenleere Arizona im Westen. San Francisco wird härter getroffen als Chicago. Einwanderer aus Italien sterben weitaus häufiger als solche aus Russland. Die armen, schlechter versorgten Schwarzen kommen glimpflicher davon als die Weißen, die Todesrate der Ureinwohner aber ist höher.

Oder ist das Sterben doch nicht ganz so willkürlich? New York ist die größte und vermutlich eine der schmutzigsten Metropolen, hier passieren Hunderttausende den Hafen ohne Quarantäne – doch sie wird am Ende weniger verheert als andere Städte. Vor allem Jüngere kommen davon: In New York, wo die Schulen eben *nicht* geschlossen werden, stirbt fast kein Schulkind an der Grippe. Bremsen offene Schulen den Seuchenzug? Etwa weil Belüftung und Hygienebedingungen dort oft besser sind als in den überfüllten Wohnhäusern, in denen sich häufig rund ein Dutzend Menschen zwei Zimmer teilt?

°

Möglicherweise verdanken die New Yorker ihr noch vergleichsweise mildes Schicksal aber gar nicht Mister Copeland und Miss Baker, sondern schlicht ebenjenem Hafen, in dem Jahr um Jahr derart viele Menschen und mit ihnen zahllose Krankheiten anlanden – was letztlich dazu führt, dass die örtliche Bevölkerung resistenter ist als anderswo. Denn gerade die **SCHIFFE** werden nun zu Brandbeschleunigern der Pandemie.

So wie die „Leviathan", das größte Schiff der Welt, einst als deutscher Passagierdampfer in Dienst gestellt, von den USA requiriert und zum Truppentransporter umgebaut. Am 29. September 1918 legt der schwimmende Riese mit 9000 Soldaten in Amerika ab. Kaum auf See, bricht an Bord die Seuche aus, 2000 Mann erkranken. Die obersten Kojen in den übervollen Unterkünften sind so hoch, dass man die dort ruhenden Kranken nicht betreuen kann – sie werden auf die Decks gelegt, die bald rutschig sind von Blut und Erbrochenem, es muss erbärmlich gestunken haben. „Die Zustände in der Nacht kann sich keiner vorstellen, der das nicht selbst miterlebt hat", wird sich später ein Soldat erinnern. „Das Stöhnen und Rufen der geängstigten Kranken mischte sich wirr mit Hilfeschreien." 80 oder, nach anderen Quellen, rund 90 Leichen werden unterwegs ins Meer geworfen, zahlreiche weitere Männer sterben nach Ankunft in Frankreich.

Die „HMS Mantua", ein britischer Truppentransporter, verlässt Plymouth am 1. August 1918 – bald gibt es an Bord ebenfalls erste Todesopfer. Der Dampfer landet in der westafrikanischen Hafenstadt Freetown in Sierra Leone, damals britische Kolonie. Dort soll bloß Kohle für die Weiterfahrt geladen werden. Doch der Brennstoff wird von einheimischen Arbeitern gebracht, die sich auf dem Schiff anstecken – drei Prozent der Bevölkerung Sierra Leones werden daraufhin sterben.

EIN MITARBEITER der britischen Gesundheitsbehörden präsentiert ein Desinfektionsgerät. Vor allem bei der Therapie der Erkrankten ist die Medizin völlig hilflos. Zur Linderung von Symptomen verabreichen Ärzte fast willkürlich Mittel wie Kokain, Rizinusöl oder Zwiebeln

Entlang der Flüsse und Bahntrassen dringt die Grippe in Schwarzafrika vor wie ein Gift. Bereits nach wenigen Wochen wütet sie praktisch überall, von Südafrika (wo mehr als eine halbe Million Kinder durch die Grippe zu Waisen werden) bis nach Äthiopien (wo der künftige Kaiser Haile Selassie erkrankt und überlebt). Der medizinische Fachbegriff geht in die Sprache der Igbo in Nigeria ein, die alle zwischen 1919 und 1921 zur Welt gekommenen Kinder als *ogbo ifelunza* bezeichnen, als „die zur Zeit der Grippe Geborenen".

Andernorts gibt es niemanden mehr, der sich an die Krankheit erinnern könnte. Auf der Inselgruppe Vanuatu, wo vor der Seuche circa 150 lokale Sprachen gesprochen werden, sterben etwa 20 davon aus, weil alle ihre Sprecher dem Erreger (sowie Pocken- und Lepra-Epidemien Anfang des 20. Jahrhunderts) erliegen. Nach dem „Black November" schleppt der neuseeländische Dampfer „Talune" die Grippe auch nach Westsamoa ein, wo etwa jeder vierte bis fünfte Einheimische stirbt – rund 7000 Menschen. Auf den benachbarten Eilanden von Amerikanisch-Samoa, die nicht unter neuseeländischer, sondern US-Verwaltung stehen, verhängen die Behörden eine strikte Quarantäne: Hier stirbt niemand. Empörte Samoaner lassen auf den westlichen Inseln eine gewaltlose Protestbewegung wieder aufleben, die 1962 letztlich zur politischen Unabhängigkeit von Neuseeland führt, während Amerikanisch-Samoas Bevölkerung noch immer unter Washingtons Verwaltung lebt.

Überhaupt ist die Pandemie für indigene Völker eine heute kaum noch zu fassende Katastrophe, weil es nur wenige Menschen gibt, die darüber berichten könnten – so zum Beispiel in Alaska. Die **YUPIK** leben an der Bristol Bay, einer Bucht umgeben von Gebirgen, der Tundra, der Beringsee. Sie ernähren sich traditionell von Jagd und Fischfang, lassen sich von Schamanen heilen, doch leben sie in modernen Häusern, und viele bekennen sich zum Christentum.

Alaska ist kein Bundesstaat, sondern untersteht als Territorium einem Landesgouverneur der USA. Aber abgesehen von ihm und einem staatlichen Krankenhaus ist die einzige, wenn man sie denn überhaupt so nennen will, Repräsentanz der Vereinigten Staaten bei den Yupik die Niederlassung der APA, eines großen Fischereikonzerns.

Als im Herbst 1918 die Spanische Grippe über Alaska hinwegfegt, schützt die Kälte die Yupik. Das Meer ist zugefroren, die Tundra unpassierbar. Doch im Frühjahr 1919 treffen wieder Fischfangschiffe des Unternehmens ein und bringen diesmal die Seuche mit. Am 12. Mai 1919 erkrankt der erste Yupik, dann greift die Grippe rasend um sich. Die Einzigen, die helfen, sind Linus H. French, Leiter des staatlichen Krankenhauses, früher Werksarzt der APA, und zwei Krankenschwestern – wenn es denn Hilfe ist, Holzbohlen auf den kalten Erdboden zu legen, um darauf Zelte als Notkrankenhäuser zu errichten.

Binnen zwei Wochen sind auch der Mediziner und die beiden Pflegerinnen erkrankt, French setzt per Funk einen Notruf an die Coast Guard ab. Es dauert fast drei elend lange Wochen, bis tatsächlich ein Schiff der Küstenwache eintrifft – die Frau eines Arztes an Bord notiert entsetzt, dass „Leichengeruch herüberweht", als sie in die Bristol Bay einlaufen. An Land: Szenen wie aus Dantes Hölle. Die unbeerdigten Toten sind von riesigen Hunden zerfleischt worden, die nun hungrig um die verschlossenen Häuser streichen, in denen weitere Leichen verwesen.

Die Männer der Küstenwache gehen mit Gewehren an Land und erschießen die Tiere – anschließend brechen sie Häuser auf und nehmen „Souvenirs" mit, helfen aber den noch Lebenden kaum. Am Ende sind es Doktor French und seine beiden Krankenschwestern, die sich nach glücklicher Genesung weiter um ihre Patienten kümmern. Wobei, wie eine Krankenschwester entsetzt notiert, inzwischen „manche Dörfer schlichtweg ausradiert" sind. French wird schließlich Regierungsgeld organisieren, um wenigstens ein Waisenhaus zu errichten, dann kehrt er Bristol Bay für immer den Rücken.

UM DIE GEFAHR der Ansteckung zu mindern, findet ein Gerichtsprozess in San Francisco unter freiem Himmel statt. Insgesamt aber sind die Vorsichtsmaßnahmen während der Pandemie weltweit bemerkenswert schwach – mit ein Grund für die hohe Opferzahl

Auch dies ein Rätsel der Grippe: Rund 20 Prozent der Menschen Alaskas werden niemals von der Krankheit befallen, in manchen Bezirken sterben weniger als ein Prozent – in Bristol Bay jedoch sind fast 40 Prozent der Einheimischen tot, etliche ihrer insgesamt 19 Dörfer werden für immer aufgegeben. Viele Schamanen sind verschwunden und mit ihnen ihr traditionelles Wissen, Hunderte Kinder werden als Waisen ohne Familie aufgezogen. Noch in den 1990er Jahren wird die Alaska Natives Commission, die sich für die Belange der Ureinwohner einsetzt, die Indigenen Alaskas als „kulturell und spirituell verkrüppeltes Volk" beschreiben, eine kollektive Spätfolge der Grippe. *Tuqunarpak* nennen die Yupik selbst jene für sie verhängnisvollen Monate: „die große tödliche Zeit".

°

Die Grippe bedeutet jedoch keineswegs nur für indigene Völker einen spirituellen Schock. **ODESSA** etwa, das „russische Marseille", ist eine weltoffene Hafenstadt am Schwarzen Meer, mindestens ein Drittel der etwa 500 000 Einwohner sind Juden. In diesem Handelshafen wurde bereits 1886 die erste Seuchenkontrollstation des Zarenreiches eingerichtet, auch sind die Ärzte des örtlichen Krankenhauses erfahren im Umgang mit ansteckenden Krankheiten.

Doch seit Mai 1918 sind nicht allein die Grippeviren in der Stadt, sondern auch Flüchtlinge und Soldaten. Russland ist im Frühjahr 1918 noch im Krieg, es wird von Revolutionen und Bürgerkriegen erschüttert. Nacheinander besetzen Odessa die Bolschewiki, deutsche und österreichische Truppen, ukrainische Nationalisten, dann zeitweise konterrevolutionäre russische Verbände sowie verbündete französische Armee-Einheiten.

SELBST ÄRZTE SPRECHEN VON EINER »PSEUDO-INFLUENZA«

MASKEN WERDEN von Ärzten als Schutz empfohlen, wenige Menschen jedoch nutzen sie außerhalb der Gesundheitssysteme. Und nur einige Länder – etwa Frankreich, Japan und Australien – führen kurzzeitig eine Tragepflicht ein (Londoner Paar in späterer Zeit)

Chaos in der Stadt: Kämpfe, Flüchtlinge, Grippe, dazu brechen auch noch Typhus und Cholera aus. Ärzte halten in der Oper, in Theatern, Kinos, sogar Synagogen Aufklärungsvorträge, raten etwa zu regelmäßigem Lüften. Doch was nützt das schon, fragen sich viele Zuhörer.

So kommt unter den jüdischen Bürgern irgendwann das Gerücht auf, nur eine *shvartze khasene* könne noch helfen, eine „Schwarze Hochzeit". Die gebildeten Glaubensbrüder sind entsetzt, doch der Stadtrabbiner und der Bürgermeister stimmen diesem alten Ritual zu, das Gott milde stimmen soll: Ein Bettler und eine Bettlerin müssen über einem Grab heiraten, um die Seuche zu verjagen. Kandidaten für diese Ehe werden „unter den am gräulichsten entstellten Krüppeln, gedemütigten Almosenempfängern und den erbärmlichsten Taugenichtsen des ganzen Viertels" gesucht, wie der aus Odessa stammende Schriftsteller Mendele Moicher Sforim das Ritual bereits im 19. Jahrhundert geschildert hatte.

Anfang Oktober 1918 heiratet tatsächlich ein Bettlerpaar über einem Grab des Ersten Jüdischen Friedhofs. Musiker sind zugegen, zahllose Schaulustige. Die Eheleute werden anschließend mit einer Kutsche zu einem geschmückten Festsaal im Stadtzentrum gebracht, zeitweise ist die Menge der Gaffer so dicht, dass die Karosse nicht mehr vorankommt.

Die Juden Odessas sind dabei keineswegs die Einzigen, die sich mit archaischen Riten behelfen. In China folgen Tausende Männer und Frauen Prozessionen, an deren Spitze das heilbringende Bildnis des mythischen Drachenkönigs getragen wird, in Indien schwenken Schamanen aus Mehl und Wasser geknetete Figuren über Kranken, in Bangkok glaubt der Arzt der britischen Botschaft, in seinen urplötzlich vertrockneten Rosen ein unheilvolles Omen zu erkennen. In Irland denken die Menschen, die „Miasmen" („Ausdünstungen") der unbeerdigten Soldaten an der Hunderte Kilometer entfernten Front würden ihre Insel vergiften. Der vielleicht größte Irrglaube aber findet sich bei jenen, die die Existenz der Seuche völlig leugnen, obwohl sie es eigentlich besser wissen müssten: Manche Ärzte in Deutschland bezeichnen ausgerechnet die schlimmste Grippe aller Zeiten als „Pseudo-Influenza", weil sie ihre Patienten für Hypochonder halten, die sich einer „Modekrankheit" hingeben.

In Odessa verkündet tatsächlich etwa eine Woche nach der Schwarzen Hochzeit ein Arzt, die Seuche habe ihren Höhepunkt überschritten – für viele Gläubige der Beweis für die Wirksamkeit des Rituals. Allerdings flammt die Grippe dann doch wieder auf. „Hunger und Pest", wie ein Augenzeuge das nennt, wüten bis weit in das Jahr 1919 hinein am Schwarzen Meer.

Letztlich helfen auch solche Rituale nicht im medizinischen Sinn, aber vielleicht im geistigen – sind sie doch Flucht und Trost in düsteren Zeiten.

Flucht und Trost sind nicht gerade das, was die **KUNST** den Menschen bietet, im Gegenteil. In Wien ist der 28-jährige Maler Egon Schiele an der Seite seiner Frau Edith, die, im sechsten Monat schwanger, fiebernd im Krankenbett in der gemeinsamen Wohnung in der Hietzinger Hauptstraße liegt. Sie leidet fürchterlich. „Ich bereite mich auf das Schlimmste vor, da sie fortwährend Atemnot hat", schreibt der Künstler seiner Mutter – und zeichnet Ende Oktober 1918 ein letztes Porträt: „Edith Schiele, sterbend". Sie und das ungeborene Kind erliegen der Grippe Stunden nach Vollendung der Skizze. Und Schiele selbst wird drei Tage später den beiden ins Grab folgen.

Egon Schieles letztes Bild ist eines der wenigen Kunstwerke, das diese Katastrophe unmittelbar dokumentiert – vergleichbar Thomas Wolfes Roman „Schau heimwärts, Engel", der das „rohe" Sterben des Bruders schildert. Doch wer in der Kunst sonst noch die Folgen der Pandemie sucht, muss sie oft genug hineininterpretieren.

In Prag, neben Wien und Budapest die dritte große Metropole der gegen Ende des Ersten Weltkriegs auseinanderbrechenden Österreichisch-Ungarischen Monarchie, kämpft beispielsweise fast zur selben Zeit auch der Autor Franz Kafka in der elterlichen Wohnung am Altstädter Ring um sein Leben. Bei dem 35-Jährigen, dem erst kurz zuvor Tuberkulose attestiert worden ist, steigt das Fieber auf 41 Grad. Wochenlang ist er in der Wohnung isoliert, während unten schwarz lackierte Straßenbahnen durch die Stadt rattern, in denen die Särge der Grippeopfer abtransportiert werden. Gegen Ende der langen Krankheitszeit überarbeitet Kafka die Erzählung „In der Strafkolonie" – und darin mag man eine Allegorie auf die Grippe erkennen, oder nicht.

Auch sonst bleibt sie in der Kunst rätselhaft verborgen. D. H. Lawrence, von der Krankheit niedergeworfen, beschreibt in „Lady Chatterleys Liebhaber" einen an Herz und Lunge geschwächten Protagonisten, der ebenfalls von der Grippe gequälte Dashiell Hammett zeichnet seinen literarischen Helden, den Privatdetektiv Sam Spade, als desillusionierten Überlebenden, T. S. Eliot, dessen Frau erkrankte, spielt in einem seiner Gedichte vielleicht auf die Pandemie an, in Friedrich Murnaus Stummfilm „Nosferatu" bringt der Vampir die Pest nach Deutschland.

Der Erste Weltkrieg wird in Literatur, Malerei, Film in geradezu brutalem Realismus gezeigt – man denke nur

ROSE CLEVELAND
Die Influenza tötet ungeachtet von Status und Wohlstand – etwa die ehemalige First Lady der USA

MAX WEBER
Der bedeutende Soziologe erliegt einer Lungenerkrankung, womöglich ausgelöst durch die Spanische Grippe

MEHMED V.
Auch den Herrscher des Osmanischen Reichs, durch Diabetes gefährdet, ereilt vermutlich der Grippetod

FRIEDRICH TRUMP
Der Großvater des späteren US-Präsidenten Donald Trump stirbt nach kurzem, heftigen Verlauf in New York

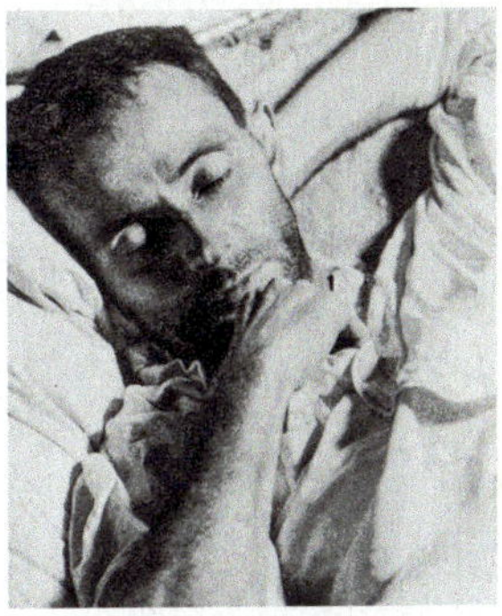

EGON SCHIELE
Erst porträtiert der österreichische Maler seine an der Influenza sterbende Frau – dann wird er selbst Opfer

ALFONS XIII.
Gleich zweimal steckt sich der spanische König an – doch er überlebt beide Infektionen

MÄNNER DES ÖFFENTLICHEN Gesundheitsdienstes untersuchen Einwanderer auf Ellis Island bei New York. Selbst in den Hochzeiten der Pandemie wird kaum irgendwo eine systematische Quarantäne angeordnet. Dass die Seuche 1920 dennoch langsam ihre Kraft verliert, liegt womöglich an der Herdenimmunität

an Erich Maria Remarques Roman (und den Hollywood-Film) „Im Westen nichts Neues". Doch bei der Grippe, so scheint es, überkommt selbst radikale Künstler eine archaisch anmutende Scheu, als dürfe man diesen Schrecken nicht einmal beim Namen nennen.

°

Überhaupt wirkt es, als hätte die Menschheit entschieden, dass die Grippetoten nicht mehr zu dieser Welt gehören, als wären sie nicht bloß aus der Kunst ausgeschlossen, sondern aus allem. Kein Land zählt mehr Opfer als Indien, womöglich 14 oder 18 Millionen. Doch die Unabhängigkeitsbewegung des später Mahatma genannten Mohandas Karamchand Gandhi (der selbst schwer erkrankt) organisiert ab 1918 Widerstandsaktionen gegen die Briten, als gäbe es diesen fürchterlichen Aderlass nicht.

In Deutschland sterben bis zu 470 000, doch hier durchleben die Menschen Kriegsende, Revolution, Spartakusaufstand, als gäbe es gar keine Seuche. Ganz ähnlich bei Revolution und Bürgerkrieg in Russland. In Paris erkrankt nicht nur US-Präsident Wilson schwer, sondern es erwischt fast alle Spitzenpolitiker, aber die Verhandlungen gehen einfach weiter, als wäre nichts gewesen. Man gewinnt aus heutiger Sicht bisweilen den Eindruck, die turbulente Nachkriegsgeschichte wäre exakt gleich verlaufen, wenn es die Grippe *nicht* gegeben hätte. 50, womöglich 100 Millionen Tote – und die menschliche Entwicklung ändert das nicht im Geringsten?

Vielleicht muss man auf das weniger Offensichtliche achten. Auf die Adoption von Kindern etwa. Frankreich und Großbritannien legalisieren sie einige Jahre nach Abklingen der Pandemie – vermutlich, weil die Grippe zahllose Waisen zurücklässt. Auf den Sport. Bewegung, frische Luft, Natur gelten seit dem Grippeschock verstärkt als gesundheitsfördernd. So protegiert etwa jener glücklich-unglückliche spanische Monarch Alfons XIII., der die Grippe gleich zweimal überlebt, ab 1920 den „königlichen" Fußballklub Real Madrid. Auf die Zigaretten. Rauchwerk nämlich gilt ebenfalls als grippeabwehrend – und Zigaretten werden nach dem Ersten Weltkrieg ungeheuer populär, nun auch unter Frauen.

Und, ja doch, womöglich hat die Grippe trotz allem unterirdische Beben in Politik und Gesellschaft ausgelöst: Nicht nur im winzigen Westsamoa, sondern eben beispielsweise auch in Indien und Südafrika erschüttert die Seuche die Hochachtung vor fremden weißen Herrschern, denn die erweisen sich als hilflos im Angesicht der Katastrophe. Warum also sollte man ihnen noch länger gehorchen? Womöglich verstärkt die Grippe all die antikolonialen Freiheitsbewegungen des 20. Jahrhunderts.

Aber, wie gesagt, das bleiben alles Spekulationen. Zwar finden Wissenschaftler etwa Hinweise, dass das Erleben der Pandemie – zum Beispiel wegen der Zerrüttung von Familien oder des allgemeinen Misstrauens gegenüber Obrigkeiten – das soziale Vertrauen vieler dauerhaft beschädigt. Und dass die Davongekommenen diesen gesteigerten Argwohn gegenüber Mitmenschen und Institutionen sogar an ihre Kinder weitergeben. Welche konkreten gesellschaftlichen oder politischen Veränderungen die Grippe jedoch angestoßen hat, ist schwer zu ergründen.

Auch andere Mysterien bleiben. Die Menschen zwischen 20 und 40 Jahren sind die Altersgruppe mit der höchsten Todesrate. Ausgerechnet die Stärksten und Gesündesten! Warum? Niemand weiß es sicher. Eine Spekulation: Die Alten, die sonst die größte Opferzahl stellen, sind durch frühere Wellen wie die Russische Grippe des späten 19. Jahrhunderts bereits teilweise immunisiert worden, den Jungen hingegen fehlt dieser Schutz.

Unter den jungen Erwachsenen wiederum sterben mehr Männer als Frauen. Weshalb? Spekulation: Weil Männer häufiger außerhäuslich arbeiten, mehr Kontakte haben, sich auch deshalb häufiger mit Tuberkulose anstecken, was sie wiederum empfindlicher für die Grippe macht. Warum ist aber dann ausgerechnet in Indien, dem in absoluten Zahlen am fürchterlichsten getroffenen Land, der Anteil weiblicher Opfer größer? Warum ist in der reichen Schweiz die Mortalität höher als im kriegsgezeichneten Deutschland? Warum ist sie im neutralen Spanien dreimal höher als im ebenfalls neutralen Dänemark? Warum hat, zumindest nach den bestmöglichen Schätzungen der heutigen Virologen, in Asien Persien eine bis zu elfmal höhere Todesrate als die Philippinen? Warum sterben in Afrika südlich der Sahara mehr Menschen als nördlich davon? Hat das mit den Lebensumständen zu tun? Aber welchen? Die Schweizer sind doch medizinisch besser versorgt als die Deutschen. Was könnte einen Filipino so viel resistenter machen als einen Perser? Warum sollte ein unter französischer Kolonialherrschaft stehender Senegalese empfindlicher sein als ein ebenfalls unter französischer Kolonialherrschaft stehender Algerier?

Die Antwort, genauer: die Unfähigkeit, eine Antwort auf diese Fragen zu geben, ist nicht allein ein Problem der Historiker, sondern, selbstverständlich, von aktuellem Interesse. Sicher: Die Weltbevölkerung hat sich im Vergleich zu 1918 mehr als vervierfacht, statt Dampfschiffen und -lokomotiven ziehen nun Flugzeuge und Autos um die Welt, was einst in Zeitungen oder Tagebüchern geäußert wurde, steht heute im Web. Und das Coronavirus ist nicht das Grippevirus, es befällt den Körper auf andere Art (zum Beispiel mit einer mindestens doppelt so langen Inkubationszeit), es schädigt teilweise andere Organe.

Doch manche Parallelen zur Mutter aller Pandemien sind gespenstisch, weitere zumindest lehrreich. Warum etwa hatten damals und haben heute manche Infizierte nur leichte Symptome – während andere am Virus sterben? Warum litten damals und leiden heute einige Kranke noch lange an gesundheitlichen Schäden, andere jedoch erholen sich vollständig? Warum flauen Krankheitswellen in den Sommermonaten ab, kehren dann manchmal im Herbst mit neuer Gewalt zurück – manchmal aber auch nicht? Wo hat eine Seuche ihren Ursprung? Wo und wann endet sie, ja, endet sie überhaupt je wirklich? Die Grippe jedenfalls begleitet uns auch nach 1920 weiter, und wer weiß schon, wann und wo sie einmal wieder katastrophal tödlich werden könnte?

Die Menschen haben zwischen 1918 und 1920 teilweise wie heute, oft jedoch ganz anders reagiert. Zumindest in Europa und Nordamerika waren viele, glaubt man ihren schriftlichen Zeugnissen, erstaunlich gelassen, gar fatalistisch. Ob Behörde, Fabrik oder Restaurant – fast keine Institution wurde geschlossen, oder falls doch, dann nur in wenigen Städten und für kurze Zeit. Keine Grenze wurde dichtgemacht, keine Reise verboten. Die meisten Schüler haben sich weiterhin in Klassenräumen versammelt, und die Politiker haben die wichtigste Friedenskonferenz der Epoche in Paris nicht um einen einzigen Tag verschoben, obwohl alle westlichen Staatschefs dort waren. Schutzmaßnahmen wie eine Maskenpflicht wurden nur von wenigen Ländern eingeführt und oftmals nur halbherzig – und trotzdem haben, wie heute, Menschen dagegen protestiert.

Den größten Unterschied zwischen den ein Jahrhundert auseinanderliegenden Pandemien macht ebenjenes um ein Jahrhundert fortgeschrittene Wissen aus. Bei keinem einzigen der bis zu 100 Millionen Toten der Spanischen Grippe konnten Ärzte nachweisen, dass er an ihr gestorben ist – niemand kannte ja den Erreger, geschweige denn, dass jemand seine besondere Mutation hätte identifizieren können. Man konnte nur anhand der Symptome auf die Grippe schließen. Heute ist SARS-CoV-2 rasch identifiziert und bis in seine RNA hinein analysiert worden. Auf Basis dieser Ergebnisse gibt es Impfstoffe, um Gesunde zu schützen, und Medikamente, um Kranken zu helfen.

Das ist der entscheidende Punkt: Die Medizin gibt heute Antworten, wo es vor 100 Jahren noch keine Antworten gab.

Trotzdem lehrt die Geschichte der Spanischen Grippe Bescheidenheit und Vorsicht. Niemand weiß, wo die nächste Pandemie lauert, wann sie ausbrechen, wie sie verlaufen wird. Nicht ausgeschlossen, dass diese unweigerlich kommende globale Seuche eine, genetisch gesprochen, Nachfahrin der Spanischen Grippe ist. Insofern sind die 7,8 Milliarden Menschen des Jahres 2022 noch genauso ahnungslos wie ihre 1,8 Milliarden Vorfahren 1918. ◊

LITERATURTIPPS

LAURA SPINNEY
»1918 – Die Welt im Fieber«
Standardwerk, das die Seuche auch in nichtwestlichen Kulturen beschreibt (Piper).

HARALD SALFELLNER
»Die Spanische Grippe«
Die knappe, reich illustrierte Abhandlung zieht auch den Vergleich zu COVID-19 (Vitalis).

GEO+ EPOCHE DOSSIER

Lesen Sie auch **»Die Pest: Der rasende Tod«** (aus GEO*EPOCHE* Nr. 2) auf *www.geo-epoche.de*

IN KÜRZE

Von 1918 bis 1920 löst ein ursprünglich wohl von Wildvögeln auf den Menschen übergesprungenes Grippevirus die möglicherweise schwerste Pandemie aller Zeiten aus. Die Seuche trifft auf eine vom Ersten Weltkrieg ausgezehrte Bevölkerung und ein vielerorts nur schwach entwickeltes Gesundheitswesen. Ohne koordinierte Gegenmaßnahmen reißt die Krankheit mehr Menschen in den Tod als der Krieg.

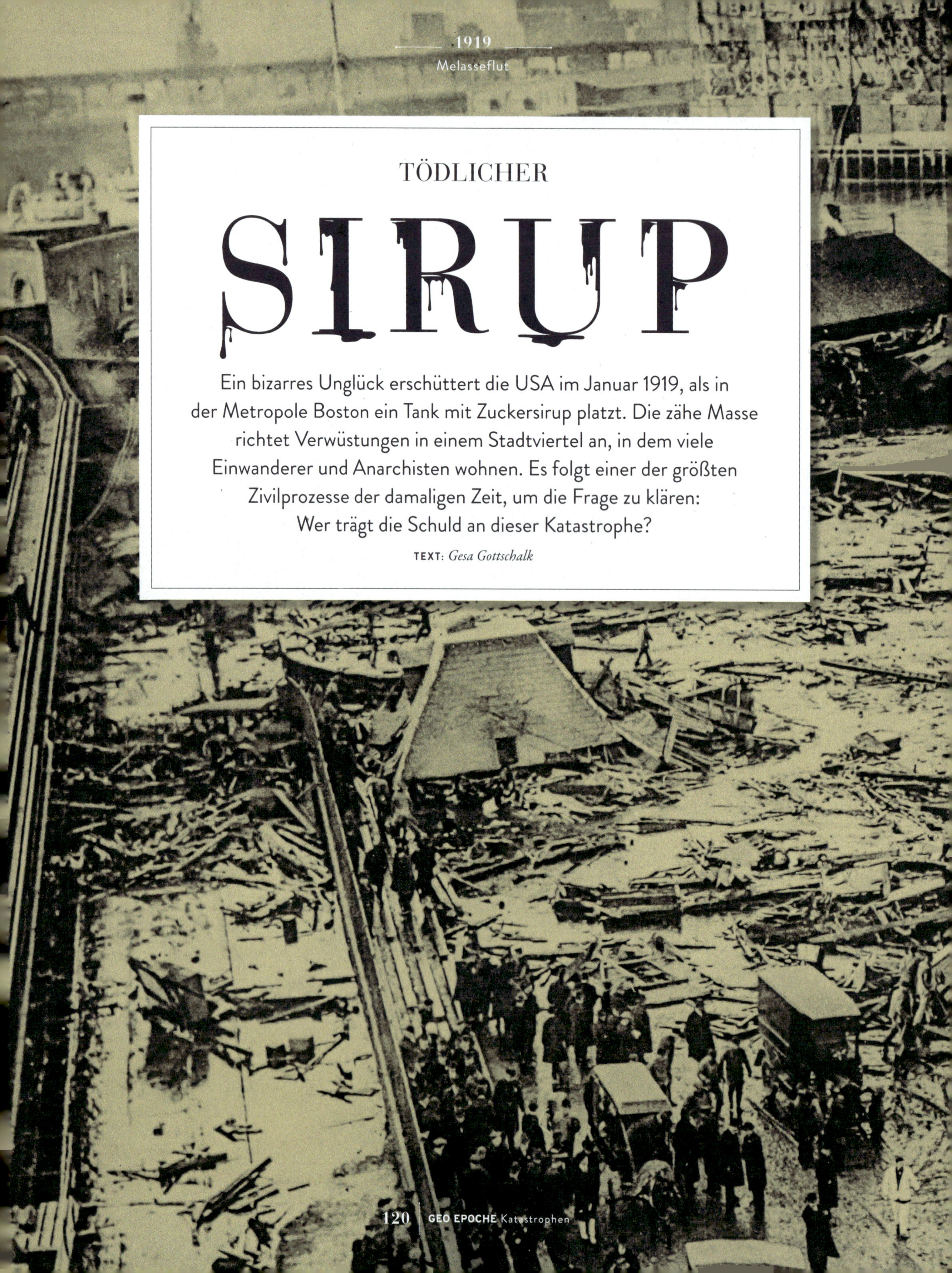

TÖDLICHER SIRUP

Ein bizarres Unglück erschüttert die USA im Januar 1919, als in der Metropole Boston ein Tank mit Zuckersirup platzt. Die zähe Masse richtet Verwüstungen in einem Stadtviertel an, in dem viele Einwanderer und Anarchisten wohnen. Es folgt einer der größten Zivilprozesse der damaligen Zeit, um die Frage zu klären: Wer trägt die Schuld an dieser Katastrophe?

TEXT: *Gesa Gottschalk*

NACH DEM BERSTEN liegen die Überreste des Tanks in einem Feld der Zerstörung. Die Sirupflut hat eine Feuerwache von ihrem Fundament geschoben (rechts) und die Häuser im Umkreis zerschlagen. Krankenwagen stehen bereit, Helfer suchen unter den Trümmern nach Überlebenden

Der letzte Tag im Leben des Pasquale Iantosca ist ungewöhnlich schön. Die Mittagssonne blinzelt immer wieder zwischen den Wolken hervor und wärmt die Luft an diesem 15. Januar 1919 auf vier Grad über null, überraschend mild für Boston im Winter. Der Zehnjährige schwitzt in seinen zwei roten Pullovern, übereinandergezogen, weil es die Eltern so wollten.

Pasquales Vater steht am Fenster der Wohnung und behält die drei Kinder auf der anderen Straßenseite im Auge: seinen Sohn, die Nachbarstochter Maria Di Stasio und deren Bruder Antonio. Sie sammeln Brennholz, neben dem großen Tank am Rande des North End.

Dieses riesige stählerne Monstrum beherrscht Bostons ältestes Viertel, das so dicht besiedelt ist wie kaum ein anderer Ort auf der Welt: 30 000 Menschen leben hier auf weniger als einem Quadratkilometer.

Von der daneben liegenden Hochbahn aus gesehen wirkt der Tank, als habe jemand eine riesige Konservendose zwischen die Häuser am Hafen gesetzt, gleich beim städtischen North End Paving Yard, wo Schmiede Pferde beschlagen und Steinmetze Pflastersteine hauen. Er überragt die Waggons der kleinen Frachtbahn auf der Commercial Street und auch die Feuerwache am Ufer.

Seit drei Jahren steht dieser Tank im North End, oft dringt ein Blubbern und Stöhnen aus seinem Inneren. Ein dunkler Sirup tritt zwischen den rostbraun angemalten Stahlplatten hervor, läuft die Wände herunter und sammelt sich auf dem Boden. Die zähflüssige Masse bleibt übrig, wenn man Zucker aus Zuckerrohr gewinnt. Bitter schmeckt diese Melasse, leicht metallisch, ein wenig nach Lakritz und nach Kaffee.

Die Nachbarskinder sammeln sie in Eimern für ihre Mütter. Sie kratzen sie mit Stöcken vom Tank und schlecken sie ab. Eine zwar kostenlose, aber streng verbotene Leckerei: Zwischen den Waggons und den Pferdegespannen ist es gefährlich.

Gerade haben Mitarbeiter der Eisenbahn Maria Di Stasio erwischt und schimpfen sie aus. Es ist zwanzig vor eins. Pasquale in seinen roten Pullovern duckt sich hinter den Tank.

Dann geht die Welt unter.

Es ertönt ein Geräusch wie Maschinengewehrfeuer, als Tausende Nieten aus den Stahlplatten springen. Wo Pasquale stand, türmt sich kurz eine Wand aus Melasse, drei Stockwerke hoch. Und dann schlagen 12 000 Tonnen Sirup Häuser zu Trümmern, schieben die Feuerwache von ihrem Fundament, zerquetschen Autos, als seien sie Spielzeug aus Blech. Die Welle hebt einen vier Tonnen schweren Lastwagen an und spült ihn in den Hafen.

Ein Bruchstück des Tanks zertrümmert die Stütze der Hochbahn. Deren Schienen brechen bis fast auf die Straße hinunter, Sekunden nachdem der Zug die Stelle überfahren hat. Der Fahrer stoppt, klettert vorsichtig die halb zerstörten Gleise entlang, dann beginnt er zu rennen, zu winken und zu schreien, dem nachfolgenden Zug entgegen: „Die Strecke ist kaputt! Anhalten!"

Mannshoch schlägt die klebrige Flut gegen Backsteinmauern, lässt Fenster bersten, schließt Arbeiter in Werkstätten und Kellern ein.

Es ist eines der bizarrsten Unglücke der Geschichte: Eine harmlose Flüssigkeit, die Bostons Bürger sonst für Baked Beans und die süße Spezialität Gingerbread verwenden, verwandelt einen Teil ihrer Stadt innerhalb von Sekunden in ein Katastrophengebiet.

Die Menschen werden Wochen brauchen, um die Trümmer fortzuräumen, und Jahre warten müssen, um Ant-

RUND NEUN MILLIONEN LITER Sirup fasst der gewaltige Tank. Zu Industriealkohol verwandelt, dient die Zuckermasse (auch Melasse genannt) etwa zur Herstellung von Sprengstoff: im Ersten Weltkrieg ein lukratives Geschäft

DIE SIRUPMASSEN HABEN EIN GANZES HAUS unter die Hochbahn gedrückt und dabei den Viadukt verbogen. Die Besitzer des Tanks in Boston behaupten: Nur eine Bombe kann diese katastrophale Wucht entfesselt haben

worten auf ihre Fragen zu erhalten: Wie konnte das passieren? Wer ist schuld an der Sirupflut?

E

Es war eine Investition in den Krieg. Eine große Aktiengesellschaft, United States Industrial Alcohol (USIA), hatte den Tank im Winter des Jahres 1915 bauen lassen. Statt immer wieder kleinere Mengen Melasse von Zwischenhändlern kaufen zu müssen, konnte das Unternehmen fortan seine aus der Karibik kommenden Schiffe am Kai anlegen lassen, den Tank vollpumpen und dann die Melasse nach und nach abtransportieren.

Das senkte Kosten in einer Zeit, in der Sirup zu einem höchst wertvollen Stoff wurde: Aus Melasse lässt sich Industriealkohol destillieren, wichtig für die Herstellung von Explosionsstoffen – etwas, was Europas Armeen 1915 dringend brauchten.

Zwar hielten sich die Vereinigten Staaten noch aus dem Weltkrieg heraus, doch allein die Nachfrage aus Kanada, Frankreich und Großbritannien nach Sprengmitteln bewahrte ihre Wirtschaft vor einer Rezession. USIA galt als vielversprechende Aktie für Menschen, die auf den Krieg spekulierten.

Das Unternehmen hat den Tank nicht zufällig im Bostoner North End errichtet, in einem Einwandererviertel. Es hätte andere, ähnlich günstig gelegene Orte am Hafen gegeben. Aber im North End dürfen nur wenige Menschen wählen – sie können kaum mitreden bei dem, was in ihrer Nachbarschaft geschieht.

Vor allem Italiener leben hier: Das Viertel, in das die USIA ihren kriegswichtigen Tank gestellt hat, ist damit auch eine Hochburg der Anarchisten. Seit der Jahrhundertwende haben die Radikalen in den USA immer mehr Zulauf. Einige ihrer prominentesten Anführer sind italienische Exilanten.

Zunächst war der Plan der Aktiengesellschaft aufgegangen. Das Unternehmen hat gut am Krieg verdient und seinen Gewinn allein in den Jahren 1914 bis 1916 verneunfacht.

Nach dem Waffenstillstand im November 1918 hatte die USIA noch einmal versucht, so viel Gewinn als möglich aus ihrer Investition im Bostoner Hafen zu holen. Im Frieden sollte die Melasse zu Rum werden.

WAR ES EIN UNFALL – ODER EIN ANSCHLAG?

Die Zeit dafür ist knapp: Ein Verfassungszusatz verbietet, alkoholische Getränke herzustellen, zu transportieren oder zu verkaufen. Im Januar 1919 müssen ihn nur noch wenige Bundesstaaten ratifizieren, damit die Prohibition in Kraft tritt. Jeden Tag kann es nun so weit sein.

Dann wird es eine Schonfrist von einem Jahr geben. Die USIA wollte diese Zeit nutzen: Wenige Tage vor dem Unglück hat ein Schiff neue Melasse gebracht. Als Pasquale Iantosca Brennholz sammeln ging, war der Tank mit fast neun Millionen Litern beinahe bis zum Rand gefüllt.

Dann barst der Stahl, und der Himmel verdunkelte sich. Als die Welle sich ausgelaufen hat, ist der Bereich knietief mit Sirup bedeckt. Wo der Tank stand, liegt nahezu unversehrt sein Dach.

Pasquale ist verschwunden.

Schnell kommen die Fahrerinnen vom Roten Kreuz, die Wagen der Polizei sowie der Krankenhäuser und der Feuerwehr. Hunderte Helfer und Helferinnen schwärmen aus, suchen Überlebende, ziehen Verletzte aus der Flut, bergen Tote. Sie können oft nicht erkennen, ob sich Mensch oder Tier unter der braunen Masse aufbäumt, verzweifelt versucht, Luft zu bekommen, aufzustehen. In der kühlen Januarluft wird die Melasse schnell immer zäher und damit tödlicher.

Unter Fässern ziehen Feuerwehrmänner Maria Di Stasio hervor. Sie legen das tote Mädchen auf eine Bahre und decken es zu. Marias Bruder Antonio überlebt mit gebrochenem Schädel.

NACH DEM UNGLÜCK zerlegen Arbeiter den geborstenen Siruptank. Der Stahl des riesigen Behälters riss wohl an einer Luke wie dieser. Was aber die Ursache der plötzlichen Zerstörung war, kann erst ein jahrelanger Gerichtsprozess klären

Schüsse hallen über das Gelände: Polizisten müssen Dutzende Pferde erlösen, die hilflos und verletzt an der Straße kleben. Priester waten in ihren schwarzen Roben durch den Sirup, trösten die Verwundeten, salben die Sterbenden.

Die Opfer werden in die nahen Krankenhäuser gefahren, viele in die kleinere Haymarket Relief Station, die bald hoffnungslos überfüllt ist. Schwestern und Ärzte schneiden ihnen die klebrigen braunen Kleider vom Leib, versuchen, die Masse mit Natron und viel heißem Wasser von den Gesichtern zu waschen, und sehen oft dann erst, ob sie eine Frau oder einen Mann vor sich haben – und wie schwer der Patient verletzt ist. Bald riecht das Krankenhaus herb-süßlich, lassen sich die Betten nicht mehr schieben, weil ihre Räder verklebt sind. Um die Köpfe der Patienten bilden sich dunkle Ringe auf den weißen Kissen.

Am zweiten Tag der Aufräumarbeiten läuten die Kirchenglocken: Nebraska hat den Verfassungszusatz zur Prohibition ratifiziert, der damit rechtskräftig ist. Am sechsten finden die Helfer ein Kind, eingeklemmt zwischen einem Waggon und einer Mauer, 15 Meter vom Tank entfernt. Giuseppe Iantosca identifiziert den zerschmetterten Körper anhand der beiden roten Pullover: Pasquale, sein Sohn.

Die Besitzer des Tanks beteiligen sich nur zögerlich an den Arbeiten. Ihr Anwalt allerdings gibt bereits am Abend der Katastrophe eine Erklärung ab: „Wir wissen ohne Zweifel, dass der Tank nicht schwach war. Etwas von außen hat ihn zerstört." Mit anderen Worten: Jemand hat einen Anschlag verübt.

Und während noch immer Vermisste tot geborgen werden, während Verletzte mit gebrochenen Knochen und eingedrückten Schädeln ihren Wunden erliegen, während Hunderte Helfer

Stahl und Holz zerschneiden und abtransportieren, während sie Brackwasser aus dem Bostoner Hafen pumpen, weil es als einziges Mittel gegen die zähe Melasse hilft, während Sirup an Schuhen und Kleidern durch die Stadt getragen wird, bis ganz Boston zu kleben scheint – während all dessen beharrt die USIA darauf, keinen Fehler gemacht zu haben. Das Unternehmen wird für Zehntausende Dollar Experten rekrutieren und ein Modell des Tanks bauen lassen, um das angebliche Verbrechen zu beweisen.

Die Melasseflut hat einen Schaden von mehr als einer Million US-Dollar verursacht, das sind nach heutigem Wert umgerechnet ungefähr 15 Millionen Euro. Sie hat 21 Menschen getötet und 150 verletzt.

Fast zwei Jahre nach der Katastrophe beginnt deshalb der größte Zivilprozess in der Geschichte des Bundesstaats Massachusetts: Insgesamt 119 Einzelklagen gegen die USIA werden zu einer Klage zusammengefasst.

Der Anwalt des Unternehmens ergreift am 2. September 1920 erstmals das Wort. „Es gab eine Treppe zum Dach des Tanks", sagt er, „es war einfach, dort hinaufzugehen und einen Sprengsatz durch eine der vier Luken zu werfen. Man hätte nicht mehr als fünf Pfund Dynamit gebraucht."

Anarchistische Terroristen haben den Tank in die Luft gejagt, das ist die Verteidigungsstrategie der USIA. Seit Kriegsbeginn haben tatsächlich Radikale immer wieder Bombenattentate in den USA verübt, insbesondere auf Munitionsfabriken und Waffenproduzenten, aber auch auf Vertreter des Staates.

Im Dezember 1916 haben sie ein Loch in die Mauer einer Polizeiwache gesprengt, wenige Hundert Meter vom Tank entfernt.

Und noch im Januar 1919 hingen Plakate an den Hauswänden der Commercial Street. „Deportation wird den Sturm nicht von diesen Gestaden abhalten", stand darauf, „er ist bereits hier und wird euch sehr bald zermalmen und vernichten in Blut und Feuer." Und: „Wir werden euch in die Luft sprengen."

Die Warnung erschien nur wenige Tage vor der Katastrophe. Seitdem haben Bomben unter anderem die Häuser eines Richters in Boston und des Generalstaatsanwalts in Washington, D. C. zerstört, fast 40 Menschen in der New Yorker Wall Street getötet. Seitdem sind die Anarchisten Nicola Sacco und Bartolomeo Vanzetti wegen Mordes inhaftiert worden.

Zudem haben US-amerikanische Gerichte in den ersten Jahrzehnten des 20. Jahrhunderts meistens zugunsten von Unternehmen geurteilt – selbst nach einem tödlichen Fabrikbrand in New York, bei dem 1911 fast 150 Menschen

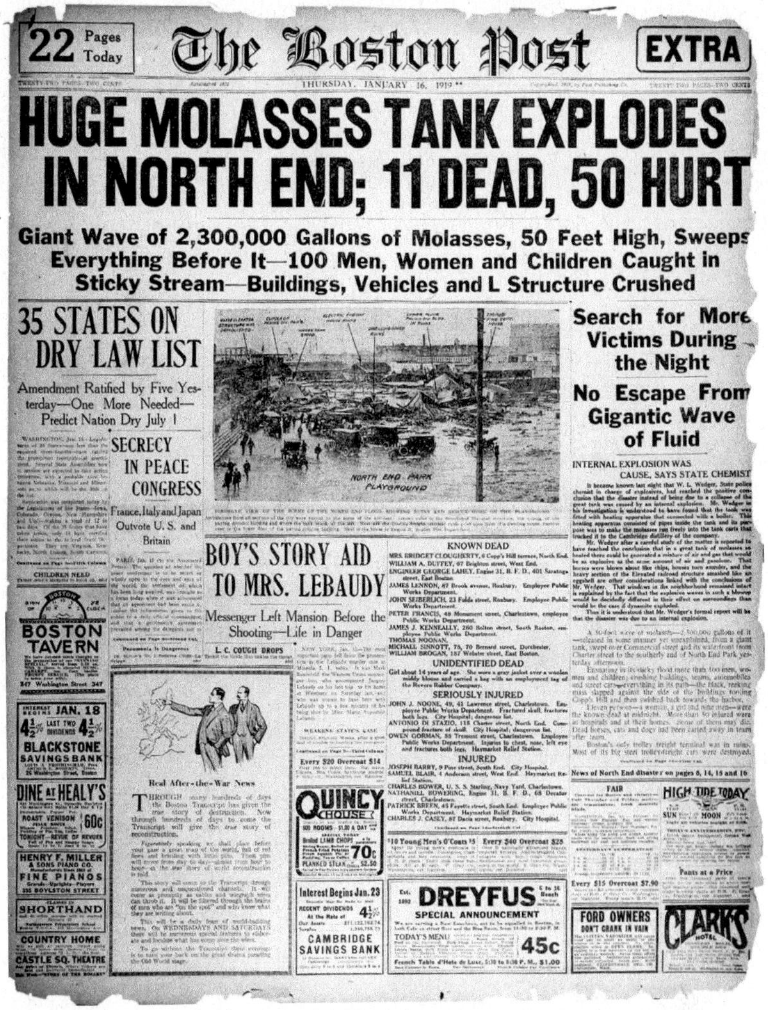

22 Pages Today

The Boston Post

EXTRA

THURSDAY, JANUARY 16, 1919

HUGE MOLASSES TANK EXPLODES IN NORTH END; 11 DEAD, 50 HURT

Giant Wave of 2,300,000 Gallons of Molasses, 50 Feet High, Sweeps Everything Before It—100 Men, Women and Children Caught in Sticky Stream—Buildings, Vehicles and L Structure Crushed

35 STATES ON DRY LAW LIST

Amendment Ratified by Five Yesterday—One More Needed—Predict Nation Dry July 1

SECRECY IN PEACE CONGRESS

France, Italy and Japan Outvote U. S. and Britain

NORTH END PARK PLAYGROUND

Search for More Victims During the Night

No Escape From Gigantic Wave of Fluid

INTERNAL EXPLOSION WAS CAUSE, SAYS STATE CHEMIST

BOY'S STORY AID TO MRS. LEBAUDY

Messenger Left Mansion Before the Shooting—Life in Danger

KNOWN DEAD

MRS. BRIDGET CLOUGHERTY, 6 Copp's Hill terrace, North End.
WILLIAM A. DUFFEY, 67 Brighton street, West End.
ENGINEER GEORGE LAHEY, Engine 31, B. F. D., 401 Saratoga street, East Boston.
JAMES LENNON, 87 Brook avenue, Roxbury. Employee Public Works Department.
JOHN SEIBERLICH, 23 Folds street, Roxbury. Employee Public Works Department.
PETER FRANCIS, 48 Monument street, Charlestown, employee Public Works Department.
JAMES J. KENNEALLY, 260 Bolton street, South Boston, employee Public Works Department.
THOMAS NOONAN.
MICHAEL SINNOTT, 78, 70 Bernard street, Dorchester.
WILLIAM BROGAN, 187 Webster street, East Boston.

UNIDENTIFIED DEAD

SERIOUSLY INJURED

INJURED

BOSTON TAVERN

BLACKSTONE SAVINGS BANK

DINE AT HEALY'S

QUINCY HOUSE

DREYFUS

CAMBRIDGE SAVINGS BANK

CLARK'S

ZEITUNGSAUSGABE VOM TAG nach der Katastrophe. Die Zahlen der in den Titelzeilen gemeldeten Toten und Verletzten werden jedoch noch steigen. Der letzte Vermisste wird erst knapp vier Monate später gefunden werden

DIE MELASSE HAT MASSIVEN STAHL verbogen wie Blech, in der kalten Luft wird sie schnell zähflüssig und behindert die Retter. Hunderte sind herbeigeeilt, darunter Hafenarbeiter und Besatzungsmitglieder eines Segelschulschiffs

gestorben waren, weil die Besitzer die Türen verschlossen hatten.

Allerdings hat die Theorie des Anwalts der USIA einige entscheidende Schwachstellen: Niemand hat am Mittag des 15. Januar einen Menschen auf der Treppe des Tanks gesehen oder jemanden dabei beobachtet, etwas in die Luke zu werfen. Ein Experte muss außerdem zugeben, dass bei einer Explosion Fensterscheiben vom Luftdruck zersprungen wären – und das ist bei aller Zerstörung an diesem Tag nicht passiert.

Fünf Jahre dauert der Prozess, 920 Zeugen treten auf, die Akten umfassen 25 000 Seiten. Schon bald fügen sie sich zu einer anderen Geschichte. Einer Geschichte, die nichts zu tun hat mit bombenbauenden Anarchisten – und stattdessen alles mit ebenso skrupellosen Kapitalisten.

Arbeiter haben den Tank im Winter 1915 innerhalb von nicht einmal zwei Monaten hochgezogen, überwacht vom Finanzleiter der zuständigen Tochterfirma. Die Chefs der USIA hatten ihm eine Vizepräsidentschaft im New Yorker Mutterunternehmen in Aussicht gestellt, wenn er sich in Boston bewähren sollte.

Er gibt vor Gericht zu, keine Baupläne lesen zu können. Keine Ahnung zu haben von Druck pro Quadratzoll, von Sicherheitsfaktoren. Er hatte nicht gemerkt, dass die Stahlplatten dünner waren als bestellt – und heutigen Sachverständigen zufolge sogar nur halb so dick wie nötig. Er hatte keinen Spezialisten hinzugezogen.

Und statt den Tank vor der ersten Melasse-Lieferung mit Wasser zu füllen, wie es vorgeschrieben gewesen wäre, hatte er nicht mehr als 15 Zentimeter hineinlaufen lassen. Warum? Um Geld und Zeit zu sparen, sagt er.

Der Finanzleiter ignorierte alle Warnungen von Anwohnern und Mitarbeitern über das Blubbern und Stöhnen, über die Lecks zwischen den Nieten und den Rost im Inneren.

D

Doch das Versagen, das sich vor Gericht offenbart, geht über das einzelne Unternehmen und seine Angestellten hinaus. Niemand überprüfte, ob dieser monströse Tank in einem Wohngebiet den Vorschriften entsprach: Die Baubehörde hatte ihn als „Gefäß“ behandelt, nicht als Gebäude – und sich lediglich den Plan für den Betonsockel vorlegen lassen.

„Achtlosigkeit gegenüber menschlichem Leben“ nennt dies der Anwalt der Opfer: „Dieser Tank, im Herzen einer großen Stadt, wurde gebaut, betrieben und unterhalten, ohne jemals einen einzigen Ratschlag irgendeiner kompetenten Stelle einzuholen.“

Am 28. April 1925, mehr als sechs Jahre nach der Katastrophe, ergeht das Urteil: Die USIA muss 300 000 Dollar Schadenersatz zahlen – eine Summe, die das Unternehmen in einer außergerichtlichen Einigung mehr als verdoppelt, um einem weiteren Prozess zu entgehen.

Für den Tod von Pasquale Iantosca erhält sein Vater Giuseppe einige Tausend Dollar. Weniger als andere, weil das Kind sofort tot gewesen sei und nicht gelitten habe.

Es ist trotzdem ein erstaunliches Urteil in einer Zeit, in der Unternehmer daran gewöhnt sind, von jeglicher Schuld freigesprochen zu werden. Die USIA muss erkennen, dass sich das Verhältnis zwischen Öffentlichkeit und Industrie verändert.

Am Beginn des Jahrhunderts hatten noch Verheißungen dieses Verhältnis geprägt, waren Autos von den ersten automatischen Fließbändern gerollt, und im Weltkrieg schienen die Verdienstchancen schier grenzenlos. Doch in den Jahren nach der Melasseflut begreifen die Bürgerinnen und Bürger der USA, dass Steuern und Arbeitsplätze nicht alles sind, was sie von ihren Unternehmen erwarten dürfen, sie fordern und erhalten Gesetze, um die Industrie zu kontrollieren.

So verändert die Katastrophe von Boston, wie in den USA gebaut wird. Künftig muss ein Ingenieur große Anlagen abnehmen, bevor sie genehmigt werden. Und sie trägt dazu bei, dass sich in den Jahren nach dem Prozess immer mehr italienische Einwanderer einbürgern lassen. Sie wollen in der Lage sein, sich zu wehren, wenn wieder jemand den Tod in ihre Mitte stellt. ◊

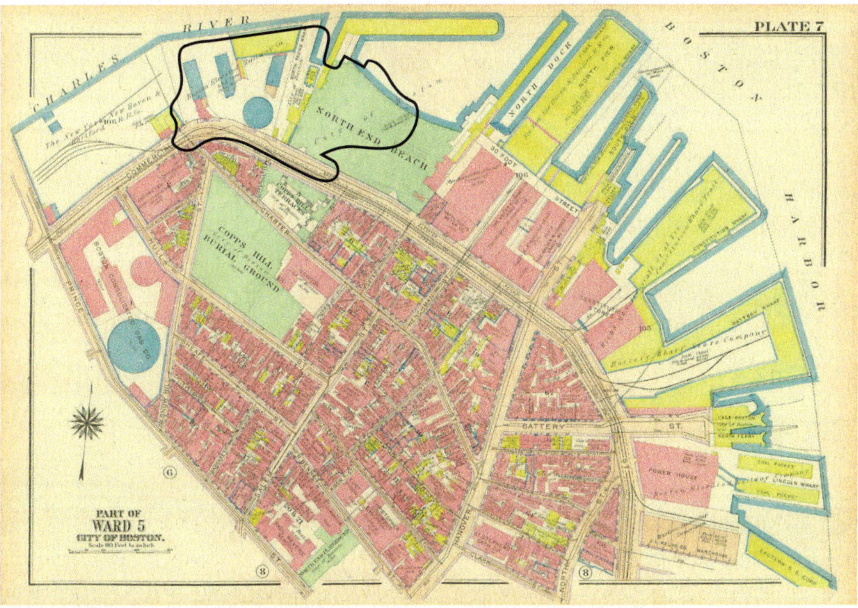

DAS VERHEERTE AREAL (schwarze Umrandung) liegt in einem Viertel am Hafen von Boston. Vor allem Immigranten leben dort, die kaum Mitspracherechte haben

LITERATURTIPPS

STEPHEN PULEO
»Dark Tide – The Great Boston Molasses Flood of 1919«
Das erste und bis heute beste umfassende Buch zum Thema (Beacon Press).

LISA MCGIRR
»The War on Alcohol – Prohibition and the Rise of the American State«
Brillante Geschichte der Prohibition (Norton).

GEO+ EPOCHE DOSSIER

Lesen Sie auch **»Blizzard in New York: Die Stadt und der Sturm«** (aus GEO*EPOCHE* Nr. 11) über eine weitere Katastrophe an der US-Ostküste auf *www.geo-epoche.de*

IN KÜRZE

Als 1919 in Boston ein Melassetank der Aktiengesellschaft USIA birst, spricht das Unternehmen zunächst von einem Terroranschlag. Doch das Desaster mit 21 Toten zieht einen fünfjährigen Gerichtsprozess nach sich, der enthüllt: Aus Profitgier hat der Konzern Sicherheitsvorgaben missachtet und so das Unglück ausgelöst. Es trägt dazu bei, dass die US-Industrie, die vorher oft rücksichtslos agieren konnte, sich fortan stärker für Fehlverhalten verantworten muss.

ERST INTERESSIERT sich kaum jemand für Warrens Erfindung. Doch der Chemiker bleibt hartnäckig – und bald macht sein Flugschreiber Luftfahrzeuge welt-weit sicherer

DATENSAMMLER ÜBER DEN WOLKEN

Frustriert von einer Reihe ungeklärter Flugzeugabstürze, ersinnt der Australier David Warren in den 1950er Jahren ein Gerät, das Informationen aus dem Cockpit festhält: den Flugschreiber

TEXT: *Jakob Bauer*

Als David Warren seine Idee vorstellt, ist die Reaktion vernichtend: Überflüssig sei diese Datensammelei, urteilen im Jahr 1954 Fluggesellschaften und Luftfahrtbehörden, an die er das Konzept verschickt. Die meisten melden sich gar nicht erst zurück. Zu Unrecht. Denn Warren will mit einem neuartigen Gerät erhellen, aus welchen Gründen verunglückende Flugzeuge vom Himmel stürzen – um solche Katastrophen in Zukunft besser zu verhindern. Was der australische Wissenschaftler im Sinn hat, ist ein Flugschreiber: die erste „Black Box" der Welt.

Die Ingenieurskunst hat im frühen 20. Jahrhundert den menschlichen Traum vom Fliegen wahr gemacht, riesige Distanzen lassen sich nun in kürzester Zeit überwinden. Doch immer wieder kommt es zu Abstürzen, wie auch David Warren früh erfahren muss: Er ist neun Jahre alt, als sein Vater im Oktober 1934 mit einer Propellermaschine tödlich verunglückt.

Warren studiert Chemie, erforscht anschließend in einem staatlichen Labor in Melbourne die Optimierung von Flugbenzin. Zu dieser Zeit, im Mai 1952, geht in London unter großer Euphorie die „Comet" an den Start, das erste Düsenverkehrsflugzeug der Geschichte. Dann aber brechen binnen zwei Jahren mehrere Jets des neuen Typs beim Abheben oder hoch in der Luft auseinander.

Nach dem dritten Desaster beruft Australiens Luftfahrtbehörde ein Expertengremium ein, dem Warren angehört. Doch die Suche nach der Ursache erweist sich als schwierig. Eine technische Panne? Ein fataler Pilotenfehler? Die Maschinen sind durch den Aufprall weitgehend zerstört, und meist gibt es keine Überlebenden, die Auskunft geben könnten. So verliert sich der Ausschuss in Spekulationen, die Warren zunehmend frustrieren (erst einige Jahre später werden englische Fachleute Materialschwächen am Rumpf als Unglücksursache ausmachen). Was wäre, fragt er sich, wenn man nachvollziehen könnte, wie sich ein Flugzeug vor seinem Absturz verhalten hat – und wie die Piloten reagierten?

Kurz zuvor ist Warren auf einer Messe ein hochmodernes Diktiergerät aus deutscher Produktion aufgefallen. Das „Minifon" speichert Ton mithilfe eines Elektromagneten auf haardünnem Stahldraht, ist zudem günstig und robust. Warren baut nun, unter anderem in seiner Garage, den Apparat zum Prototyp einer Black Box um – und kombiniert darin zwei Funktionen: Der Rekorder schneidet die Gespräche und Geräusche im Cockpit mit, zusätzlich werden Flugdaten wie Geschwindigkeit und Höhe auf dem Draht gespeichert. Der Wissenschaftler hüllt die Technik in ein stabiles Stahlgehäuse, das mit einem feuerfesten Isoliermaterial ausgekleidet ist – zum Schutz vor Flammen und selbst dem härtesten Aufprall.

Doch das Konzept des Chemikers stößt auf Desinteresse oder gar Widerstand, besonders in Australien und auch in den USA. Piloten würden sich ausspioniert fühlen, protestiert eine Gewerkschaft und warnt vor „Big Brother im Cockpit". Warren jedoch bleibt stur. Als 1958 ein hoher Beamter der britischen Luftfahrtbehörde sein Labor besucht, demonstriert der Australier den Prototyp – und wird prompt nach England eingeladen, um seine Idee dort persönlich vorzustellen.

Endlich der ersehnte Erfolg: Die Behörde verpflichtet bald alle britischen Airlines zum Einbau eines Flugschreibers, der auf Warrens Werk beruht. 1960 erlässt Australien eine ähnliche Vorschrift. Und bald setzt sich die Erfindung weltweit als Standard durch. Überall heben nun Flugzeuge mit dem etwa schuhkartongroßen Gerät an Bord ab, auf dem „Flugschreiber – Nicht öffnen" steht. Häufig ist es in grellem Orange gestrichen, um im Unglücksfall die Suche danach zu erleichtern. Woher die „Black Box" ihren Namen hat, ist unklar; möglicherweise erinnert sie manche Piloten an ein schwarz ummanteltes Navigationsgerät aus dem Zweiten Weltkrieg, das so genannt wurde.

Sie erlaubt es endlich, Fehlentscheidungen im Cockpit oder technische Probleme zu rekonstruieren, die in Katastrophen mündeten. So können etwa Mängel bei Maschinen gleicher Bauart behoben, Crewmitglieder besser ausgebildet werden. Das Flugzeug ist statistisch eines der sichersten Verkehrsmittel der Welt – auch dank Warrens Erfindung. Trotzdem gerät der Schöpfer der Black Box weitgehend in Vergessenheit. Erst um die Jahrtausendwende zeichnet ihn sein Heimatland mit mehreren Verdienstorden aus.

Als David Warren im Juli 2010 mit 85 Jahren stirbt, prangt auf Wunsch seiner Tochter ein orangefarbenes Schild auf seinem Sarg. Und darauf steht, als humorvolle letzte Würdigung: „Flugschreiber-Erfinder – Nicht öffnen". ◊

Weil er den Markt in Indien erobern will, errichtet ein US-Chemiekonzern dort eine Pestizidfabrik in der Stadt Bhopal. Doch Profitgier und Rücksichtslosigkeit lassen die Betreiber zentrale Sicherheitsregeln bei der Produktion eines hochgiftigen Stoffes missachten. Und so kommt es im Dezember 1984 zu einem Unfall, der Tausende Menschen das Leben kostet – und dessen Folgen bis heute spürbar sind

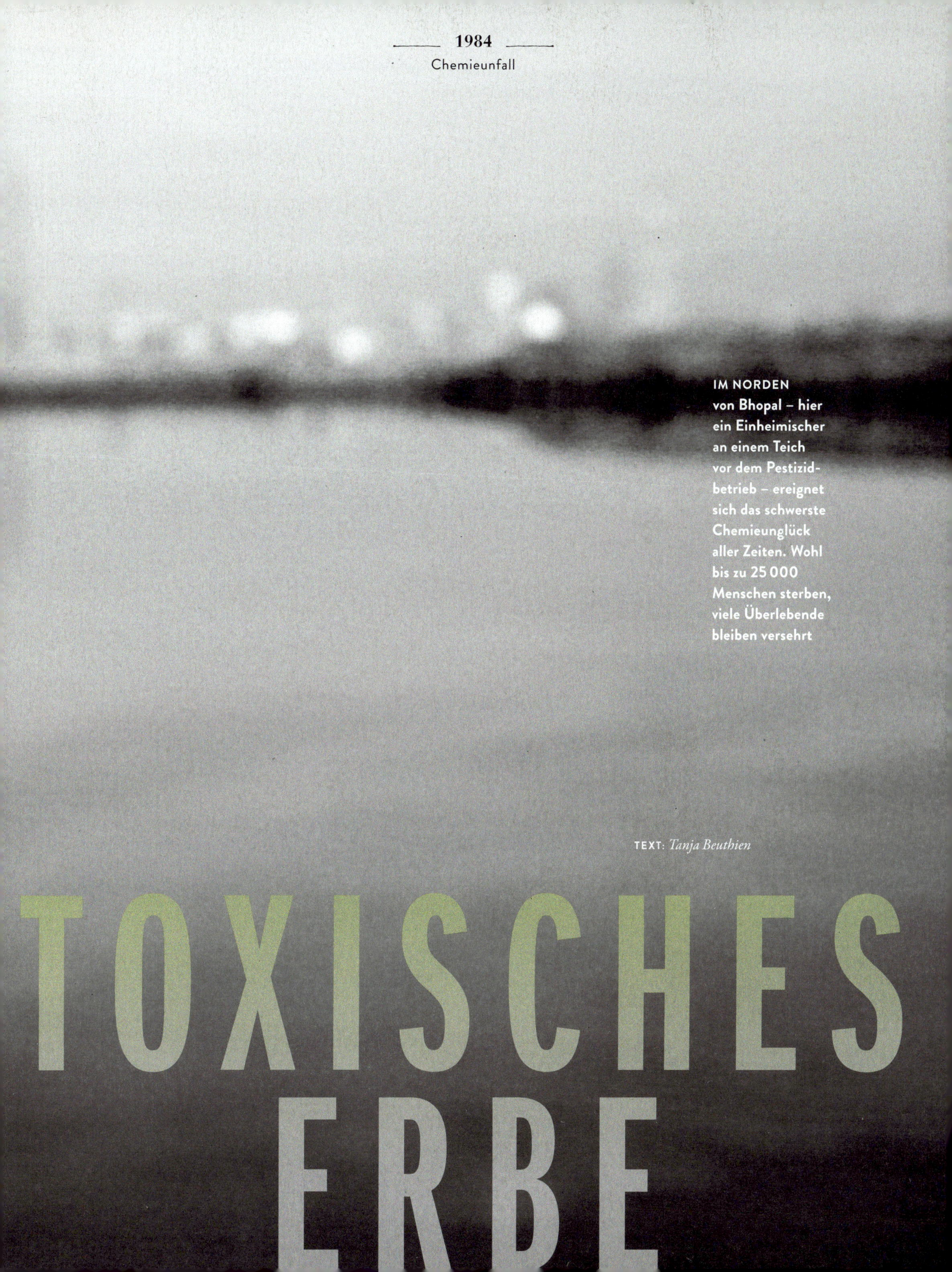

IM NORDEN von Bhopal – hier ein Einheimischer an einem Teich vor dem Pestizidbetrieb – ereignet sich das schwerste Chemieunglück aller Zeiten. Wohl bis zu 25 000 Menschen sterben, viele Überlebende bleiben versehrt

TEXT: *Tanja Beuthien*

TOXISCHES ERBE

E

Es ist die Nacht ihrer Hochzeit, und Padmini tanzt. Die nackten Füße des Mädchens stampfen im Takt des Tamburins, das der Bräutigam schlägt; bei jedem Schritt klingeln die Glöckchen an ihren Knöcheln. Und während sich die Braut im Rhythmus dreht, singen und klatschen um sie unzählige Verwandte, Freunde, Nachbarn, die auf Matten auf der Erde sitzen. Die Stimmung ist ausgelassen in dieser Nacht zum 3. Dezember 1984, auf dem zentralen Platz von Oriya Basti – einem der drei Elendsviertel der indischen Stadt Bhopal.

Vor einem hinduistischen Götterbild hat sich das Paar hier vor dem Tanz das Jawort gegeben, der 18 Jahre alte Dilip und seine noch jüngere Braut. Eine Schule hat sie nie besucht; geheiratet wird früh.

Für die zur Dekoration aufgehängte Lichterkette hat ihr Vater eigens ein Stromaggregat ausgeliehen. Denn Elektrizität und auch fließendes Wasser gibt es in den einfachen Hütten aus Bambus und Lehm im Viertel nicht.

Bhopal ist eine boomende Großstadt im Herzen Indiens mit rund 800 000 Einwohnern, berühmt für die größte Moschee des Landes und riesige künstlich angelegte Seen. Doch in den Slums wohnen vor allem Bauern, die vor Insektenplagen und Missernten geflohen sind, in der Hoffnung auf ein besseres Leben in der Stadt. Viele suchen Arbeit am nahe gelegenen Bahnhof von Bhopal, einem wichtigen Verkehrsknotenpunkt, etwa als Kofferträger wie Padminis Vater.

Oder in der großen Chemiefabrik des amerikanischen Konzerns Union Carbide. Deren stählerne Türme und Aufbauten ragen in Sichtweite der ärmlichen Hütten empor, bloß drei Kilometer von der Hochzeitsgesellschaft entfernt.

Es ist etwa ein Uhr, als in dieser Nacht ein kurzer Alarmton von der Fabrik herüberweht. Nur einen Augenblick lang halten die Feiernden inne. Das Geräusch ist ihnen vertraut, mehrmals hat das Unternehmen in den vergangenen Tagen seine Warnanlage getestet.

Doch nach wenigen Minuten steigt Padmini der scharfe Geruch von Chilis in die Nase. Das Verbrennen der Schoten ist in Indien ein alter Brauch, um böse Geister zu vertreiben. Aber der Gestank wird immer beißender, scheint den Menschen in die Augen zu kriechen, in die Lunge. Jeder Atemzug brennt. Plötzlich ist überall auf den Straßen Kreischen und Schreien zu hören: „Batschao! Batschao!" – Hilfe! Hilfe! Jetzt riecht es auch nach Kohl, frisch geschnittenem Gras, Ammoniak.

Panisch stürzen die Hochzeitsgäste auseinander, während die Braut im Chaos zurückbleibt. Frauen und Männer brechen neben ihr zusammen, von Todeskrämpfen geschüttelt. Fast blind tastet Padmini sich vorwärts, spuckt Blut. Bis sie das Bewusstsein verliert und zwischen Leichen auf die Straße sinkt.

Als die unsichtbaren Dämpfe nach unten sacken, verdichten sie sich in Bodennähe zu einem Nebel, der in die Hütten kriecht und die Lungen der Schlafenden verätzt. Leichter Wind treibt die giftige Wolke weiter nach Süden, von den Slums zu den Clubs und Lokalen in der Altstadt, durch die Besuchermenge eines Dichterfestivals, hin zu den Reisenden am Hauptbahnhof. Padminis Vater hat dort gerade noch seine Kollegen mit gefüllten Teigtaschen von der Hochzeit versorgt. Er hat die Feier vorzeitig verlassen, um seinen Spätdienst anzutreten.

Nun trampeln die Passagiere einander auf den Bahnsteigen nieder, manche fallen und kommen nicht wieder hoch, ersticken an ihrem eigenen Erbrochenen. Als der Brautvater das Grauen sieht, versuchen er und drei andere Männer mit Laternen Lichtzeichen zu geben und so einen herannahenden Zug zu warnen. Er lässt dabei sein Leben, zerquetscht unter den Rädern der Expressbahn Richtung Mumbai.

Noch wissen die Bewohnerinnen und Bewohner Bhopals nicht, was sich in den letzten

SCHON ALLEIN der Standort der Fabrik ist fahrlässig: Zu nah an Wohnvierteln von Bhopal (oben) liegen ihre Schornsteine, Reaktoren und Tanks. Zudem werden die Anlagen schlecht gewartet, sind Schutzmaßnahmen unzulänglich – hier versuchen Männer mit feuchten Textilsegeln Schadstoffe abzuhalten

DIE CHEMIE-INDUSTRIE BRINGT SEGEN. UND GEFAHR

Stunden in der Chemiefabrik zugetragen hat. In jener Industrie-Anlage im Norden der Stadt, die ein Pestizid zur Schädlingsbekämpfung produziert – für einen Großkonzern vom anderen Ende der Welt, der aus Profitgier systematisch die Sicherheit vernachlässigt. Nun tötet das Gift von Union Carbide kein Ungeziefer, sondern Menschen. Mehr als 3500 Männer, Frauen und Kinder werden allein in den nächsten Tagen umkommen, insgesamt gehen manche Schätzungen von bis zu 25 000 Todesopfern aus: Die Katastrophe, die über Bhopal hereinbricht, ist der verheerendste Chemieunfall der Geschichte.

Ohne die chemische Industrie wäre die moderne Welt kaum vorstellbar. Seit ihren Anfängen im 19. Jahrhundert bringt sie nach und nach etwa Arzneimittel, Farbstoffe und Textilien hervor, ermöglicht die Fotografie. Und nur dank Kunstdüngern und Pestiziden ist die Landwirtschaft überhaupt imstande, Milliarden von Menschen zu ernähren. Verbindungen bestimmter chemischer Elemente entfalten eine enorme Wirkung, die segensreich sein kann – aber auch zerstörerisch, eine Gefahr für Mensch und Umwelt. Und das nicht nur, wenn Sprengstoff oder Giftgas als Waffen zum Einsatz kommen.

Denn immer wieder ereignen sich in diesem Industriezweig desaströse Unfälle. 1921 etwa explodieren im Werk der BASF bei Ludwigshafen 400 Tonnen Ammoniumsulfatnitrat – 559 Todesopfer sind zu beklagen. Und 1976 bildet sich in einer italienischen Desinfektionsmittelfabrik bei Seveso ein Wärmestau in einem Kessel, der hochtoxisches Dioxin freisetzt: Hunderte Personen erkranken schwer, die Blätter verdorren an den Bäumen, und mehr als 3000 Tiere verenden. In kaum einer anderen Branche sind Sicherheitsvorkehrungen daher so bedeutsam.

DIE SUBSTANZEN, die in der Nacht auf den 3. Dezember 1984 die Giftwolke über Bhopal nähren, zählen zu den gefährlichsten Chemikalien überhaupt. Wer nicht binnen Kurzem stirbt, leidet oft, wie diese Frau, unter drastischen Spätfolgen

Bereits in den 1960er Jahren ist Union Carbide, gegründet 1898 in Charleston, West Virginia, eines der größten Chemieunternehmen der USA. Die börsennotierte Firma stellt mehr als 150 Stoffe her, für Waschmittel, Farben, Medikamente, produziert Plastikverpackungen, Frostschutzmittel und Batterien. Das Logo mit der blau-weißen Raute ist in den Vereinigten Staaten fast allgegenwärtig, prangt auf Plastiktüten, Trinkflaschen und Filmen für Fotoapparate. Doch zunehmend entwickelt sich ein Produkt von Union Carbide zum unbestrittenen Bestseller: das Schädlingsvernichtungsmittel Sevin, das etwa Raupen und andere Insektenlarven, Blattläuse, Wanzen und Zecken beseitigt.

Damit will die Geschäftsführung auch den millionenschweren Agrarmarkt Indiens erobern. Vor allem Kleinbauern leiden dort etwa unter Wüstenheuschrecken, die ihnen Weizen und Futterpflanzen für das Vieh von den Feldern fressen.

Mit Steuervergünstigungen lockt der Bundesstaat Madhya Pradesh, den Armut und hohe Arbeitslosigkeit plagen, das Unternehmen in seine Hauptstadt Bhopal. 1969 beginnt Union Carbide, eine Fabrik auf einer „Ödland“ genannten Brache im Norden der Metropole zu errichten, die einst als Hinrichtungsstätte diente.

In den ersten Jahren lässt der Konzern die Komponenten des Pestizids aus den USA herbeischiffen und sie in Bhopal nur zusammenmischen, verpacken und versenden. Doch der Transport erweist sich als umständlich und teuer, schmälert so den Profit. Daher beschließt die Geschäftsleitung, Sevin vollständig in Indien zu produzieren – in einer identischen Anlage wie in Amerika.

Mit wohlwollender Genehmigung der Behörden baut Union Carbide 1979 die Fabrik aus. Als ein Beamter es wagt, für einen größeren Sicherheitsabstand zu den nahe gelegenen Slums zu plädieren, wird er versetzt.

Zwar erklärt der Konzern die neue Anlage für „so harmlos wie eine Schokoladenfabrik“, doch in Wahrheit birgt die Herstellung von Sevin enorme Risiken. In geringen Dosen gilt das fertige Pestizid für Menschen als unschädlich – nicht aber seine wichtigste Komponente Methylisocyanat. Denn MIC, das Wasser zum Verwechseln ähnlich sieht, ist einer der gefährlichsten Stoffe der Chemie-Industrie. Allein die Dämpfe der extrem ätzenden Flüssigkeit zerstören die Atemwege und das Augenlicht, hinterlassen auf der Haut schwere Verbrennungen.

MIC entsteht, wenn zwei für sich schon heikle Stoffe mitein-

EIN FEHLGRIFF – UND DAS GAS SCHIESST EMPOR

ander reagieren: das explosive Methylamin – und Phosgengas, das im Ersten Weltkrieg unter dem Namen „Grünkreuz" Tausenden Soldaten den Erstickungstod gebracht hat. Studien zu den Gefahren von MIC sind so verheerend ausgefallen, dass Union Carbide sie unter Verschluss hält.

Die Amerikaner versichern zwar, dass die Fabrik in Bhopal auf denselben, sicheren Bauplänen wie ihr Pendant in den USA beruht. Doch nach einiger Zeit häufen sich die Unfälle. Am 25. Dezember 1981 stirbt ein Arbeiter, als durch ein defektes Ventil Phosgengas ausströmt. Ein paar Wochen später das nächste Leck: 25 Mann müssen ins Krankenhaus.

Als im Februar 1982 erstmals das hochgefährliche MIC austritt, erleiden elf Beschäftigte schwere Verletzungen. Ein Expertenteam aus den USA reist an, moniert 61 Gefahrenquellen und mahnt zu Reparaturen. Der Bericht landet in der Zentrale von Union Carbide in New York. Doch er wird ignoriert, selbst als sich die Unfallserie fortsetzt. Auch die Warnungen eines örtlichen Journalisten verhallen ungehört, der schreibt, Bhopal befinde sich „am Rand eines Vulkans". Die ganze Stadt drohe sich in „Hitlers Gaskammer" zu verwandeln.

Schlimmer noch: Weil der Verkauf von Sevin weit hinter den Erwartungen zurückbleibt, forciert die indische Tochtergesellschaft drastische Einsparungen.

Das Kühlsystem, das gelagertes MIC aus Sicherheitsgründen auf null Grad Celsius halten soll? Abgeschaltet. Messgeräte, Ventile und Rohre: werden nicht mehr erneuert. Einige der erfahrensten Mitarbeiter: entlassen und ersetzt durch billigeres Personal ohne Ausbildung.

DER CHEF des US-Konzerns, Warren Anderson (links oben), bestreitet jede Schuld für die Katastrophe, die auch viele Tiere tötet. Offenbar hat das Drama seinen Lauf genommen, als ein unerfahrener, schlecht instruierter Mitarbeiter Leitungen der komplexen Apparaturen spülen sollte – die nach der Schließung der Fabrik mit der Zeit verrosten

Einer der Neuzugänge ist der 29-jährige Rahaman Khan. Er stammt aus Mumbai, hat aber eine Näherin aus Bhopal geheiratet. Der Vater dreier Kinder hatte mit Chemie in seinem Leben wohl noch nichts zu tun, besitzt keinerlei Ausbildung in diesem Bereich. Als er am Nachmittag des 2. Dezember 1984 seine Schicht antritt, arbeitet Khan erst vier Monate lang in der Fabrik.

Aus Spargründen pausiert die Produktion seit Tagen, also spielt er Karten mit ein paar Kollegen, bis ihm ein Vorgesetzter einen Auftrag erteilt: Khan soll einige verstopfte Rohre mit Wasser durchspülen. Durch diese Leitungen fließt sonst das frisch hergestellte MIC aus den Reaktoren in drei stählerne Lagerfässer, die liegend im Boden der Fabrikhalle einbetoniert sind. Jeder der Tanks ist 13 Meter lang und zwei Meter hoch.

Allerdings unterlässt Rahaman Khan einen entscheidenden Handgriff – so wird er es später berichten, als Untersuchungsteams und Journalisten den Hergang des Desasters rekonstruieren. Eigentlich müsste er je eine Zwischenscheibe aus Metall einsetzen und damit die drei Fässer so dicht versiegeln, dass bei der Rohrsäuberung kein Wasser mit dem gefährlichen MIC in Berührung kommt. Der Produktionsleiter hat diesen Schritt jedoch nicht in den schriftlichen Anweisungen für diese Prozedur aufgeführt, die Khan vorliegen.

Und so befestigt der Arbeiter einen Schlauch an den Ablasshähnen und jagt arglos insgesamt mehrere Hundert Liter durch die Rohre. Nichts ahnend beendet er um 22.30 Uhr seine Schicht und verabschiedet sich hastig: Khan will seine selbst verfassten Verse beim Dichterfestival in der Altstadt vortragen.

Als andere Arbeiter um kurz vor Mitternacht den Geruch von Gas bemerken, ist es eigentlich schon zu spät. Denn das Wasser hat alle Verunreinigungen, Metallsplitter sowie Natriumchloridkristalle von den Rohrinnenseiten mit sich gerissen – und in eines der drei riesigen Fässer gespült.

42 Tonnen MIC lagern darin, fast doppelt so viel, wie die Sicherheitsvorschriften gestatten. Aber den Füllstand hat schon seit längerer Zeit niemand mehr kontrolliert, die nötigen Messgeräte sind defekt. Zudem ist die Temperatur deutlich zu hoch, wegen der deaktivierten Kühlanlage liegt sie bei 20 Grad statt am Nullpunkt. Das Methylisocyanat – verunreinigt, zu viel, zu warm – reagiert daher umso heftiger mit dem eingelaufenen Wasser. Die chemische Reaktion verwandelt die 42 Tonnen flüssiges MIC im Tank mit einer explosionsartigen Wucht in Gas.

Wie bei einem Erdbeben vibriert unter den Füßen eines herbeigeeilten Technikers die Betonschicht, die das Fass birgt, Risse brechen auf. Das Gas sprengt Ven-

ÜBERALL IN DEN STRASSEN LIEGEN LEICHEN

tile, schießt wie ein Geysir in die Höhe, hinein in den zylindrischen Turm der 30 Meter hohen Dekontaminierungsanlage (die ebenfalls nicht funktioniert) und strömt über der Fabrik wieder hinaus. Die eilig alarmierte Betriebsfeuerwehr vermag nichts auszurichten, unerreichbar hoch reicht der Gasgeysir bereits in den Himmel.

Die Arbeiter sind im Inneren der Anlage in Sicherheit. Aber der Wind treibt die Dämpfe zu den Hütten im nahen Slum von Oriya Basti, über das Dichterfestival, wo Rahaman Khan mit dem Leben davonkommt. Und bedeckt rund 40 Quadratkilometer der Stadt mit einer Gaswolke, die sich erst in den frühen Morgenstunden wieder langsam verflüchtigen wird.

Rasch überfluten die Vergifteten die Notaufnahme des größten Krankenhauses im Zentrum von Bhopal. Mütter und Väter tragen ihre sterbenden Kinder in den Armen. Die Ärzte sind hilflos. Bald liegen die Toten überall in den Gängen, in den Operationssälen, den Gemeinschaftsräumen, selbst in den Teeküchen der Krankenschwestern. Doch wie sollen die Mediziner die Patienten behandeln, wenn sie nicht wissen, was die Symptome verursacht? Offenbar aber ahnen sie, wo das Unglück seinen Ursprung haben muss. Gegen zwei Uhr morgens erreicht ein Doktor den Betriebsarzt der Chemiefabrik. Der erwähnt zwar Methylisocyanat, von dem im Krankenhaus noch niemand etwas gehört hat, beschwichtigt aber: MIC sei nicht gefährlicher als Tränengas.

DAS GAS sticht, wie bei diesem betroffenen Kind, in den Augen, verätzt die Schleimhäute ebenso wie die Lunge, löst schwere organische Schäden aus. Schon nach kurzer Zeit sind die Notaufnahmen überfüllt

Zwei Pathologen stellen jedoch bei eilig durchgeführten Autopsien Merkwürdigkeiten fest. Anders als sonst bei Verstorbenen hat sich das Blut der Toten nicht dunkel verfärbt, besitzt zudem eine feste Konsistenz, wie Johannisbeergelee. Die Lungen dagegen sind aschfahl, das Gas hat Herz, Leber und Gehirne angegriffen, und die Eingeweide strömen einen intensiven Geruch nach Bittermandel aus.

Es sind Anzeichen einer Vergiftung mit Zyanid, also Blausäure, die – so die Schlussfolgerung der Pathologen – bei der Reaktion des MIC mit dem Wasser unter großer Hitze freigesetzt worden sein muss. Die Ärzte verabreichen Patienten Natriumthiosulfat, das Gegengift zu Zyanid, das tatsächlich den Zustand vieler stabilisiert.

Union Carbide wird die Blausäure-These jahrelang bestreiten, aber zahlreiche Wissenschaftler halten sie heute für glaubwürdig. Das Inhalieren von Zyanid verhindert die Zellatmung: Die meisten Opfer dieser Nacht sind innerlich erstickt.

Am folgenden Morgen sind die Straßen bedeckt mit Leichen, auch die Kadaver verendeter Kühe, Ziegen und Wasserbüffel liegen verstreut. Weil durch die verwesenden Körper Seuchengefahr droht, machen sich die Totengräber gleich an die Arbeit. Sie heben große Erdlöcher für Massengräber aus und schichten Scheiterhaufen.

Doch kurz bevor einer der Holzstapel in Flammen aufgeht, bemerkt jemand darauf ein Mädchen, das sich noch bewegt. Es ist Padmini, die junge Braut. Im Krankenhaus gelingt es Ärzten, sie zu reanimieren. Ihre Rettung in letzter Minute ist eines der wenigen Wunder inmitten all des Grauens. Auch Padminis Mann und einige weitere Verwandte haben überlebt, viele Hochzeitsgäste jedoch sind tot. Welche dauerhaften Schäden sie selbst davonträgt, ist nicht bekannt. Zahlreiche Überlebende aber bleiben für immer erblindet, werden unter Lungenverätzungen, Hautverbrennungen oder Magenschäden leiden oder an Krebs erkranken.

Schon am Tag nach dem Unglück formiert sich ein Protestzug und marschiert bis vor die Tore der Chemiefabrik. „Carbide den Tod!", skandieren die wütenden Demonstranten. Die Behörden sind überfordert, viele Polizisten in der Nacht geflohen. Der Polizeichef weiß sich nicht anders als mit einer List zu helfen: Über Lautsprecher lässt er verkünden, dass erneut Gas ausgetreten sei – die Menschenmenge ergreift die Flucht.

Unterdessen sackt der Börsenwert von Union Carbide um 600 Millionen Dollar in die Tiefe. Und als der Vorstandsvorsitzende Warren Anderson vier Tage nach dem Desaster in Bhopal landet, wird er noch am Flughafen festgenommen. Doch die Polizei bringt ihn nicht ins Gefängnis, sondern in das luxuriöse Gästehaus des Unternehmens. Ein Staatsanwalt verliest dort die Anklagepunkte, darunter fahrlässige

VERGIFTET IST DIE UNGLÜCKSGEGEND BIS HEUTE

Tötung, gefährlicher Umgang mit Giftstoffen und Beihilfe zur Ermordung von Haustieren.

Arjun Singh, der Regierungschef des Bundesstaates, will Härte demonstrieren, aber sich wohl zugleich nicht mit einem internationalen Großunternehmen anlegen, mit dem er eigentlich ein gutes Verhältnis pflegt. Zwar hat der Politiker die Verhaftung wahrscheinlich persönlich in die Wege geleitet, die Nachricht gleich an die Presse verbreiten lassen. Doch binnen weniger Stunden kommt Anderson gegen eine Kaution von umgerechnet etwa 2000 Dollar wieder frei. Niemand hält ihn auf, als er sogleich zurück zum Flughafen fährt und Indien für immer verlässt.

Dass die Fabrik je wieder den Betrieb aufnimmt, scheint in der aufgeladenen Stimmung undenkbar. Doch nach wie vor lagert dort ja Methylisocyanat in den beiden intakten Fässern, insgesamt rund 20 Tonnen flüssiges Gift. Firma und Staat kommen beide zu dem Schluss, dass es keinen sichereren Weg zur Beseitigung des MIC gibt, als es zu verbrauchen.

Alle Schulen Bhopals werden am 16. Dezember geschlossen, mit 800 Bussen die Bewohner der Umgebung evakuiert, um die Massen zu beruhigen. Drei Tage und drei Nächte lang produzieren Arbeiter unter höchsten Sicherheitsvorkehrungen hier ein letztes Mal das Pestizid Sevin, bis das gesamte MIC verbraucht ist.

Die Aufräumarbeiten ziehen sich bis 1986 hin, dann schließt die Anlage für immer. Doch längst sind toxische Substanzen in das Grundwasser gelangt, vergiften schleichend die Brunnen der Slumbewohner, die es sich nicht leisten können, an einen anderen Ort zu ziehen.

AM STÄRKSTEN betroffen sind die Slums der Armen und Machtlosen. Auch deshalb kann der Konzern, trotz wütender Proteste, die Entschädigungssumme massiv drücken. Im Schnitt erhalten die Opfer – hier ein Arzt mit Bildern von Verstorbenen (unten links) – nicht einmal 500 Dollar. Die Gesundheitsschäden durch das Gift dagegen vererben sich vielfach über Generationen

Die juristische Aufarbeitung der Katastrophe ist von Beginn an ein ungleicher Kampf, ausgetragen in zwei Ländern, von denen das eine die größte Wirtschaftsmacht der Erde ist und das andere in weiten Teilen bettelarm.

Union Carbide bestreitet jegliche Schuld. Für alle Sicherheitsmängel sei allein die indische Tochtergesellschaft verantwortlich. Deren Vizepräsident behauptet später: Ein frustrierter Arbeiter habe nach einem Streit mit seinem Vorgesetzten absichtlich Wasser in das MIC-Fass geleitet. Doch für einen solchen Akt der Sabotage gibt es keinerlei Belege.

Die indische Regierung versucht zunächst vor einem Gericht in den USA eine Entschädigung von 3,3 Milliarden Dollar zu erstreiten. Doch die Richter folgen der Argumentation der Konzernanwälte, das Unglück sei in Indien geschehen und alle Ansprüche könnten daher auch nur in diesem Land verhandelt werden. Beide Seiten aber wissen genau, dass dort weitaus niedrigere Schadenersatzsummen üblich sind. Die Union-Carbide-Advokaten geben zynisch die Frage zu Protokoll, wie man denn überhaupt den Wert von Menschen bemessen solle, „die in Hütten wohnen".

Es kommt wie erwartet. Vor dem Obersten Gericht in Neu-Delhi erklärt sich Union Carbide 1989 zur Zahlung von 470 Millionen Dollar bereit, also nur einem Siebtel des ursprünglich geforderten Betrags – unter der Bedingung, dass dann alle Entschädigungsansprüche abgegolten sind. Zügig überweist der Konzern die Summe an den indischen Staat, der das Geld – wenn auch schleppend – an die Opfer verteilt. So groß ist deren Zahl, dass sie pro Kopf im Durchschnitt weniger als 500 Dollar erhalten.

Doch war die Katastrophe von Bhopal überhaupt ein reiner Unfall – oder ein Verbrechen? War die Kette schwerer Sicherheitsvergehen nur fahrlässig oder schon kriminell? An diesen Fragen zeigt die indische Justiz erstaunliches Desinteresse, trotz Zehntausender ausgelöschter oder zerstörter Leben. Vielleicht auch, weil allzu viele indische Politiker und Beamte Union Carbide die Türen weit geöffnet und sämtliche Warnungen in den Wind geschlagen hatten.

Die beiden Chefs der Tochterfirma werden kurz nach der Katastrophe ebenfalls verhaftet, jedoch binnen Stunden freigelassen. Um den einst davongekommenen CEO Warren Anderson bemühen sich die Strafverfolger erst ernsthaft, als er für sie längst unerreichbar ist: Indien stellt 2003 einen Antrag auf seine Auslieferung, aber die US-Regierung lehnt das Gesuch ab – so wie sie überhaupt in all den Jahren keine Anstalten macht, Vertreter von Union Carbide zur Verantwortung zu ziehen.

In den Augen vieler Menschen in Bhopal bleibt Warren

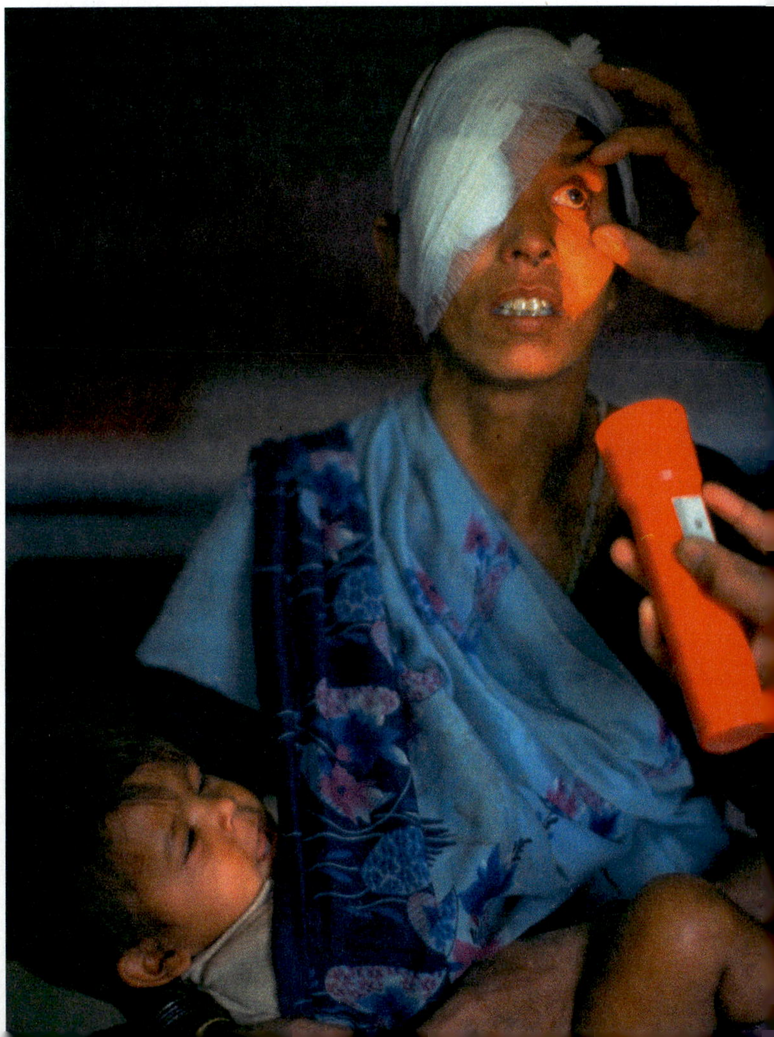

Anderson der Hauptschuldige. Lange verbrennen Demonstranten in der Stadt an jedem Jahrestag des Unglücks eine Puppe, die den Manager verkörpern soll.

Der Aktienkurs von Union Carbide erholt sich zwar zeitweise, doch erreicht er nie wieder sein altes Niveau; auf ewig haftet die Erinnerung an die Katastrophe am Namen der Firma. 1999 übernimmt Dow Chemical das Unternehmen und steigt damit zum zweitgrößten Chemiekonzern der USA auf. Für das nach wie vor kontaminierte Fabrikgelände fühlt sich auch der neue Eigentümer nicht verantwortlich. Ebenso wenig für die Giftschäden, die dort noch immer eine Generation an die nächste vererbt. Denn viele Kinder und Enkel von Überlebenden kommen mit Lähmungen zur Welt, dem Down-Syndrom oder anderen Behinderungen. Manche Jugendliche haben Wachstumsverzögerungen und sehen mit 16 nicht älter aus als Zehnjährige. Bis zu eine halbe Million Menschen leiden heute noch an den Spätfolgen des Gasunfalls und unter den Kontaminationen im Boden.

Der öffentliche Druck indischer, aber auch internationaler Hilfsorganisationen und Stiftungen zeitigt mitunter zumindest kleine Siege. 2004 verfügt das Oberste Gericht Indiens, dass in den Slums von Bhopal endlich neue Leitungen gelegt werden, sodass die Bewohner nicht mehr auf das verseuchte Grundwasser angewiesen sind. Und 2010 erhebt die Staatsanwaltschaft doch noch Anklage gegen sieben Manager der früheren Union Carbide India, von denen einige inzwischen über 70 sind. Ein Gericht in Bhopal verurteilt sie wegen fahrlässiger Tötung – zu je zwei Jahren Haft. Sofort kommen die Männer allerdings auf Kaution frei.

Bis zuletzt ist die Strafverfolgung im Fall Union Carbide weitgehend symbolisch, oder sie bleibt ganz aus: Warren Anderson stirbt im September 2014, im Alter von 92 Jahren, ohne je vor Gericht gestanden zu haben.

Und Padmini Nadar, die junge Braut? Mehr als fünf Jahre lebt sie nach der Entlassung aus dem Krankenhaus noch im Elendsviertel in Bhopal, bis der Staat ihrer Familie den ersten Teil der Entschädigung auszahlt – gegen ein kleines Bestechungsgeld für die zuständigen Beamten.

Der erhaltene Betrag reicht gerade aus, um rund 60 Kilometer entfernt ein Stück Ackerboden zu kaufen. Mit ihrem Mann, der Mutter und einem Bruder zieht sie aufs Land; dorthin, woher ihr Vater einst gekommen war. Und beginnt ein neues Leben an einem Ort, an dem sie nicht täglich die stählernen Türme von Union Carbide sieht.

Bis heute ragen sie über dem Ödland von Bhopal auf, steht dort die Fabrik unweit der Slums, verlassen und dem Verfall preisgegeben, auf giftgetränkter Erde. Die Anlage haben im Lauf der Jahrzehnte Pflanzen überwuchert, und brauner Rost frisst sich durch das einst im Sonnenlicht glänzende Metall.

Ein Mahnmal wider Willen, das stumm erinnert an die Nacht, als das Gift über Bhopal kam. ◊

LITERATURTIPPS

DOMINIQUE LAPIERRE, JAVIER MORO
»Fünf nach zwölf in Bhopal«
Rekonstruktion des Dramas (Europa).

DENISE L. SCHEBERLE
»Industrial Disasters and Environmental Policy – Stories of Villains, Heroes, and the Rest of Us«
Einordnung in den globalen Zusammenhang (Routledge).

GEO+ EPOCHE DOSSIER

Lesen Sie auch **»Giftgas: Der Tod aus dem Labor«** (aus GEO*EPOCHE* Nr. 14) über die Verwicklung der Chemie in den Ersten Weltkrieg auf *www.geo-epoche.de*

IN KÜRZE

Im Dezember 1984 erschüttert einer der schlimmsten Industrieunfälle der Geschichte das zentralindische Bhopal – nachdem ein westlicher Chemiekonzern, hofiert von der einheimischen Politik, die niedrigen Sicherheitsstandards des weniger entwickelten Landes systematisch ausgenutzt hat. Opfer des unheilträchtigen Verhaltens sind Tausende Tote und bis zu einer halben Million Versehrte.

Die STIMMEN von TSCHERNOBYL

Seit den 1950er Jahren gewinnt die Menschheit Strom aus Nuklearenergie. Die Technik gilt vielen als modern und sicher. Am 26. April 1986 aber lässt eine Verkettung unglücklicher Umstände im Kernkraftwerk Tschernobyl einen Reaktor explodieren – und löst damit die schwerste Atomkatastrophe der Geschichte aus. Ein Protokoll in Zeitzeugenberichten

26. APRIL 1986, 1.23 UHR: *Mehrere Explosionen erschüttern Reaktorblock Nr. 4 des Kernkraftwerks Tschernobyl, zerstören seinen massiven Deckel. Ein missglückter Sicherheitstest hat eine fatale Kettenreaktion in Gang gesetzt. Konstruktionsmängel sowie Fehler und Nachlässigkeiten des Personals führen zu einer bislang beispiellosen Katastrophe. Sie wird vom sowjetischen Staat zunächst vertuscht, dann verharmlost; bis heute ist das Ausmaß ihrer Folgen nicht vollständig geklärt.*

Nirgends trifft der Nuklearunfall die Menschen so schwer wie im Westen der UdSSR: in den heutigen Ländern Ukraine, wo sich das Desaster ereignet, und Belarus, das in unmittelbarer Nähe liegt, sowie in benachbarten Gebieten Russlands. Nur drei Kilometer trennen die Stadt Prypjat, die größte im Umkreis des Unglücksorts, von dem Atommeiler. Im Frühling 1986 ist sie das Zuhause von rund 50 000 Männern, Frauen und Kindern.

Wir lebten im Wohnheim der Feuerwehreinheit, in der er diente. Mitten in der Nacht hörte ich Lärm. Schreie. Ich schaute aus dem Fenster. Er sah mich. „Mach das Lüftungsfenster zu und geh schlafen. Im Kraftwerk ist Feuer. Ich bin bald zurück." Die Explosion selbst habe ich nicht gesehen. Nur die Flamme. Alles leuchtete. Der ganze Himmel.

Sie versuchten, die Flammen zu löschen. Um sieben teilte man mir mit, dass er im Krankenhaus sei. Ich rannte hin, aber das Krankenhaus war von Miliz umringt, keiner wurde reingelassen. Nur Rettungswagen kamen ständig angerast.

Ljudmila Ignatenko, Frau des Feuerwehrmanns Wassilij Ignatenko

Ich komme am Morgen in den Garten, und irgendwas fehlt, ein vertrautes Geräusch. Keine einzige Biene war zu hören! Hinterher erfuhren wir von der Havarie im Atomkraftwerk, und das ist ganz in der Nähe. Aber lange wussten wir nichts. Die Bienen wussten Bescheid, aber wir nicht.

Ein alter Imker

Die Messgeräte zeigten erhöhte Aktivität an, an den Luftfiltern war sie um das Zweihundertfache gestiegen. Die Strahlenmesstechniker prüften mein Zimmer: Der Tisch „leuchtete", die Kleidung, die Wände. Wir riefen das Atomkraftwerk Ignalina an, es liegt in der Nähe. Auch dort spielten die Geräte verrückt. Wir riefen in Tschernobyl an. Keiner nahm ab.

Valentin Borissewitsch, ehemaliger Laborleiter des Instituts für Kernenergie an der Akademie der Wissenschaften von Belarus

Wir Mädchen und Jungen sind mit den Rädern zum Kraftwerk gerast. Der Rauch über dem Atomkraftwerk war nicht schwarz, sondern blau. Ein hellblauer Schimmer. Aber keiner hat uns ausgeschimpft.

Katja P., Schülerin in Prypjat

Es war kein gewöhnliches Feuer, sondern so ein Glühen. Abends strömten die Leute auf die Balkone, wer keinen hatte, ging zu Freunden oder Bekannten. Wir wohnten im neunten Stock, hatten beste Sicht. Kleine Kinder wurden in den Arm genommen. „Guck mal! Das musst du gesehen haben!" Und das von Leuten, die im Atomkraftwerk beschäftigt waren! Ingenieure, Arbeiter. Auch Physiklehrer

AUS EINEM HELIKOPTER heraus messen Spezialisten im Mai 1986 die Strahlung, die aus dem geborstenen Reaktorblock des Kernkraftwerks unter ihnen entweicht. Die Gefahren des Nuklearunfalls werden anfangs unterschätzt, die Bevölkerung im Umkreis nur schleppend informiert. Es dauert Tage, bis die Regierung der UdSSR überhaupt öffentlich über die Schwere der Havarie spricht

waren dabei. Wir standen im schwarzen Staub. Redeten. Atmeten. Bewunderten das Schauspiel. Wir wussten nicht, dass der Tod so schön sein kann.

Nadeschda Wigowskaja, Einwohnerin von Prypjat

Auch abends wurde keiner ins Krankenhaus gelassen. Lasst uns zu unseren Männern! Ihr habt kein Recht! Wir kämpften, wir boxten uns durch. Die Soldaten stießen uns zurück. Dann erschien ein Arzt und sagte, die Männer würden nach Moskau geflogen, aber wir sollten ihnen Sachen bringen, die Sachen, mit denen sie im Kraftwerk gewesen waren, seien verbrannt worden.

Ljudmila Ignatenko

Die ganze Nacht konnte ich nicht schlafen und hörte, wie auch über uns die Nachbarn hin und her liefen. Sie schleppten etwas, hämmerten, packten wohl. Dichteten die Fenster ab. Um acht Uhr früh zogen schon Soldaten in Gasmasken durch die Straßen.

Nadeschda Wigowskaja

Eine Freundin erzählte mir, dass sie und ihre Mutter nachts Geld und Goldschmuck im Hof vergraben hätten und fürchteten, die Stelle zu vergessen. Das Wort „Evakuierung" brachte mein Papa von der Arbeit mit. „Wir werden evakuiert." Wie in Büchern über den Krieg.

Katja P.

Nach 36 Stunden beginnt die Evakuierung von Prypjat, am Nachmittag des 27. April. Ursprünglich soll die Bevölkerung nur für wenige Tage die Stadt verlassen – tatsächlich ist der Abschied für immer.

Als wir rausfuhren, kamen uns Militärkolonnen entgegen. Gepanzerte Fahrzeuge. Wir verstanden nichts und hatten Angst.

Nadeschda Wigowskaja

Im Bus schwiegen alle, schauten aus dem Fenster. In Taschen und Netzen waren Osterbrote, gefärbte Eier. Keiner hätte geglaubt, dass wir nie mehr zurückkehren würden. Die alten Frauen weinten nicht, nur die jungen.

Katja P.

Der Bus, mit dem wir fuhren, hielt nachts in einem Dorf. Eine Frau sagte: „Kommt, ich bring euch bei mir unter." Die Frau neben ihr zog sie weg. „Bist du verrückt? Die sind doch verseucht!"

Nadeschda Wigowskaja

In Moskau fragten wir den erstbesten Milizionär, in welchem Krankenhaus die Feuerwehrleute aus Tschernobyl lagen. In den Zimmern schlugen die Messgeräte sogar an den Wänden wie wild aus. Er veränderte sich. Jeden Tag traf ich auf einen anderen Mann. Die Verbrennungen traten zutage. Im Mund, auf der Zunge, auf den Wangen. Zuerst kleine Bläschen, die größer wurden. Die Schleimhaut löste sich in Schichten ab. Die Farbe des Körpers. Blau. Rot. Graubraun. Es war mir verboten worden, ihn zu umarmen.

Ljudmila Ignatenko

Zunächst versucht die Sowjetunion, das Unglück zu verheimlichen, doch nachdem Messungen in Schweden am 28. April erhöhte Radioaktivität festgestellt haben, gibt sie zu, dass es im Kraftwerk Tschernobyl einen Unfall gegeben hat. Während der Wind die radioaktive Wolke bereits über Europa verteilt, brennt im explodierten Reaktor noch immer ein Feuer. Am 2. Mai wird angeordnet, den gesamten Umkreis im Radius von 30 Kilometern zu evakuieren.

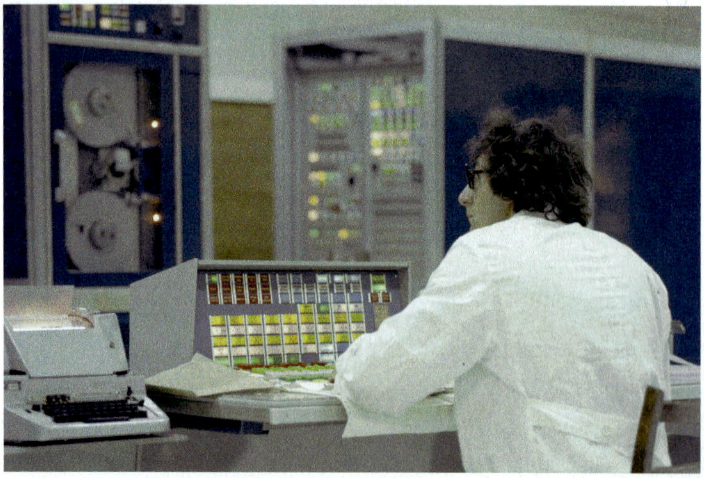

AM 25. APRIL 1986 wird im Reaktorblock Nr. 4 des Kernkraftwerks ein kompletter Stromausfall simuliert – in der folgenden Nacht kommt es zu mehreren Explosionen (Foto im Steuerraum von Block Nr. 1)

Hubschrauber lassen derweil insgesamt rund 2400 Tonnen Blei, 1800 Tonnen Sand und Lehm sowie weitere Substanzen in den zerstörten Reaktor fallen. Schließlich gelingt es am 5. Mai, den Brand nach zehn Tagen zu löschen. Bis dahin ist jedoch bereits ein Vielfaches der Menge an radioaktivem Material, die im Zweiten Weltkrieg durch den Abwurf der beiden Atombomben auf Japan freigesetzt worden war, in die Umwelt gelangt.

Gleich in den ersten Tagen nach dem Unglück verschwanden alle Bücher über radioaktive Strahlung, über Hiroshima und Nagasaki, sogar über Röntgenologie aus den Bibliotheken. Auf Anweisung von oben, hieß es. Damit keine Panik entsteht.

Jewgenij Browkin, Lehrbeauftragter an der Staatlichen Universität Homel

Sofort wurde die vergessene stalinsche Lexik wiederbelebt: „Agenten westlicher Geheimdienste", „erbitterte Feinde des Sozialismus". Alle reden von eingeschleusten Spionen und Agenten statt von Jodprophylaxe. Jede inoffizielle Information wird als fremde Ideologie betrachtet.

Anatolij Schimanskij, Journalist

Es gab keinerlei medizinische Empfehlungen, keinerlei Informationen. Wer konnte, besorgte sich Kaliumjodid-Tabletten (in unseren Apotheken konnte man sie nur durch gute Beziehungen kaufen). Manche sollen eine ganze Handvoll in sich reingestopft und mit einem Glas Schnaps nachgespült haben. Ihnen musste dann vom Notarzt der Magen ausgepumpt werden.

Jewgenij Browkin

Wenn er den Kopf drehte, blieb auf dem Kissen ein Büschel Haare zurück. Ich versuchte zu scherzen. „Wie bequem, da brauchen wir keinen Kamm!"

Jemand ermahnt mich: „Vor Ihnen liegt nicht mehr Ihr Mann, sondern ein hochgradig radioaktiv verseuchtes Objekt." Dass ich bei ihm unter der Folie

MENSCHEN MIT ATEMMASKEN UND SCHUTZANZÜGEN errichten am 27. April 1986, dem Tag nach der Katastrophe, Straßensperren in der Umgebung des brennenden Atomreaktors. Die nächstgelegene Stadt Prypjat, in der viele Angestellte des Kraftwerks wohnen, wird am selben Tag vollständig evakuiert, das Sperrgebiet nach und nach vergrößert – zuletzt auf mehr als 4500 Quadratkilometer

schlief, wusste keiner von den Ärzten. Ich habe das Laken jeden Tag gewechselt – abends war es ganz blutgetränkt. Wenn ich ihn anhob, blieben an meinen Händen Hautfetzen von ihm zurück.

Ich trete aus dem Zimmer auf den Flur. Sage zur Dienstschwester: „Er stirbt mir." Und sie: „Was willst du? Er hat 1600 Röntgen abbekommen, die tödliche Dosis ist 400."

Ich bin bis zum Sarg mit ihm gegangen. Sie zogen ihm die Paradeuniform an. Passende Schuhe wurden nicht gefunden, weil die Füße so aufgedunsen waren. Er wurde barfuß in den Sarg gelegt. Allen wurde das Gleiche gesagt: dass sie die Leichen unserer Männer und Söhne nicht herausgeben könnten, sie seien völlig verstrahlt und würden gesondert auf einem Moskauer Friedhof begraben werden. In verlöteten Zinksärgen, unter Betonplatten.

Ljudmila Ignatenko

In Schule und Institut hatte man uns beigebracht, dass das märchenhafte „Fabriken zur Erzeugung von Energie aus Nichts" seien. Die Leute hatten keine Ahnung. Man hatte sie ständig in Angst und Schrecken gehalten, sie auf den Atomkrieg vorbereitet, aber nicht auf Tschernobyl. Wir trafen eine alte Frau. „Kinder, kann ich die Milch von meiner Kuh trinken?" Wir sahen zu Boden, denn wir hatten Anweisung, Daten zu sammeln und keine engen Kontakte mit der Bevölkerung zu unterhalten. Der Fähnrich fing sich als Erster.

„Wie alt sind Sie denn, Omachen?"

„Ach, schon 80 oder darüber, die Papiere sind im Krieg verbrannt."

„Dann trinken Sie ruhig die Milch."

Soja Bruk, Naturschutzinspektorin

Unser Institut arbeitete rund um die Uhr. Man brachte Innereien von Haustieren und Tieren aus der freien Wildbahn. Nach den ersten Proben war klar, dass wir nicht Fleisch, sondern radioaktive Abfälle vor uns hatten. Wir prüften die Milch: auch sie radioaktiver Müll. Aber offen über die Ergebnisse zu reden ... Das hätte die Aberkennung des wissenschaftlichen Grades oder gar den Verlust des Parteibuchs bedeutet.

Marat Kochanow, ehemaliger Chefingenieur am Institut für Kernenergie der Akademie der Wissenschaften von Belarus

Keiner hat auf uns Wissenschaftler und Mediziner gehört! Man hatte mehr Angst vor dem Zorn von oben als vor dem Atom. Sie hätten mich in die Psychiatrie stecken können. Sie drohten mir damit. Ich hätte in einen Autounfall verwickelt werden können. Man warnte mich.

Wassilij Nesterenko, ehemaliger Direktor des Instituts für Kernenergie an der Akademie der Wissenschaften von Belarus

Unser Leben lang haben wir eigene Kartoffeln gehabt, und auf einmal hieß es: Verboten! Man riet uns, mit Mullbinden vor dem Mund und Gummihandschuhen im Garten zu arbeiten. Und die Asche aus dem Ofen sollten wir vergraben. Und dann sprach noch ein bedeutender Wissenschaftler, der sagte, wir müssten das Holz waschen. Na, so was Komisches!

Sinaida Kowalenko, Dorfbewohnerin

Tagelang haben wir vor dem Fernseher gesessen und gewartet, dass Gorbatschow spricht. Die da oben schwiegen sich aus. Erst als die Maifeiertage vorüber waren, sprach Gorbatschow. „Keine Sorge, Genossen, wir haben die Situation im Griff. Es ist bloß ein Brand, ein Feuer. Nichts." Wir haben das geglaubt.

Tamara Dubikowskaja, Einwohnerin des Ortes Narowlja in Belarus

Strahlenmessgeräte sind einen Monat lang verkauft worden, dann waren sie weg. Darüber darf man nicht schreiben. Ebenso wenig, dass nur noch Männer in den Dörfern geblieben sind: Frauen und Kinder sind rausgeschafft worden. Eine Welt ohne Frauen. Aber mein unbeugsamer Redakteur hat mir das mit Rot rausgestrichen. „Vergessen Sie nicht, dass wir Feinde haben. Viele Feinde in Übersee." Und deshalb ist alles bei uns gut und nichts schlecht. Unbegreifliches kann es bei uns nicht geben.

Anatolij Schimanskij

Die Flugzeuge flogen und flogen. Ganz tief über unsere Köpfe hinweg. Sie flogen zum Reaktor. Und bei uns fand die Evakuierung statt. Die Häuser wurden gestürmt. Das Vieh brüllte, die Kinder weinten! Die Frauen sind vor den Häusern auf Knien herumgerutscht. Haben gebetet. Die Soldaten packten eine nach der anderen unterm Arm und – ab ins Auto. Ich habe geflucht! Damals habe ich nicht geweint.

Sinaida Kowalenko

Die Sperrzone wird mit der Zeit erweitert, auf mehr als 4500 Quadratkilometer, annähernd doppelt so groß wie das Saarland. Rund 350 000 Menschen müssen insgesamt ihre Heimat verlassen. Aber besonders in Belarus sind auch Gebiete stark von der Strahlung betroffen, in denen der Staat keine Evakuierungen vornimmt.

Unterdessen schickt die sowjetische Führung Truppen in immer größerer Zahl nach Tschernobyl (darunter Veteranen des Krieges in Afghanistan, wo die Armee der UdSSR 1979 einmarschiert war), beruft im ganzen Land Reservisten ein, rekrutiert mehr oder weniger freiwillige Zivilisten und steckt sie in Uniformen. Sie sollen das Kraftwerksgelände und die Zone dekontaminieren: die oberste Bodenschicht abtragen, Gebäudewände reinigen, ganze Dörfer der Erde gleichmachen, Wälder roden. Jäger werden rund 20 000 Haus- und Nutztiere töten (die bei der Evakuierung zurückgelassen werden mussten), um Seuchen vorzubeugen und weil deren Fell verstrahlt ist. Insgesamt sind Hunderttausende Männer und Frauen als sogenannte Liquidatoren im Einsatz.

Unser Regiment wurde alarmiert. Man hat uns nichts Konkretes gesagt. Erst auf dem Belarussischen Bahnhof in Moskau wurde uns mitgeteilt, wohin wir gebracht werden. Einer protestierte. „Ich will leben." Man drohte ihm mit Militärgericht. Der Kommandeur sagte vor der Truppe: „Du landest im Gefängnis oder wirst erschossen." Ich hatte andere Gefühle. Ich wollte Heldentaten vollbringen.

Ein Soldat

Sie kamen überraschend, reichten mir den Gestellungsbefehl und sagten, unten warte schon das Auto. Die Leute wurden nachts geholt. Aus dem warmen Bett.

NACHDEM DER BRAND gelöscht ist, beginnen die Aufräumarbeiten. Sogenannte Liquidatoren müssen das Gelände des Kraftwerks und die Umgebung dekontaminieren. Viele von ihnen erkranken später schwer

DIE WUCHT der Detonation ist gewaltig. Diese Aufnahme zeigt das trümmerübersäte Maschinenhaus des havarierten Reaktorblocks wenige Tage nach der Katastrophe. Weiden, Wälder, Häuser, Menschen, Tiere in der Umgebung werden von den radioaktiven Emissionen getroffen. Wetter und Wind verbreiten gefährliche Partikel bald über großen Teilen Europas

Später hat diese Methode nicht mehr funktioniert: Die Ehefrauen haben einfach nicht aufgemacht oder gelogen, ihre Männer seien auf Dienstreise, zur Kur oder im Dorf bei den Eltern. Dann holten sie die Leute von der Arbeit, von der Straße weg, in der Mittagspause aus der Betriebskantine. Zwei in Zivil, aber mit militärischem Auftreten, nahmen mich in die Mitte, sie hatten wohl Angst, ich würde weglaufen.

Arkadij Filin, Liquidator

Sie versuchten es mit Überredung, mit Ködern: Wer im 20-Kilometer-Bereich vom Reaktor arbeitet, erhält doppelte Vergütung, im 10-Kilometer-Bereich dreifache Vergütung, und wer direkt an den Reaktor geht, das Sechsfache. Einer rechnete sich aus, dass er in sechs Monaten mit dem eigenen Auto nach Hause fahren könnte. Die Offiziere, die uns nach Tschernobyl brachten, hatten auch nicht viel Ahnung. Reichlich Wodka trinken, das hilft gegen Radioaktivität, rieten sie.

Iwan Schmychow, Chemieingenieur

Fragen wurden nicht gestellt. Wir träumten von Beförderungen. Wir tricksten. Klauten. Hofften auf versprochene Vergünstigungen. Jeden Tag wurden Zeitungen gebracht. „Tschernobyl – Stätte der Heldentaten!", „Reaktor besiegt!"

Arkadij Filin

Wir trugen die oberste verstrahlte Bodenschicht ab, luden die Erde auf Lkws und brachten sie zu den „Mogilniki", den radioaktiven Gräbern. Ich dachte zuerst, das ist eine komplizierte ingenieurtechnische Anlage – es war nur ein gewöhnlicher riesiger Hügel.

Iwan Schmychow

Am 9. Mai, dem Tag des Sieges, kam ein General. Man ließ uns antreten, gratulierte uns zum Feiertag. Einer aus unserer Mitte nahm seinen Mut zusammen und fragte: „Warum wird uns die Höhe der radioaktiven Strahlung verheimlicht? Was für Dosen bekommen wir ab?" Als der General weg war, ließ der Kommandeur der Einheit den Mann zu sich kommen und schnauzte ihn an: „Du willst provozieren! Du Panikmacher!“

Ein Soldat

Wir fuhren zwei Monate lang durch die Zone. Als wir das erste Mal kamen, rannten noch Hunde um die Häuser. Sie freuten sich über uns, liefen auf uns zu. Wir erschossen sie im Haus, im Stall, im Garten. Sie verstanden nicht, warum wir sie töteten.

Ein Jäger

Man brachte uns hin. Direkt zum Atomkraftwerk. Wir säuberten das Gelände. Manchmal kam uns Blut aus den Ohren, aus der Nase. Die Augen brannten.

Ein Soldat

Ich bin mit dem Hubschrauber zum Reaktor geflogen: hin und zurück, heute waren es 80 Röntgen, am nächsten Tag 120. Nachts kreiste ich zwei Stunden über dem Reaktor. Wir machten Aufnahmen mit Hilfe von Infrarotstrahlen, die verstreuten Graphitbrocken waren auf dem Film schwarz abgebildet. Wir legten die Sitze mit Bleiplatten aus, schnitten uns Brustpanzer aus Blei zurecht. Aber es stellte sich heraus, dass sie nur vor bestimmten Strahlen schützen. Unsere Gesichter waren knallrot, wir konnten uns nicht mehr rasieren.

Ein Hubschrauberpilot

„Freiwillige einen Schritt vor!“ Die ganze Kompanie tritt einen Schritt vor. Vor dem Kommandeur steht ein Monitor. Auf dem Monitor das Reaktordach: Graphitstücke, geschmolzenes Bitumen. „Da, seht ihr, Jungs, die Brocken? Die werden weggeräumt.“ Hin und zurück im Laufschritt. Aber nicht hinunterschauen! Wir schauten dennoch.

Alexander Kudrjagin, Liquidator

Die Hölle haben jene erlebt, die das Dach gesäubert haben. Sie erhielten Bleischürzen, aber die Strahlung kam von unten. Anderthalb bis zwei Minuten pro Tag auf dem Dach. Auf dem Dach wurden Brennstoff und Reaktorgraphit, Betonsplitter und Armaturen eingesammelt. 20 bis 30 Sekunden, um die Tragen zu beladen, und genauso viel, um den „Müll“ vom Dach zu werfen. Allein die Spezialtragen wogen 40 Kilogramm.

Funkgesteuerte Manipulatoren weigerten sich oft, Befehle auszuführen, oder taten das Falsche, weil ihre elektronischen Schaltungen in den Hochfrequenzfeldern zusammengebrochen waren. Die zuverlässigsten „Roboter“ waren Soldaten.

Sergej Sobolew, stellvertretender Vorstandsvorsitzender der Vereinigung „Ein Schutzschild für Tschernobyl“

Man hat uns dorthin geschleudert, wie Sand auf den Reaktor. Täglich wurde ein neues „Kampfblatt“ ausgehängt: „Wir werden durchhalten und siegen …“

Ein Kraftfahrer

Es gab einen Moment, da die Gefahr einer thermonuklearen Explosion bestand, und man musste das schwere Wasser aus dem Reaktor ablassen. Die Aufgabe lautete: Wer taucht in das schwere Wasser und öffnet den Schieber des Ablassventils? Man versprach Auto, Wohnung, Datsche und finanzielle Versorgung der Familie bis ans Lebensende. Man suchte Freiwillige. Und sie fanden sich!

Die Jungs tauchten, tauchten mehrere Male, öffneten den Schieber, und die Truppe bekam 7000 Rubel dafür. Von den versprochenen Autos und Wohnungen war keine Rede mehr.

Sergej Sobolew

Wir bekamen Urkunden. Mit all den Bildchen: Marx, Engels, Lenin. Einer von uns verschwand, wir dachten, er sei getürmt. Zwei Tage später wurde er in einem Gebüsch gefunden: Er hatte sich aufgehängt.

Alexander Kudrjagin

Bevor wir nach Hause durften, rief uns ein KGB-Mann zusammen und gab uns den dringenden Rat, nirgends und niemandem davon zu erzählen, was wir gesehen hätten.

Ein Soldat

Und dann mussten wir ein Papier unterschreiben. Dass wir Stillschweigen bewahren werden. Gleich nach der Armee wurde ich Invalide zweiter Klasse. Mit 22 Jahren. Ich arbeitete in einer Fabrik.

Der Abteilungsleiter warnte mich: „Wenn du immerzu krank bist, müssen

ERSTMALS AM 14. MAI 1986 spricht Michail Gorbatschow, der Generalsekretär des Zentralkomitees der Kommunistischen Partei der Sowjetunion, im Fernsehen über den Unfall und dessen Folgen

EINE GRUPPE VON SPEZIALISTEN verlässt Mitte Mai 1986 die Sperrzone in einem Kleinbus. Die Räder des Fahrzeugs werden am Kontrollpunkt mit Chemikalien gereinigt. Eigentlich sollten die riskantesten Arbeiten an der Unfallstelle – etwa die Reinigung des Reaktordachs – von Robotern ausgeführt werden, doch weil das nicht gelingt, übernehmen es Menschen. Nicht alle freiwillig

wir dich entlassen." Sie entließen mich. Ich ging zum Direktor. „Ihr habt nicht das Recht dazu! Ich war in Tschernobyl. Ich habe euch gerettet." – „Wir haben dich nicht hingeschickt."

Ein Reservist

Ich habe mir alles eingeprägt. Ich dachte, ich würde es meinem Sohn erzählen. Aber als ich zurückkam und er fragte: „Papa, was war da?", hab ich nur gesagt: „Krieg." Ich fand keine eigenen Worte.

Ein Hubschrauberpilot

Die Arbeit der Liquidatoren zieht sich über mehrere Jahre. Noch 1986 wird der „Sarkophag" errichtet: ein Mantel aus Stahlbeton um den explodierten Reaktor, den seit 2016 eine zusätzliche Stahlhülle umgibt. Dauerhaft bewohnbar wird die Zone laut Wissenschaftlern jedoch erst wieder in bis zu 20 000 Jahren sein.

Wie viele Menschen infolge der Katastrophe ihre Gesundheit oder ihr Leben verlieren, ist unklar und umstritten. Die Schätzungen reichen von einigen Tausend Todesfällen durch Krebserkrankungen bis zu 60 000 Toten allein unter den Liquidatoren. Laut manchen Studien kommt es vor allem in den unmittelbar betroffenen Regionen, aber auch in weiter entfernten Ländern zu einer deutlich erhöhten Säuglingssterblichkeit. Außerdem finden sich Anzeichen, dass es in den Monaten nach dem Unglück ungewöhnlich viele Schwangerschaftsabbrüche gegeben hat.

Wieder zu Hause, habe ich alle Sachen, die ich dort getragen hatte, in den Müllcontainer geworfen. Nur das Käppi habe ich meinem kleinen Sohn geschenkt. Er wollte es so gerne haben. Er hat es ständig getragen. Zwei Jahre später wurde bei ihm ein Hirntumor festgestellt.

Ein Reservist

Ich habe keine Angst mehr vor dem Tod. Ein Freund ist gestorben. Und ein Nachbar. Der war auch dort gewesen. Er wurde ganz schwarz, wie Kohle, und ist bis auf Kindesgröße zusammengeschrumpft. Ich weiß nicht, wie ich sterben werde. Nur eins weiß ich genau: Mit meiner Diagnose lebe ich nicht lange. Eine Kugel in den Kopf ... Ich war auch in Afghanistan. Da ist es leichter. Mit der Kugel.

Ein Soldat

Blutkrebs. Er wurde krank, als er aus der Tschernobyl-Zone zurückkam. Zwei Monate später. Er half seinem Vater beim Ofenverputzen. Dabei fiel er einfach um.

Frau eines Liquidators

Man schickte zwei Sanitäter aus dem Leichenschauhaus, sie baten um Wodka. „Wir haben alles gesehen", bekannten sie. „Unfalltote, zerstückelte Leichen, tote Kinder nach einem Brand. Aber so etwas noch nicht. Am schlimmsten sterben Tschernobyl-Opfer."

Valentina Apanassewitsch, Frau eines Liquidators

Wir haben uns auf einen Krieg vorbereitet, auf einen atomaren Krieg, wir haben Atomschutzbunker gebaut. Wir wollten uns vor dem Atom verstecken wie vor Granatsplittern. Aber das Atom ist überall. Im Brot, im Salz. Wir atmen Radioaktivität, wir essen Radioaktivität.

Nikolaj Scharkow, Lehrer

Die Aussaat war in vollem Gange. Überall wurde gepflügt, gesät. Wir brachten Milch mit Cäsium in die Molkereien. Wir lieferten Fleisch. Wir mähten 40-Curie-haltiges Gras. Von der Erfüllung der Pläne hat uns keiner entbunden. Ich bin ein Mensch, dem der Selbsterhaltungstrieb fehlt. Das ist normal, denn ich habe ein ausgeprägtes Pflichtgefühl. So waren damals viele, nicht nur ich.

Meine Enkelin hat Leukämie. Ich habe für alles bezahlt. Einen hohen Preis. Ich bin ein Mensch meiner Zeit. Ich bin kein Verbrecher.

Wladimir Iwanow, ehemaliger Erster Sekretär des Kreisparteikomitees von Slawgorod in Belarus

Eine junge schwangere Frau starb. Ganz plötzlich. Der Pathologe konnte keine Diagnose stellen. Ein kleines Mädchen erhängte sich. Fünfte Klasse. Einfach so, aus heiterem Himmel. Die Eltern werden verrückt. Für alles gibt es nur eine Diagnose: Tschernobyl – was auch passiert, immer heißt es: Tschernobyl.

Nina Scharkowa, Lehrerin

Mein Verlobter nahm mich mit nach Hause, stellte mich seiner Mutter vor. Diese nette Mutter fragte erstaunt, als sie erfuhr, dass ich aus einer Tschernobyl-Familie stamme und dass wir umgesiedelt wurden: „Liebste, dürfen Sie denn überhaupt Kinder bekommen?"

Katja P.

Wir erwarteten unser erstes Kind. Die Ärzte redeten auf mich ein: „Sie sollten sich zu einer Abtreibung entschließen. Ihr Mann war zu lange in Tschernobyl." Aber ich habe niemandem geglaubt. Wollte niemandem glauben. Das Kind wurde tot geboren. Zwei Finger fehlten an der Hand. Ich habe geweint. Wenn es wenigstens alle Finger gehabt hätte!

Frau eines Liquidators

Als sie zur Welt kam ... Das war kein Baby, sondern ein lebendes Bündelchen, von allen Seiten zugenäht, nur die Äuglein waren geöffnet. Auf dem Krankenblatt steht: Aplasie des Anus, Aplasie der Vagina, Aplasie der linken Niere. In normaler Sprache heißt das: keine Scheide, kein Popo, nur eine Niere. Sie starb nicht, weil ich sie liebe. In vier Jahren vier Operationen!

Ich ging in die Kirche und erzählte alles dem Priester. Er sagte, dass ich für meine Sünden Abbitte leisten müsse. Aber woran sollte ich schuld sein? Zuerst wollten sie unseren Ort evakuieren, dann wurden wir aus der Liste gestrichen: Der Staat hatte nicht genug Geld dafür.

Larissa S., Mutter

Ich habe Angst, auf dieser Erde zu leben. Man hat mir ein Strahlenmessgerät gegeben, aber was soll ich damit? Wenn ich Wäsche wasche, klickt das Gerät nur so. Wenn ich Essen koche, einen Kuchen backe, klickt es. Zwei Kinder, zwei Jungen. Beim Ältesten weiß man erst nicht, ob es ein Junge oder ein Mädchen ist: Er ist kahl. Ich liege mit ihm im Krankenhaus und denke: Er wird mir sterben. Aber dann habe ich begriffen, dass ich so nicht denken darf, sonst hört es der Tod. Ich habe in der Toilette geweint. Alle Mütter weinen in den Toiletten, nicht in den Zimmern.

Eine Mutter

NOCH HEUTE IST PRYPJAT eine Geisterstadt. In der Ferne zeichnet sich der sogenannte Sarkophag ab – ein Schutzbau gegen die Strahlung, der über dem zerstörten Reaktor errichtet worden ist

GEFÄHRLICHES VERMÄCHTNIS

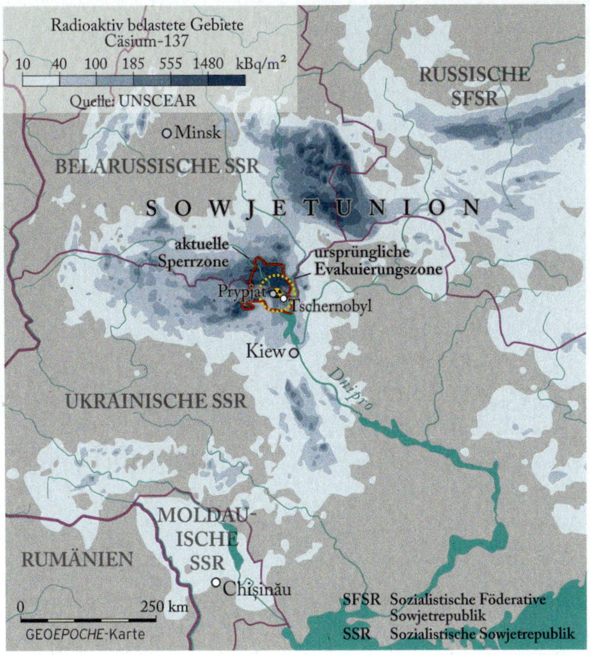

DER REAKTORUNFALL belastet vor allem Gegenden nördlich und westlich von Tschernobyl schwer – hier die Kontamination mit radioaktivem Cäsium-137 zehn Jahre nach dem Unfall. Zum Vergleich: In Deutschland wurden überwiegend Werte unter 10 Kilobecquerel pro Quadratmeter gemessen

Meine Tochter war gerade sechs Jahre alt geworden. Genau am Tag des Unfalls. Wenn ich sie zu Bett brachte, flüsterte sie mir ins Ohr: „Papa, ich möchte leben, ich bin doch noch so klein."

Der Sarg war so klein, fast wie eine große Puppenschachtel. Meine Tochter ist an Tschernobyl gestorben.

Und man verlangt von uns, dass wir schweigen.

Nikolaj Kalugin, Vater

Tschernobyl hat den Zerfall der Sowjetunion beschleunigt. Das Imperium gesprengt. Noch lange warteten die Menschen auf Hilfe von dem großen und mächtigen Land, das es gar nicht mehr gab. Eine Mischung aus Gefängnis und Kindergarten – das ist der sowjetische Sozialismus.

Gennadij Gruschewoj, von 1990 bis 1995 Abgeordneter des belarussischen Parlaments

Wir hätten weggehen können, aber mein Mann und ich, wir haben abgelehnt.

Wir haben alle die gleichen Erinnerungen. Das gleiche Schicksal. Überall sonst aber sind wir Fremde. Da werden wir schief angesehen, voller Argwohn. Alle haben sich an Worte gewöhnt wie „Tschernobyler", „Tschernobyl-Kinder", „Tschernobyl-Umsiedler". Tschernobyl. Das ist jetzt die Vorsilbe unseres ganzen Lebens.

Nadeschda Burakowa, Einwohnerin des Ortes Chojniki in Belarus

In unserer Vorstellung sah die Welt so aus: Das kriegerische Atom, das ist ein unheilvoller riesiger Pilz wie in Hiroshima und Nagasaki, das friedliche Atom dagegen, das ist die harmlose Glühbirne. Wir hatten ein kindliches Weltbild. Nicht nur wir, nein, die ganze Menschheit ist nach Tschernobyl klüger geworden.

Gennadij Gruschewoj ◊

LITERATUR

SWETLANA ALEXIJEWITSCH
»Tschernobyl – Eine Chronik der Zukunft«
Die Folgen der Nuklearkatastrophe von Tschernobyl sind noch immer sicht- und spürbar. Was der Unfall für die Menschen bedeutete, die ihn hautnah miterlebt haben, hat Swetlana Alexijewitsch – geboren 1948 in der Ukraine, aufgewachsen in Belarus – in zahlreichen Interviews in Erfahrung gebracht. Die Stimmen der Zeitzeugen hat die Schriftstellerin, 2015 mit dem Literaturnobelpreis ausgezeichnet, in einem dokumentarischen Buch versammelt. Die obigen Auszüge aus diesen Erinnerungen drucken wir mit freundlicher Genehmigung. (Suhrkamp)

GEO

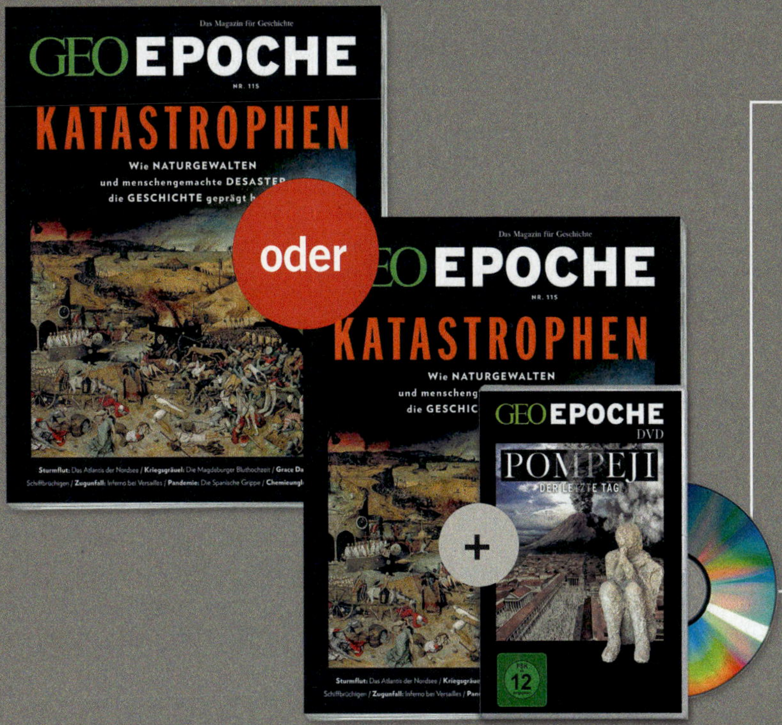

- 6 x GEO EPOCHE portofrei nach Hause
- Danach jederzeit kündbar
- DVD auf Wunsch zu jedem Heft
- Inkl. digitaler Ausgabe

> Zum Lesen auf Tablet, Smartphone oder PC

BROSTE COPENHAGEN Set „Nordic Sea“
· Schale und Becher in dänischem Stil
· Ø Schale ca. 11 cm, Ø Becher ca. 8 cm
· Materialien: Steingut, Keramik

Zuzahlung: nur 1,– €

ABUS Kettenschloss „Tresor“
· Diebstahlschutz für Ihr Fahrrad
· 6 mm starke Vierkantkette
· Textilschlauch gegen Lackschäden
· Individuell einstellbarer Zahlencode

Zuzahlung: nur 1,– €

www.geo-epoche.de/abo | +49 (0) 40 / 55 55 89 90

Bitte Bestell-Nr. angeben:

ohne DVD selbst lesen	**183 3806**	ohne DVD verschenken	**183 3807**	ohne DVD Studierende (selbst lesen)	**183 3808**
mit DVD selbst lesen	**183 3845**	mit DVD verschenken	**183 3846**	mit DVD Studierende (selbst lesen)	**183 3847**

Warum der MENSCH sich selbst die größte GEFAHR ist

Mit dem technischen Fortschritt hat der Homo sapiens viele Bedrohungen eingehegt, gleichzeitig aber umso fürchterlichere geschaffen. Ein Gespräch über die Krisen der Gegenwart, Lehren aus vergangenen Katastrophen – und das Überleben der Menschheit

INTERVIEW: *Samuel Rieth und Joachim Telgenbüscher*

GEOEPOCHE: *Frau Professorin Rohland, Corona-Pandemie, Klimakrise, Krieg in Europa – leben wir in einem Zeitalter der Katastrophen?*

PROF. DR. ELEONORA ROHLAND: Wir beobachten derzeit tatsächlich eine Häufung von katastrophalen Ereignissen. Allein schon aufgrund der Klimakrise, wegen der es vermehrt zu extremen Naturphänomenen wie Überflutungen, Stürmen oder Waldbränden kommt. Der russische Angriffskrieg in der Ukraine gehört, was die Ursachen betrifft, natürlich streng genommen nicht in diese Aufzählung. Grundsätzlich bestehen aber in der Geschichte oft Zusammenhänge zwischen bewaffneten Konflikten und anderen Katastrophen. Der Dreißigjährige Krieg etwa führte im 17. Jahrhundert auch zu Hungersnöten und Epidemien. Gleichzeitig war dieses Jahrhundert das klimatisch extremste der sogenannten „Kleinen Eiszeit", sodass zudem sehr kalte Winter und nasse, kühle Sommer zu Nahrungsmittelknappheit und Krankheit führten.

PROF. DR. ELEONORA ROHLAND
Katastrophenforschung, Umwelt- und Klimageschichte gehören zu den Schwerpunkten der Historikerin, die an der Universität Bielefeld lehrt. 2018 ist ihr Buch »Changes in the Air – Hurricanes in New Orleans from 1718 to the Present« erschienen

Welche der aktuellen Krisen ist am gefährlichsten?

Gegenwärtig halte ich eine weitere Eskalation des Ukrainekriegs und die Bedrohung durch Atomwaffen für besonders gefährlich. Gleichzeitig werden dadurch andere Krisen überlagert. Wir dürfen nicht vergessen, wie viele Menschen an Corona gestorben sind und noch immer täglich sterben. Die Pandemie wiederum hat im Frühjahr 2020 ihrerseits die Klimakrise verdrängt, die eigentlich durch die Fridays-for-Future-Bewegung stark im Bewusstsein war.

Haben wir durch technischen Fortschritt das Katastrophenrisiko doch nicht so stark eingehegt, wie man vielleicht erwarten könnte?

Zumindest im globalen Norden leben wir heute in vielerlei Hinsicht sicherer als früher. Wir können uns besser vor Extremereignissen schützen und die Folgen finanziell abpuffern, weniger Menschen kommen dabei um. Natürlich gibt es trotzdem Zerstörungen und Traumata, wie bei der Flut im Ahrtal im Sommer 2021 mit mehr als 130 Toten. Für die Überlebenden wird es sehr, sehr lange dauern, bis wieder so etwas wie Normalität zurückkehrt. Das Erlebnis wird für sie immer ein Einschnitt bleiben. Dennoch gibt es hier ganz andere Möglichkeiten als im globalen Süden. Denken sie nur an Haiti. Das Land hat sich noch immer nicht völlig von den Folgen des Erdbebens im Jahr 2010 erholt.

Hat der Mensch sich nicht auch selbst ein neues Zerstörungspotenzial geschaffen, zu dem die Natur nie fähig wäre, gerade durch die Gefahr von Atomunfällen und -kriegen?

Absolut. Die Menschheit könnte sich auf einen Schlag selbst auslöschen, nur weil ein Politiker den roten Knopf drückt. Von enormer Bedeutung ist: Können die heutigen Akteure wie im Kalten Krieg ein Gleichgewicht des Schreckens halten? Oder drohen jetzt Situationen, in denen die ungeschriebenen Gesetze von damals plötzlich gebrochen werden? Anders als bei sogenannten Naturkatastrophen kommen hier Technik und der menschliche Faktor zusammen: Die Entfesselung der Nuklearenergie an sich ist ja weder gut noch böse, sondern entscheidend ist, was eine Gesellschaft damit macht.

Warum „sogenannte" Naturkatastrophen?

Die Frage ist doch: Für wen sind Naturereignisse wie Erdbeben oder Wirbelstürme überhaupt katastrophal? Der Begriff spiegelt fast immer die menschliche Perspektive wider. Außerdem legt er nahe, der Katastrophenauslöser läge in der Natur. Die Forschung ist sich jedoch schon seit 20 Jahren einig, dass Naturereignisse vor allem deshalb zur Katastrophe werden, weil die jeweilige Gesellschaft historisch gewachsene Verwundbarkeiten aufweist. Das Wort „Naturkatastrophe" wird daher in der Wissenschaft eigentlich nur noch in Anführungszeichen geschrieben.

Mit der Gefahr solcher Katastrophen lebt die Menschheit schon von Anfang an. Hat sie aus vergangenen Desastern gelernt?

Unter bestimmten Bedingungen ist das möglich. Etwa wenn nach großer Zerstörung eine Stadt wiedererrichtet werden muss, dann können sich die Bewohner mit der Katastrophe frisch im Bewusstsein neu organisieren – und zum Beispiel wie in Japan erdbebensicherer bauen. Ob sich ein wirklich nachhaltiger Lerneffekt einstellt, hängt dabei von der Häufigkeit von Katastrophen ab. Sie müssen – wie etwa in Japan – am selben Ort mehr als einmal pro Generation geschehen, sonst droht ein *disaster gap*.

Den Begriff müssen Sie erklären.

So eine „Katastrophenlücke" entsteht, wenn zwischen zwei Desastern zu viel Zeit vergeht und sich dadurch eine Art kollektive Amnesie einstellt. Langsam geht das Risikobewusstsein verloren – bis es plötzlich ein böses Wiedererwachen gibt. Die moderne Technik kann Selbstzufriedenheit und Nachlässigkeit sogar potenzieren. Hinter einem gut konstruierten Damm fühlt man sich erst einmal sicher und hält die Gefahr für gebannt. Aber schließlich ereignet sich eine Jahrhundert- oder Jahrtausendflut und bricht trotzdem durch. So ist es zum Beispiel New Orleans ergangen: 1965 überschwemmte der Hurrikan „Betsy" die Stadt, und in der Folge wurde ein Dammsystem gegen Hurrikan-Sturmfluten gebaut. Anschließend vergingen dort 40 Jahre ohne einen derart verheerenden Wirbelsturm. Doch dann kam 2005 der Hurrikan „Katrina", durchbrach diese Dämme und tötete rund 1800 Menschen.

• Benachteiligte sind oft besonders gefährdet •

Und häufig werden dann diejenigen besonders schwer getroffen, die ohnehin benachteiligt sind. Woran liegt das? Weder Wasser noch Feuer oder Viren machen doch einen Unterschied zwischen Arm und Reich, Herkunft oder Hautfarben.

Katastrophen unterstreichen gesellschaftliche Ungleichheiten. Benachteiligte Gruppen müssen seit jeher häufig an risikoreichen Orten leben. In New Orleans etwa in den tief liegenden Teilen der Stadt, wo Hochwasser schneller die Häuser überflutet – und der Boden aus genau diesem Grund billiger ist. Oder in Gegenden, die durch Umweltverschmutzung, Feuersbrünste oder andere Katastrophen bedroht sind. In den USA waren es früher oft versklavte Afrikaner, die in solchen Arealen angesiedelt wurden. Noch heute funktioniert diese Logik ähnlich, wohnen viele Schwarze in solchen gefährdeten Gebieten. Das zeigte vor einigen Jahren wieder ein Skandal in den Vereinigten Staaten: In der Stadt Flint in Michigan wurde 2014 das Trinkwasser durch Blei verseucht, und dort leben mehrheitlich Afroamerikaner.

So schrecklich Katastrophen sind, auf viele Menschen üben sie dennoch – oder gerade deshalb – große Faszination aus. Allein 2019 besuchten mehr als 120 000 Touristen Tschernobyl, es gibt Kinofilme und TV-Serien über Unglücke. Und früher schickte man sich Ansichtskarten mit Motiven von erdbebenzerstörten oder überfluteten Städten.

Dieses Gruseln vom Lehnstuhl aus ist zumindest hier im Westen ein historisch relativ altes Phänomen. Die Faszination für solche extremen Ereignisse lässt sich bis in die Frühe Neuzeit zurückverfolgen, also bis ins 16. und 17. Jahrhundert. Zum einen deuteten die Menschen damals wie schon im Mittelalter Katastrophen als Zeichen Gottes, dazu kam aber ein neues Staunen über Erscheinungen jenseits des Normalen. In der Gegenwart spielen außerdem sicher auch die sozialen Medien eine wichtige Rolle, in denen sich Fotos von Unglücksorten posten lassen.

Die Katastrophe als Spektakel im Wettstreit um Aufmerksamkeit?

DIE KLIMAKRISE droht in der öffentlichen Wahrnehmung durch andere Gefahren überlagert zu werden – obwohl sich ihretwegen schon jetzt Naturkatastrophen häufen (der Ort Blessem während des Hochwassers im Juli 2021)

EINE SEUCHE wie die COVID19-Pandemie hat die Menschheit seit der Spanischen Grippe nicht mehr heimgesucht – hier eine Großmutter und ihre Enkelin bei einer Umarmung durch Folie

Genau – eine traurige Entwicklung. Natürlich gibt es gute Gründe, an solche Schauplätze zu fahren. Ich selbst habe auch New Orleans besucht, um die Folgen der dortigen Hurrikans zu erforschen.

Sie haben die Rolle der Religion angesprochen. Wann hörten die Menschen auf, Naturkatastrophen als Strafe eines zürnenden Gottes für ihre Sünden zu deuten?

Vorsicht, manche tun das noch immer. Christliche Gruppierungen in den USA behaupten zum Beispiel, Gott habe den Hurrikan „Katrina" über New Orleans gebracht – weil die Stadt mit ihrer für Prostitution bekannten Bourbon Street und ihrer angeblich laxeren Moral ein Sündenpfuhl sei. Man muss sich hüten vor der Vorstellung, dass im 18. Jahrhundert mit der Aufklärung alle auf Knopfdruck rational wurden und solche Deutungen plötzlich gar keine Rolle mehr spielten.

Aber doch eine deutlich kleinere als vorher?

Das auf jeden Fall. Dazu hat neben der Aufklärung auch die europäische Expansion in andere Erdteile beigetragen. Wenn etwa Hurrikans eine bestimmte Region wie die Karibik besonders häufig heimsuchen, dann wetzt sich die Sünde als Erklärungsmuster mit der Zeit ab und die Naturbeobachtung tritt stärker in den Vordergrund. Um 1700 wurden diese Themen in England bereits in wissenschaftlichen Zeitschriften diskutiert, aber auch im Europa des 18. Jahrhunderts fanden noch religiöse Prozessionen statt, um Hungersnöte abzuwenden. Diese Überlappung mehrerer Perspektiven gab es auch schon im Mittelalter und in der Frühen Neuzeit. Zwar interpretierten die Menschen Katastrophen als Gottesstrafen, stritten sich manchmal Katholiken und Protestanten sogar darüber, wer von beiden der Adressat war. Aber das heißt nicht, dass sie Unglücke tatenlos hinnahmen. Auch sie beobachteten schon die Natur, bereiteten sich vor und ergriffen Schutzmaßnahmen.

Zum Thema Prävention hat in jüngerer Zeit der Virologe Christian Drosten den Satz bekanntgemacht: „There is no glory in prevention" – wer ein Desaster verhindert, darf selten mit Ruhm rechnen, weil die Welt den ausgebliebenen Schrecken nie zu Gesicht bekommt. Was ist die wohl größte Katastrophe, die niemals geschah?

Bei den sogenannten Naturkatastrophen ist das schwierig zu sagen. Aber insgesamt lautet die Antwort: Es war wohl die Kubakrise im Oktober 1962, als im Kalten Krieg ein paar wenige intelligente Menschen verhinderten, dass ein Atomschlag zu einem Dritten Weltkrieg führt. Auch wenn dieser Erfolg mittlerweile durchaus gerühmt wird.

Aufhalten lässt sich eine Katastrophe nur, wenn die Gefahr rechtzeitig erkannt wird. Schon 1988 warnten die Teilnehmer der Toronto Conference vor einem menschengemachten Klimawandel, dessen zerstörerische Wirkung nur ein Atomkrieg übertreffen könnte. Warum hat die Menschheit dieses Problem nicht längst gelöst?

Erste Warnungen gab es sogar bereits in den 1970er Jahren, und schon in den 1950ern zeigten CO_2-Messungen steigende Werte. Es ist gut, dass viele jetzt das Wort „Klimakatastrophe" verwenden, um zu verdeutlichen, wie akut die Gefahr ist und was uns droht, wenn diese Krise ungelöst bleibt. Aber sie lässt sich nur global bekämpfen, nicht bloß von den Regierungen einzelner Staaten. Auf dieser Ebene fehlt es an wirksamen politischen Institutionen. Und es braucht einen umfassenden Systemwandel: Wenn wir nur auf der Mikroebene denken – man fährt kein Auto mehr, baut sich Sonnenkollektoren aufs Hausdach –, reicht das nicht, um unsere Abhängigkeit von fossilen Energien zu beenden.

Besteht das Problem auch darin, dass die Gefahr graduell steigt und daher vielen nicht dringlich genug erscheint? Wie beim Frosch, der im Wasser sitzt und nicht begreift, dass er gekocht wird, weil sich die Temperatur nur allmählich erhöht?

Das ist ein ganz wichtiger Punkt. Wir erleben die Klimakrise nicht so unmittelbar wie einen Vulkanausbruch oder ein Erdbeben. Gegenmaßnahmen sind zudem oft nicht besonders populär. Deswegen schieben Politikerinnen und Politiker sie gern vor sich her und sagen sich: Der Himmel ist uns noch nicht auf den Kopf gefallen, das dürfen dann die nächsten machen. Und wir sehen uns nicht nur einer Herausforderung gegenüber, sondern einer komplexen Zwangslage mit einem ganzen Strauß von Komponenten. Es gibt ja noch weitere menschengemachte Probleme – wie die Übersäuerung der Meere, Verschmutzung durch Plastik, den Phosphorverlust im

Boden durch Erosion, in dessen Folge eine Krise der Nahrungsmittelproduktion absehbar ist.

Das klingt alles nicht gerade optimistisch.

Der Blick in die Geschichte macht mich eher zur Pessimistin. Die Zustände müssen meistens sehr dramatisch sein, damit Menschen aus Katastrophen zu lernen beginnen. Bei der Klimakrise ist es dann allerdings schon zu spät. Aber ich bin dennoch auch zumindest verhalten optimistisch. Bei den jüngeren Generationen gibt es ein viel stärkeres Bewusstsein für diese Probleme, und ich hoffe, dass sich dadurch etwas verändern wird. Die Frage ist nur, ob es rechtzeitig passiert. Das soll aber gerade nicht heißen, dass wir, die heute in ihren 40ern und 50ern sind, uns zurücklehnen können und die Teens und Twens die Arbeit machen lassen können!

Was entgegnen Sie denen, die nach wie vor sagen: Klimaveränderungen hat es doch immer schon gegeben?

Was wir gerade erleben, ist keine natürliche Variabilität des Klimas mehr, und das lässt sich wissenschaftlich leicht nachweisen. Mithilfe von Bohrkernproben aus dem Eis der Antarktis können wir zum Beispiel feststellen, wie viel CO_2 in der Atmosphäre natürlich ist und wie viel industriell produziert. Schon kleinere natürliche Klimaveränderungen waren übrigens überhaupt nicht angenehm und haben etwa im 14. Jahrhundert Missernten, Hungersnöte, Seuchen und andere Katastrophen ausgelöst. Und die Forschung zeigt, mit welcher Geschwindigkeit wir uns jetzt durch menschlichen Einfluss aus einer Phase der relativen klimatischen Balance in eine Situation katapultieren, wie die Welt sie seit Beginn der Zivilisation noch nicht erlebt hat.

Stehen wir also vor der größten Herausforderung, die in der Geschichte je zu bewältigen war?

Man muss sich einmal die Dimensionen vor Augen halten. Die Phase mit einem relativ stabilen Klima, an deren Ende wir uns befinden, dauerte 11 700 Jahre und begann nach der letzten Eiszeit. Landwirtschaft, Sesshaftigkeit, sämtliche Hochkulturen – all das ist in dieser Zeit entstanden. Nach dem natürlichen Zyklus würde nun eigentlich die nächste Eiszeit folgen. Aber mit unserem CO_2-Ausstoß haben wir sie um 50 000 Jahre in die Zukunft verschoben.

° Die Menschheit steht am Beginn einer neuen Epoche °

Das ist gewaltig.

Wir stehen am Beginn des Anthropozäns, einer neuen Epoche, in der der Mensch mit seinen kollektiven Emissionen zur geologischen Kraft geworden ist – zum ersten Mal in der Geschichte. Das ist eine noch nie da gewesene Situation für uns als Spezies. Auch wenn man mit diesem Begriff vorsichtig sein muss, weil er viele Ungleichheiten verdeckt.

Weil, zugespitzt formuliert, Armut der beste Schutz dagegen ist, zum Klimasünder zu werden?

Genau, es ist vor allem der Westen, der hier Verantwortung trägt. Aber wenn wir neue politische Strukturen schaffen, ein globales Gremium, um diese Krise zu bewältigen – dann muss gewährleistet sein, dass alle eine Stimme haben.

Manche Wissenschaftler sagen: Dass die Menschheit ausstirbt, stehe ohnehin fest. Die Frage sei nur, wie schnell.

Ich glaube Voraussagen nicht, laut denen es unsere Spezies etwa schon im Jahr 2100 auf der Erde nicht mehr geben wird. Aber wenn wir an den nötigen Veränderungen scheitern, wenn wir einfach nur weitermachen wie bisher, dann wird es sehr ungemütlich auf diesem Planeten. Schon allein der Anstieg des Meeresspiegels: Wie viele Megastädte werden dann an den Küsten untergehen? Wenn deren Bewohner an Orte umziehen müssen, wo schon andere Menschen leben, wird es Konfliktpotenzial geben. Das düsterste Szenario wäre, dass wir uns in Klimakriegen zerfleischen. Im besten Fall können wir die jetzige Entwicklungsstufe unserer Gesellschaft erhalten, noch einigermaßen gut auf dem Planeten leben und hohe Opferzahlen vermeiden.

Bisher hat die Menschheit selbst die schrecklichsten Desaster überstanden. Droht uns jetzt eine wirklich existenzielle Katastrophe?

Wie wohl noch nie zuvor stellt sich durch die Klimakrise die Frage: Hat die menschliche Zivilisation, wie wir sie kennen, eine Zukunft? Wird sie überleben? Und die Antwort hängt von uns ab. ◊

EXPLOSION in Mariupol: Der russische Überfall auf die Ukraine könnte das Risiko eines Atomkrieges erhöhen – einer Katastrophe, der die Welt während der Kubakrise im Oktober 1962 nur knapp entging

MENSCHEN DAHINTER

AUTOR

Cay Rademacher

Der Historiker und Mitbegründer von GEO*EPOCHE* spürt seit Langem als freier Autor den spannenden Geschichten der Vergangenheit nach. (Sein neuester historischer Kriminalroman „Die Passage nach Maskat“ erscheint im August bei DuMont.) Für diese Ausgabe hat er das Wüten der Spanischen Grippe während der Jahre 1918 bis 1920 rekonstruiert. Die Geschichte ist ab Seite 98 zu lesen.

BILDREDAKTION

Julia Franz

Die Herausforderung für die Bildredakteurin im Team von GEO*EPOCHE* beginnt mit jedem Heft neu: stets die bestmögliche Optik zu finden. Ein Thema wie „Katastrophen“, bei dem es um die Folgen von Naturgewalten, Unglücken oder Kriegen geht, braucht besondere Sorgfalt, findet Franz. Denn die Würde der betroffenen Menschen muss auch auf den Bildern gewahrt bleiben.

LAYOUT

Michèle Hofmann

Aufgabe der Layouterin ist es, dass Material der Bildredaktion in einer dem jeweiligen Sujet des Textes angemessenen Form zu präsentieren. Dabei setzt Hofmann behutsam immer wieder auch auf spielerischere Nuancen: Die Überschrift der Geschichte über einen geplatzten Siruptank in Boston auf Seite 120 etwa scheint sich in zähflüssigen Tropfen gefährlich aufzulösen.

HEFTKONZEPT

Samuel Rieth

Aus journalistischem Interesse hat der betreuende Textredakteur dieser Ausgabe vor einigen Jahren die Sperrzone von Tschernobyl besucht. Die persönliche Anschauung half ihm, beredte Zeitzeugenberichte der Nuklearkatastrophe des Jahres 1986 aus dem Buch „Tschernobyl – Eine Chronik der Zukunft« von Literaturnobelpreisträgerin Swetlana Alexijewitsch auszuwählen. Zu lesen ab Seite 144.

GESCHICHTE AUS DEM QUALITY BOARD

In dieser Ausgabe stellt sich eine Frage bei nahezu jedem Text: Wie viele Menschen sind der jeweiligen Katastrophe zum Opfer gefallen? So hatte das Verifikationsteam von GEO*EPOCHE* oft bestürzende Zahlen an Gestorbenen zu prüfen. Kaum einmal reichte es, einfach eine Angabe aus der Literatur zu übernehmen, meist wurden mehrere Schätzungen verglichen und auf Plausibilität geprüft. Wie aber lässt sich überhaupt eine begründete Annahme formulieren bei lange zurückliegenden Katastrophen wie etwa der Hungersnot in den Jahren 1315–1317 (siehe Seite 28)? Konkrete Zahlen von Verstorbenen, wie sie sich in Werken zeitgenössischer Chronisten finden, sind in aller Regel stark übertrieben – oder frei erfunden. Doch in Verbindung mit weiteren erhaltenen Dokumenten, etwa Rechnungsbüchern von Landbesitzern und Städten, lassen sie für einzelne Gebiete den Schluss zu, dass dort in diesen Jahren rund ein Zehntel der Bevölkerung an Hunger gestorben ist. Diese Quote kann man dann auf die Gesamtbevölkerung zu dieser Zeit anlegen – deren Größe sich wiederum nur vage schätzen lässt. So gilt denn auch für die Zahl von drei Millionen Hungertoten, die letztlich im Heft steht: Sie ist eine begründete Annahme – doch welchen Umfang das schreckliche Sterben genau hatte, können wir nicht wissen.

Alle Texte in GEO*EPOCHE* werden vom GEO-eigenen Quality Board einem Faktencheck unterzogen

GEO*EPOCHE* PORTRÄT

KINDHEIT UND JUGEND Der gewundene Weg zum Thron

KÖNIGIN DER REKORDE

Seit mehr als 70 Jahren sitzt Elisabeth II. nun schon auf dem britischen Thron und hat damit alle ihre Vorgängerinnen und Vorgänger übertroffen. In Europa hat nur Ludwig XIV. von Frankreich etwas länger regiert, allerdings wurde er auch schon mit vier Jahren zum König ausgerufen. Was also ist das Erfolgsgeheimnis der Queen? GEO*EPOCHE* PORTRÄT geht dieser Frage nach und zeigt, wie Elisabeth II. ihr Land durch Jahrzehnte des Wandels geführt hat. Unter ihrer Herrschaft schrumpfte nicht nur Großbritanniens weltpolitische Bedeutung, das Land begann auch mit sich und seinem Selbstverständnis zu ringen. Nicht zuletzt erlebte die britische Gesellschaft einen Umbruch: Neue Jugendkulturen stellten die traditionellen Werte infrage – und machten auch vor der Krone nicht halt. Doch dank Elisabeth II. hat die Monarchie alle Krisen überstanden. Die ganze Geschichte: in GEO*EPOCHE* PORTRÄT.

GEO*EPOCHE* PORTRÄT
»Die Queen – Elisabeth II. und ihre Zeit«, 132 Seiten, 12 Euro. Einige Themen: Die Windsors: Ursprung einer Dynastie • Jugendjahre: Die Kindheit der Königin • Krönung: Elisabeths Anfänge • Die 1990er: Schreckensjahre

GEO*EPOCHE* KOLLEKTION

BERLIN, BERLIN!

In keiner Stadt ist die wechselvolle Geschichte der Deutschen präsenter: Die nächste Ausgabe von GEO*EPOCHE* KOLLEKTION widmet sich Berlin, erzählt von seinem Aufstieg unter der Herrschaft der Hohenzollern zu einer der größten Metropolen Europas, von Glanz und Lebenshunger, von Armut und Unterdrückung. Aber auch davon, wie man sie überwinden kann.

GEO*EPOCHE* KOLLEKTION
»Berlin – Die Geschichte einer Metropole«, 176 Seiten, 13,50 Euro. Einige Themen: Brandenburger Tor • 1848: Der Ruf nach Demokratie • »Goldene Zwanziger« • Luftbrücke • Kalter Krieg • Mauerfall

GEO PERSPEKTIVE

UKRAINE

Seit Wochen prägen Nachrichten über Tod und Zerstörung unser Bild von der Ukraine. GEO Perspektive zeigt nun in einer Sonderausgabe das Land, wie es vor dem Krieg war: In epischen Bildern, berührenden Reportagen und Hintergrundgeschichten nähert sich diese Ausgabe dem Ursprung und der Identität der Ukraine.

GEO PERSPEKTIVE
»Ukraine«, 148 Seiten, 12,90 Euro. Einige Themen: Mythos Kiewer Rus • Neue Lieder braucht das Land • Zwiespalt: Familien mit russischen und ukrainischen Wurzeln • Die Klitschkos • Revolution in Orange

Der SPANISCHE **BÜRGERKRIEG**

DER KONFLIKT, DER EIN JAHRHUNDERT PRÄGTE

Im Juli 1936 entbrennt auf der Iberischen Halbinsel ein Kampf, der weit mehr ist als der Angriff nationalkonservativer Spanier auf ihre republikanischen Landsleute. Denn bald treten Deutschland und Italien auf der einen und die Sowjetunion auf der anderen Seite in das Ringen ein, steht Faschismus gegen Kommunismus. Spanien wird so zum Schauplatz eines Kriegs, in dem sich die großen Konflikte der Epoche entladen: mit schrecklichen Folgen für das Land – und gewaltigen Auswirkungen für Europa

VERTEIDIGER DER REPUBLIK

ALS KONSERVATIVE MILITÄRS 1936 nach der Macht greifen wollen, bewaffnen sich Spanier und Spanierinnen im Namen der Demokratie. Aus dem Putsch erwächst ein zermürbender Krieg